ARIS in der Praxis

Springer-Verlag Berlin Heidelberg GmbH

August-Wilhelm Scheer
Wolfram Jost
Herausgeber

ARIS in der Praxis

Gestaltung, Implementierung und Optimierung von Geschäftsprozessen

Mit 131 Abbildungen
und 2 Tabellen

 Springer

Professor Dr. Dr. h.c. mult. August-Wilhelm Scheer
Dr. Wolfram Jost
Universität des Saarlandes
Institut für Wirtschaftsinformatik
Postfach 15 11 50
66041 Saarbrücken
E-mail: scheer@iwi.uni-sb.de
URL: http://www.iwi.uni-sb.de

ISBN 978-3-642-62759-0

Die Deutsche Bibliothek – CIP-Einheitsaufnahme
ARIS in der Praxis:
Gestaltung, Implementierung und Optimierung von Geschäftsprozessen /
Hrsg.: August-Wilhelm Scheer; Wolfram Jost. – Berlin; Heidelberg; New York;
Barcelona; Hongkong; London; Mailand; Paris; Tokio:
Springer, 2002
   ISBN 978-3-642-62759-0   ISBN 978-3-642-55924-2 (eBook)
   DOI 10.1007/978-3-642-55924-2

Dieses Werk ist urheberrechtlich geschützt. Die dadurch begründeten Rechte, insbesondere die der Übersetzung, des Nachdrucks, des Vortrags, der Entnahme von Abbildungen und Tabellen, der Funksendung, der Mikroverfilmung oder der Vervielfältigung auf anderen Wegen und der Speicherung in Datenverarbeitungsanlagen, bleiben, auch bei nur auszugsweiser Verwertung, vorbehalten. Eine Vervielfältigung dieses Werkes oder von Teilen dieses Werkes ist auch im Einzelfall nur in den Grenzen der gesetzlichen Bestimmungen des Urheberrechtsgesetzes der Bundesrepublik Deutschland vom 9. September 1965 in der jeweils geltenden Fassung zulässig. Sie ist grundsätzlich vergütungspflichtig. Zuwiderhandlungen unterliegen den Strafbestimmungen des Urheberrechtsgesetzes.

http://www.springer.de

© Springer-Verlag Berlin Heidelberg 2002
Ursprünglich erschienen bei Springer-Verlag Berlin Heidelberg New York 2002
Softcover reprint of the hardcover 1st edition 2002

Die Wiedergabe von Gebrauchsnamen, Handelsnamen, Warenbezeichnungen usw. in diesem Werk berechtigt auch ohne besondere Kennzeichnung nicht zu der Annahme, dass solche Namen im Sinne der Warenzeichen- und Markenschutz-Gesetzgebung als frei zu betrachten wären und daher von jedermann benutzt werden dürften.

Umschlaggestaltung: Erich Kirchner, Heidelberg
SPIN 10891063   42/2202-5 4 3 2 1 – Gedruckt auf säurefreiem Papier

Vorwort

Vor gut 10 Jahren veröffentlichte August-Wilhelm Scheer sein Buch „ARIS - Architektur integrierter Informationssysteme". Mit dieser Veröffentlichung wurde erstmals ein methodisches Rahmenwerk für die modellhafte Beschreibung integrierter betriebswirtschaftlicher Informationssysteme geliefert. Seit diesem Zeitpunkt hat sich das ARIS Konzept weltweit als Basisarchitektur für ein ganzheitliches Geschäftsprozessmanagement durchgesetzt. Durch die Vielzahl an praktischen Erfahrungen wurde das Konzept kontinuierlich weiterentwickelt, was 1998 zu einer völlig neubearbeiteten Auflage führte. Der Erfolg des ARIS-Konzeptes in der praktischen Anwendung wurde maßgeblich durch das gleichnamige Softwareprodukt ARIS Toolset bestimmt. Die ersten Ideen und Prototypen zu diesem Produkt entstanden zwischen 1990 und 1991 an dem von Prof. Scheer geleiteten Institut für Wirtschaftsinformatik an der Universität des Saarlandes.

Auf Basis dieser Forschungsergebnisse startete die IDS Scheer GmbH 1992 unter der Leitung von Wolfram Jost die Entwicklung eines kommerziellen Produktes zur Modellierung und Analyse von Geschäftsprozessen. Auf der CeBIT 1993 wurde die Version 1.0 des ARIS Toolset vorgestellt. Es handelte sich um das erste marktfähige Produkt in diesem Marktsegment. Seit dieser Zeit wurden 10 Major Releases des Produktes freigegeben. Mit über 30.000 verkauften Lizenzen und über 3.000 Kunden ist das ARIS Toolset weltweit das erfolgreichste Produkt seiner Art und Marktführer im Bereich Business Process Management Software.

Zum Inhalt

Ziel des vorliegenden Buches ist es, dem Leser einen Überblick über die vielfältigen Einsatzgebiete des ARIS Toolset und seiner Methoden zu geben. Es ist ein Buch aus der Praxis für die Praxis. Es zeigt auf, welche Ziele, Vorgehensweisen und Erfahrungen die Unternehmen mit dem Einsatz des ARIS Toolset verbinden und unterstützt auf diese Weise den Wissenstransfer. Bei den Erfahrungsberichten steht jedoch nicht die Beschreibung der technischen Systemfunktionalität, sondern die Anwendung der dem Werkzeug zugrunde liegenden Prozessmanagementmethoden im Vordergrund. Die Fallbeispiele der Unternehmen aus unterschiedlichen Branchen reichen von Geschäftsprozessoptimierungs- und E-Business-Projekten über die Einführung von SAP Standardsoftware bis hin zum Qualitätsmanagment und Prozesscontrolling. Mit dem Buch wird auch der Tatsache Rechnung getragen, dass das Thema Geschäftsprozessmanagement derzeit in eine 2. Welle kommt. Gründe hierfür sind die gravierenden Änderungen im Bereich der Softwarearchitekturen sowie die stärkere Verzahnung von Strategie-, IT- und Organisationsfragen.

Parallel zur vorliegenden deutschen Ausgabe existiert unter dem Titel "Business Process Excellence: ARIS in practice" eine internationale Ausgabe, die speziell auf den asiatischen und nordamerikanischen Markt fokussiert.

Wir danken allen Autoren, die ihre Beiträge rechtzeitig in schriftlicher Form zur Verfügung gestellt und damit das Erscheinen dieses Buch ermöglicht haben. Darüber hinaus danken wir Herrn Torsten Scholz, Herrn Thomas Doerr, Herrn Andreas Bender und Frau Stephanie Hans für ihre Unterstützung bei der Fertigstellung des druckreifen Manuskriptes.

Saarbrücken, im März 2002

Prof. Dr. Dr. h.c. mult. A.-W. Scheer   Dr. Wolfram Jost

Inhalt

ARIS: Von der Vision zur praktischen Geschäftsprozesssteuerung 1
August-Wilhelm Scheer

Das ARIS Toolset 15
Wolfram Jost und Karl Wagner

Geschäftsprozessmanagement: Kernaufgabe einer jeden Unternehmensorganisation 33
Wolfram Jost und August-Wilhelm Scheer

Prozessorganisation in der WestLB 45
Detlef Glass

ARIS-Einsatz in komplexen Bankprojekten 65
Stephan Wick und Rolf P. Mächler

Die ARIS-Methodik zur Unterstützung des Change Management an der Johann Wolfgang Goethe-Universität Frankfurt 79
Carsten Witt

Prozessmanagement mit ARIS bei der Immobilia AG 97
Gregor Greinke und Sascha Zinflou

Der Einsatz des ARIS Toolsets innerhalb der Peugeot Deutschland GmbH - Definition und Umsetzung der B2C-Prozesse im Internet 119
Amaury de Bourmont und Christoph Huwig

Projektbericht zur Einführung des Prozesstools ARIS in der AXA Deutschland AG 139
Claudia Schiffer

Verwendung von SCOR und anderen Referenzmodellen für E-Business-Prozessnetzwerke 149
Mathias Kirchmer, George Brown und Herbert Heinzel

ARIS im Einsatz bei der Stadtwerke München GmbH 167

Ottmar Leitenberger

Das SAP-Implementierungsmodell der Bundeswehr im Programm SASPF (Standard-Anwendungs-Software-Produktfamilien) 193

Adolf Bröhl

Modellbasierte SAP R/3 Redokumentation 219

Christian Reiter

Prozessorientierte Einführung und Controlling von CRM-Systemen am Beispiel von Service-Level-Agreements 241

Gregor Loës

Autorenliste 267

ARIS: Von der Vision zur praktischen Geschäftsprozesssteuerung

August-Wilhelm Scheer
IDS Scheer AG

Zusammenfassung:

Aus der Grundidee eines unternehmensweiten Datenmodells heraus entwickelte sich am Institut für Wirtschaftsinformatik (IWi) das Konzept einer ganzheitlichen, geschäftsprozessorientierten Sicht auf Informationssysteme im Unternehmen - das ARIS-Haus wurde gebaut. Auf der Grundlage dieses Sichtenkonzepts wurde die toolgestützte Modellierung von Geschäftsprozessen zuerst im Rahmen von Forschungsprojekten und dann in der Produktentwicklung des Spin-off-Unternehmens IDS Scheer vorangetrieben. Das ARIS Toolset der IDS Scheer entwickelte sich weltweit zum erfolgreichsten Werkzeug für die Geschäftsprozessmodellierung.

Schlüsselwörter:

Architektur integrierter Informationssysteme (ARIS), ARIS-Haus, ARIS-House of Business Engineering (HOBE), Ereignisgesteuerte Prozesskette (EPK), Forschungsprojekte, IDS Scheer, Institut für Wirtschaftsinformatik (IWi), Modellierung, Prototypenentwicklung, SAP, Unternehmensgründung, Wirtschaftsinformatik

1 Die Vision: Eine gemeinsame Sprache für IT und Management

Als ich 1975 den neugegründeten Lehrstuhl für Wirtschaftsinformatik an der Universität des Saarlandes übernahm, musste ich meine Vorlesungsmanuskripte von Grund auf erarbeiten. Ich hatte selbst nie eine Vorlesung in Wirtschaftsinformatik gehört, da das Fach an der Universität Hamburg, an der ich bis dahin als Privatdozent lehrte, noch nicht bestand. Hierbei versuchte ich mich soweit wie möglich von der rasanten Entwicklung der Informationstechnik abzukoppeln und ein Abstraktionsniveau bei der Beschreibung von betriebswirtschaftlichen Informationssystemen zu erreichen, das von diesen Entwicklungen nicht stark beeinflusst wird. Anderenfalls hätte ich meine Vorlesungen ständig an die Technikentwicklung anpassen müssen und den Studenten Wissen mit sehr kurzer Halbwertzeit vermittelt.

Das Abstraktionsniveau, das ich damals wählte, war die Beschreibung von Informationssystemen durch Datenmodelle. Peter Chen hatte soeben (1976) seinen viel beachteten Artikel „Towards a Unified View of Data" veröffentlicht und das relationale Datenmodell befand sich auf dem Weg von der Forschung in die Praxis. Mir ging es darum, den Einfluss der Informationstechnik auf neue betriebswirtschaftliche Organisations- und Entscheidunsprozesse zu analysieren. Hierzu war die Beschreibung durch Datenmodelle ein richtiger, aber nicht ausreichender Ansatz. Durch Datenmodelle konnte vor allen Dingen die Wirkung von Integrierten Informationssystemen dargestellt werden. Integrierte Informationssysteme, wie sie später durch die ERP-Systeme vervollkommnet wurden, sind durch eine unternehmensweite Datenbank gekennzeichnet. Ihr logischer Entwurf und ihre Beschreibung durch ein unternehmensweites Datenmodell war deshalb auch das Zentrum meiner Forschungs- und Lehrtätigkeit. Gleichzeitig wollte ich mit der Verwendung von Datenmodellen, insbesondere der Sprache des Entity-Relationship-Modells, eine gemeinsame Sprache für die Spezialisten der Informationstechnik (Programmierer, Systemanalytiker, Implementierer) und dem Management (Verantwortliche für Logistik, Vertrieb, Rechnungswesen, Produktentwicklung) erreichen. Nur wenn beide Gruppen sich inhaltlich verstehen, können auch die Möglichkeiten der Informationstechnik für neue Geschäftsmodelle, also neue digitale Produkte und neue Geschäftsprozesse genutzt werden.

Ich merkte aber bald, dass die Methode des Entity-Relationship-Modells für die fachlich ausgerichteten Manager zu abstrakt war. Ein Leiter der Logistik will nicht erst einen Kurs in Datenmodellierung absolvieren, wenn er ein neues Konzept zur Produktionsplanung entwickelt. Der Integrationsgedanke drückt sich nicht ausschließlich in der Datenintegration aus, sondern auch in der Neugestaltung der auf einer integrierten Datenbasis möglichen Geschäftsprozesse. Hier musste quer gedacht werden: Nicht mehr die bestehende arbeitsteilige Aufbauorganisation mit ihren abgeschotteten Bearbeitungsfolgen von Prozessausschnitten war die moderne Organisationsrichtung, sondern das Durchbrechen der Abteilungsmauern durch integrierte Geschäftsprozesse, an denen alle betriebswirtschaftlichen Funktionseinheiten wie Vertrieb, Marketing, Produktion, Rechnungswesen, Einkauf und Personal gemeinsam beteiligt sind. Hierzu musste ich die Beschreibungssprache der Datenmodellierung erweitern, damit ein umfassender Beschreibungsansatz für Geschäftsprozesse gefunden werden konnte.

Ein Blick in die umfangreiche Literatur zum Software Engineering zeigte zwar, dass zig wenn nicht gar Hunderte Methoden und Sprachen für das so genannte Requirement Engineering angeboten wurden, diese waren aber jeweils nur darauf ausgelegt, eine Schnittstelle für die spätere Softwareentwicklung darzustellen. Als eine mächtige Sprache, die den Anwender unterstützen sollte, neue Fantasien für Geschäftsprozesse zu entwickeln, waren diese wegen ihrer technologischen Orientierung nicht geeignet. Auch hier galt, dass ein Manager nicht erst einen Kurs in Petrinetzen oder SADT-Techniken absolvieren will, um seine Geschäftsideen zu formulieren. Aus diesem Grunde war ich weiterhin auf der Suche nach einer einfach zu verstehenden Sprache, die aber die ganze Komplexität von Geschäftsprozessen umfassen sollte.

Um erst einmal Boden unter die Füße zu bekommen, zog ich mich deshalb zurück und überlegte mit dem ARIS-Konzept eine Architektur, die eine solche umfassende Beschreibung ermöglichte. Sie durfte nicht von vornherein auf die spätere Umsetzung der Geschäftprozesse in Informationssysteme ausgerichtet sein, da sonst dieser Aspekt, wie bei den Software Engineering Methoden, zu stark dominieren würde. Es mussten auch solche Beschreibungsaspekte einbezogen werden können, die zwar organisatorisch von Nutzen sind, aber nahezu nichts mit einem technischen Informationssystem zu tun haben.

Mit dem ARIS-Haus (vgl. Abb. 1) wollte ich deshalb gleichberechtigt Fragen der Organisation, der Funktionalität und der benötigten Dokumente eines Geschäftsprozesses beschreiben. Dies sollte zunächst losgelöst voneinander möglich sein, um dadurch die Komplexität des Beschreibungsfeldes zu reduzieren, dann aber auch alle Zusammenhänge durch die eigens eingeführte Steuerungssicht erfassen.

Durch ein dreistufiges Life-Cycle-Konzept, bestehend aus den Ebenen Fachkonzept, DV-Konzept und Implementierung, sollte auch eine Umsetzung der fachlich organisatorischen Beschreibungen in die Implementierungsebene der Systemwelt verfolgt werden. Die ARIS-Sichten wurden später um eine Leistungssicht ergänzt, um auch die Ergebnisse (Produkte, Deliverables) eines Geschäftsprozesses bzw. aller Funktionen explizit erfassen zu können.

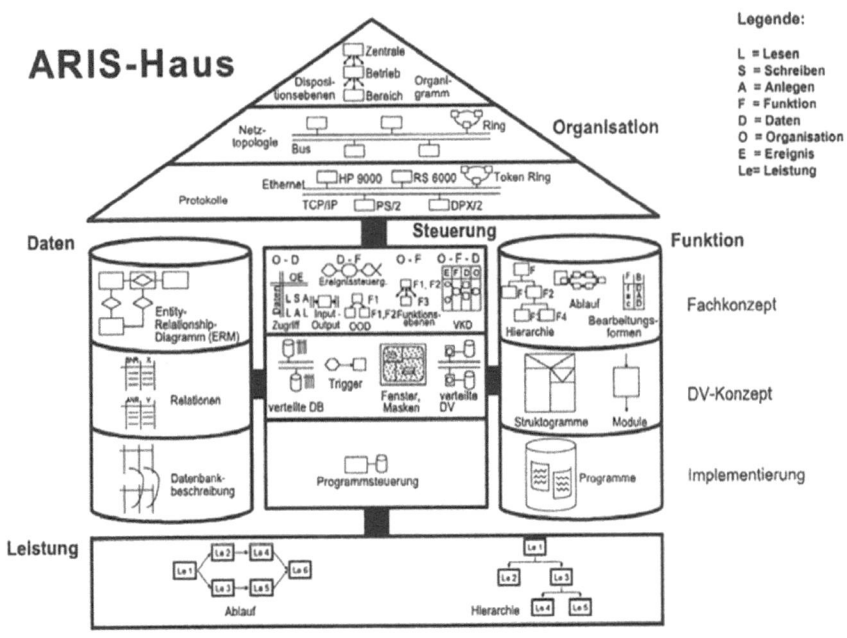

Abb. 1: ARIS-Haus

Obwohl zum Schluss ein einfaches Konzept entstanden war, das in wenigen Worten gekennzeichnet werden kann und durch das ARIS-Haus auch eine einfache grafische Repräsentation erhielt, erforderte die Entwicklung doch erhebliche intellektuelle Anstrengungen. Es ist eben viel schwieriger, einen komplexen Zusammenhang einfach darzustellen als ihn mit einer komplizierten Methodik zu beschreiben. Ich erinnere mich noch, wie heftig ich mit Formulierungen gerungen habe, um noch eine klarere oder einfachere Ausdrucksweise zu erzielen. Ich hatte mich dazu in meine Wohnung nach München zurückgezogen, um weitgehend ungestört das ARIS-Buch schreiben zu können. Es erschien in der ersten Auflage in 1991, inzwischen liegt es in der vierten Auflage vor und ist in fünf Sprachen übersetzt. Parallel zu meiner ARIS-Entwicklung arbeiteten Mitarbeiter meines Institutes in verschiedenen Forschungsprojekten zu Teilaspekten, so dass ich nach Fertigstellung meines Ansatzes eine kritische und kompetente Diskussionsgruppe fand.

Das ARIS-Haus bildet ein Rahmenkonzept für die Einordnung von Beschreibungsverfahren aller Sichten und Ebenen des Life-Cycles. Da die Einzelaspekte und auch die Zusammenhänge der einzelnen Sichten sehr unterschiedlich sind, kann keine einheitliche Beschreibungssprache angewendet werden, sondern es müssen verschiedenartige problemspezifische Methoden wie die Datenmodellierung, Organigrammdarstellungen, Funktionsbeschreibungen und Produktstrukturen eingesetzt werden. Ich versuchte möglichst mit in der Literatur bekannten Beschreibungsverfahren die erforderlichen Aspekte abzudecken. Für die gesamt-

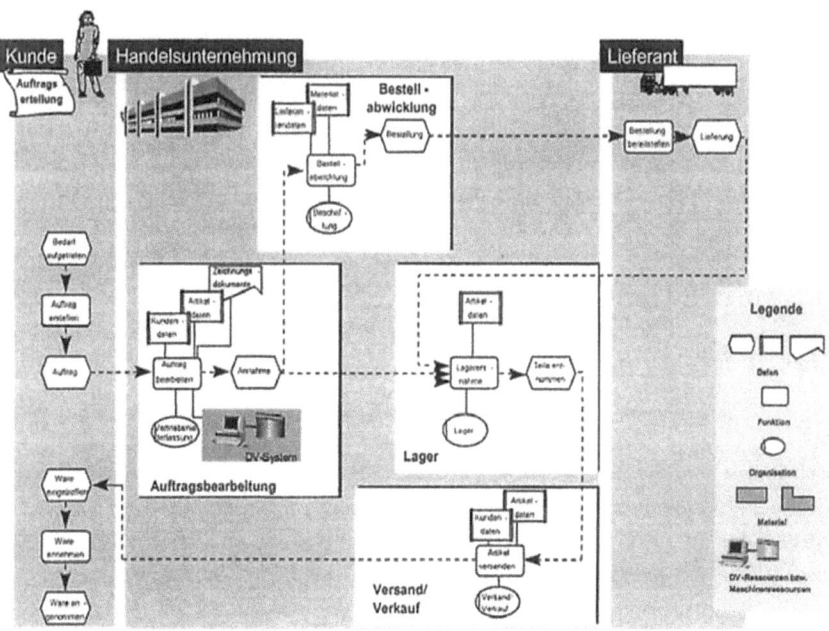

Abb. 2: Ereignisgesteuerte Prozesskette (EPK)

2 Vom Forschungsprototyp zum Produkt

Uns war klar, dass bei der praktischen Beschreibung umfangreicher Informationssysteme nach dem ARIS-Konzept computergestützte Werkzeuge verwendet werden müssen, um die Erstellung der Modelle, aber insbesondere auch die Speicherung der Modelle mit hohen Auswertungsmöglichkeiten zu unterstützen. Am verwandtesten waren für diesen Zweck bestehende Case Tools, die für die Stufe des Requirement Engineerings auch die Erstellung von Datenmodellen oder SADT-Beschreibungen anboten. Ihr Schwergewicht war aber nicht die Unterstützung organisatorischer Fragestellungen, sondern die spätere Erzeugung von Programmcode. Aus diesem Grunde war ihre Benutzerfreundlichkeit für die von uns im Vordergrund stehenden organisatorischen und betriebswirtschaftlichen Prozessbeschreibungen nicht ausreichend.

Wir entwickelten deshalb am Institut eine Reihe von Prototypen, die unterschiedliche Aspekte der Unterstützung von Modellierungsmethoden beinhalteten. Ein Prototyp beschäftigte sich mehr mit den Möglichkeiten grafischer Darstellungen, ein anderer Prototyp, der CIM-Analyzer, versuchte mit regelbasierten Ansätzen der Künstlichen Intelligenz die Analyse des Durchdringungsgrades von Informationssystemen in Geschäftsprozessen zu unterstützen.

Abb. 3 zeigt, dass maximal zehn Mitarbeiter meines Institutes in derartigen Forschungsprojekten eingebunden waren. Keines dieser Projekte wurde durch öffentliche Mittel unterstützt. Der CIM-Analyzer wurde in Kooperation mit Zentralstellen des Hauses Siemens und der IDS Scheer entwickelt. Im Jahr 1992 hatten wir die Prototypen weitgehend abgeschlossen und standen vor der Frage, wie es weitergehen sollte. Normalerweise gehen Erkenntnisse aus der Prototypenforschung in Dissertationen ein und werden dort dokumentiert, aber ihre Weiterentwicklung nicht weiter verfolgt. Sie haben eben ihren Zweck erfüllt. Ich fühlte aber, dass in unseren Ideen soviel Innovationskraft war, dass wir eine eigenständige Umsetzung in ein Modellierungswerkzeug versuchen sollten.

In vielen Gesprächen mit der Geschäftsleitung der IDS Scheer versuchte ich sie von den Chancen eines solchen Produktes zu überzeugen. Natürlich wurden auch die Risiken sichtbar. Schließlich ging es für das damals noch junge Unternehmen IDS Scheer um erhebliche Entwicklungsinvestitionen. Endlich gelang es aber doch, eine positive Entscheidung zu erreichen. Hinzu kam, dass mit Dr. Wolfram Jost und Dr. Helge Hess zwei maßgebliche Wissenschaftler des Instituts bereit waren, bei der IDS Scheer die Entwicklung zu übernehmen. Insbesondere brachte Dr. Wolfram Jost durch die vorherige Leitung des Forschungsprojektes CIM-Analyzer viele Erfahrungen und Ideen ein. Innerhalb weniger Monate musste bei der IDS Scheer eine Entwicklungsgruppe aufgebaut werden sowie entsprechende Mitarbeiter für das Produktmarketing und die ARIS-Beratung eingestellt werden, so dass innerhalb kurzer Zeit bis zum Jahr 1996 die Anzahl der Mitarbeiter im ARIS-Bereich bei der IDS Scheer auf rund 120 anwuchs.

ARIS: Von der Vision zur praktischen Geschäftsprozesssteuerung 7

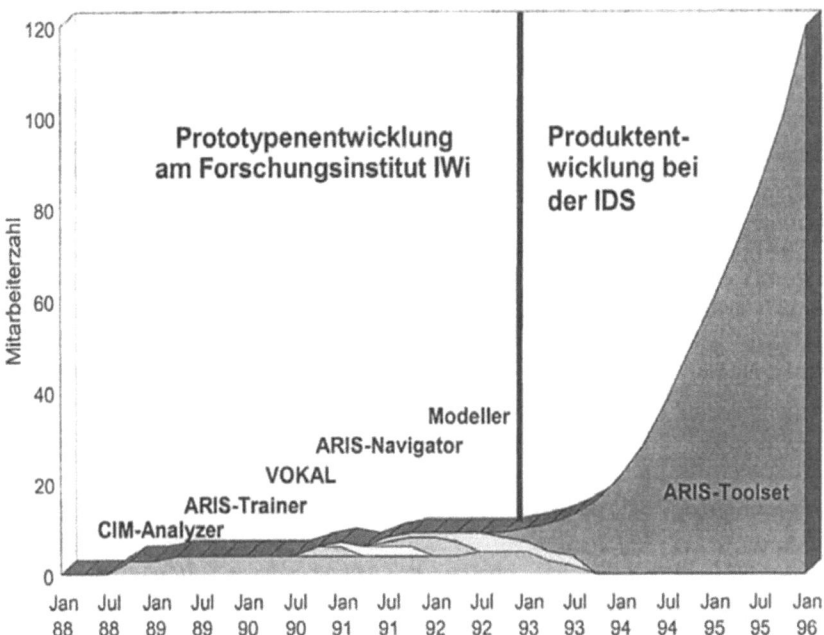

Abb. 3: Entwicklung von Forschungsprototypen und dem ARIS Toolset

Die in Abb. 3 dargestellte Grafik zeigt exemplarisch den Unterschied zwischen einer Prototyp-Entwicklung an einem Forschungsinstitut und einer Produkt-Entwicklung in einem professionellen Umfeld. Während ein Forschungs-Prototyp lediglich im Prinzip zeigen soll, wie man eine Fragestellung löst, muss ein kommerzielles Produkt für den täglichen Einsatz bei Hunderten oder Tausenden von Benutzern geeignet sein. Ein Prototyp braucht nicht stabil zu sein, während dieses von einem Produkt natürlich gefordert wird. Auch besteht für einen Prototypen in der Regel keine Weiterentwicklungsstrategie, keine Gewährleistungsverpflichtung, keine Konstanz der Entwicklungsgruppe – alles Forderungen, die bei einem kommerziellen Produkt erfüllt sein müssen.

Die Übertragung von Forschungsideen in Produkte und in Markterfolge, die uns mit dem ARIS Toolset gelungen ist, wurde später auch zum Vorzeigebeispiel für die größere Effizienz von Forschungsausgaben in Deutschland. Wir sind in Deutschland an den Universitäten und öffentlichen Forschungseinrichtungen „Weltmeister" im Bau von Prototypen, bringen aber zu wenig Ideen in neue Produkte, Markterfolge und damit Arbeitsplätze ein. Im Prinzip versandet in Deutschland jeweils die Kurve der Abb. 3 an dem stark ausgezogenen senkrechten Strich vor der praktischen Umsetzung. Durch die in den letzten Jahren ermutigende Unterstützung von Ausgründungen aus Forschungsinstituten (Spin-off-Unternehmen) wird versucht, dieser Situation entgegenzuwirken. Zu der damaligen Zeit, als wir das ARIS-Produkt entwickelten, war dieser Gedanke aber nahezu einzigartig. Abb. 3 zeigt auch, dass nach der Übergabe der Mitarbeiter und damit des Know-hows vom Forschungsinstitut an die IDS Scheer Forschungen am Institut in diesem Gebiet nicht mehr aufgenommen wurden. Der Ressourcenunterschied zwischen den Möglichkeiten der IDS Scheer und denen am IWi war eben zu groß und man hätte sich in der Forschung auf neue, sehr spezialisierte Nischenprobleme konzentrieren müssen. Die Main-Stream-Entwicklung wurde von der IDS Scheer übernommen. Trotzdem wurde in den nächsten Jahren ein enger Kontakt zwischen IDS Scheer und IWi beibehalten.

Der hohe Innovationsgehalt unseres ARIS-Produktes, der auf den langjährigen Forschungsprojekten beruhte, war auch die Basis für die positive Bewertung des Produktes durch die Gartner Group. Es ist eine meiner Lebenserfahrungen, dass die Erzeugung von Innovation keine kurzfristige Angelegenheit ist, sondern sehr lange Vorlaufzeiten benötigt. Die Vorlaufforschung durch meine Bücher und die Forschungsprojekte am Institut waren nicht ohne Weiteres kopierbar. Dies ist auch eine Erklärung für den Misserfolg vieler Dot-Com-Unternehmen in den letzten Jahren, die ihre Produktentwicklung nicht auf tiefgehende eigene Ideen gründeten, sondern eher bereits in Amerika vorhandene Ideen kopierten oder nur über sehr kleine originäre Produktideen verfügten, die aber für eine längerfristige Produktentwicklung nicht trugen.

3 Zusammenarbeit mit der SAP

Bei der Entwicklung der Grundideen für das ARIS-Konzept war ein wesentlicher Faktor die Verknüpfung der organisatorischen Denkweise von Geschäftsprozessverantwortlichen mit der Werkzeugebene, also den zur Unterstützung von Geschäftsprozessen eingesetzten DV-Systemen. Deshalb suchte ich sehr früh eine Verbindung zur SAP, um sie vom Nutzen einer mehr benutzerorientierten Dokumentation ihrer Systeme durch Modelle zu überzeugen. Ich hatte in meinem Buch „Wirtschaftsinformatik" bereits 1988 mit der Methode des ENTITY-Relationship-Modells ein Unternehmensdatenmodell entwickelt, was aus rund 500 Datenobjekten (Entitytypen und Beziehungstypen) bestand. Die Idee, den Integrationsgehalt des SAP-Systems durch Datenmodelle zu verdeutlichen, trug ich dem Vorstand der SAP, der zur damaligen Zeit am Anfang der Neunziger Jahre noch selbst tief mit Entwicklungsfragen befasst war, vor. Ich stieß anfangs auf Skepsis, konnte aber dann doch die Grundidee vermitteln und wir starteten in Zusammenarbeit mit Mitarbeitern meines Forschungsinstitutes ein Projekt zur Datenmodellierung, zunächst des noch bestehenden R/2-Systems und später auch für das R/3-System. Mit der erfolgreichen Einführung des R/3-Systems in den USA wurden auch die Datenmodelle als Zeichen neuer Ideen des R/3-Systems präsentiert, wie Abb. 4 zeigt, auf der der Vorstandssprecher und Mitbegründer der SAP, Prof. Dr. h.c. Hasso Plattner und der damalige CEO der SAP America Inc., Klaus Besier, stolz die Datenmodelle auf dem Titelblatt der Zeitschrift „Datamation" präsentieren.

Abb. 4: Titelblatt der DATAMATION, 15. März 1993

Die frühe Zusammenarbeit mit der SAP war auch ein Treiber der Forschungstätigkeiten am Institut, insbesondere bei der Entwicklung einer geeigneten Methode zur Prozessdarstellung, die dann in die Methode EPK einmündete.

Die Beschreibung eines Standardsoftwaresystems wie das R/3-System durch die in ihm enthaltenen Geschäftsprozesse ist aber mit einer grundsätzlichen Schwierigkeit verbunden, die wir anfangs nicht erkannten. Das R/3-System ist ein generisches System, das durch viele Parametereinstellungen aus einem Funktions- und Ablaufvorrat auf eine konkrete Lösung eingestellt werden kann (Customizing). Wenn alle in dem System enthaltenen Möglichkeiten von Geschäftsmodellen explizit ausformuliert werden, so führt dieses wegen der Kombinatorik der einzustellenden Parameter zu einer nahezu unübersehbaren Vielfalt von Ablaufmöglichkeiten. In Abb. 5 ist ein kleiner Ausschnitt aus dem Prozessmodell des R/3-Systems angegeben und zeigt exemplarisch die Komplexität der logischen Verknüpfungen zwischen den einzelnen Prozesswegen.

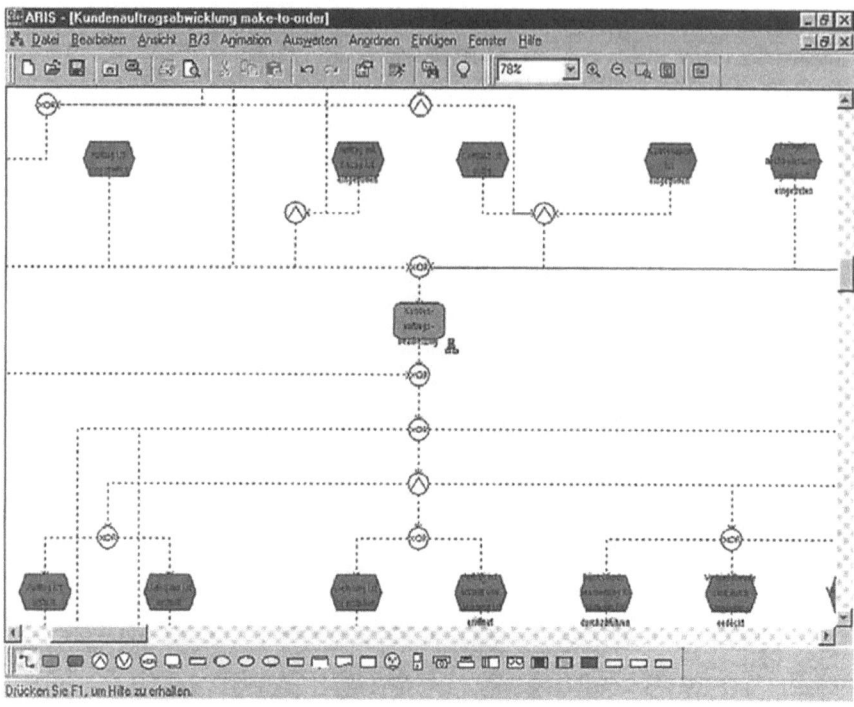

Abb. 5: SAP R/3-Referenzmodell[1]

Für einen einzelnen Benutzer ist aber diese Vielfalt von wenig Interesse, wenn er lediglich fünf oder zehn Prozent in seinem eigenen Anwendungsfall benötigt. Die Vielfalt ist eher verwirrend. Insofern besaß die Dokumentation der in dem SAP-System enthaltenen Geschäftsprozesse für den Anwender nicht den von uns erhofften Nutzen. Auf dieser Erkenntnis aufbauend, hat die IDS Scheer dann eigene Wege beschritten, indem sie die schnelle Erstellung eines Geschäftsprozessmodells für den Benutzer im Vordergrund sieht, dabei aber darauf achtet, dass nur solche Funktionalitäten einbezogen werden, die auch von dem R/3-System angeboten werden. Diese Vorgehensweise wird als ein R/3-orientiertes Kundenmodell bezeichnet. Auch hierbei wird eine sehr enge Integration des ARIS Toolsets mit dem R/3-System, speziell mit dem Repository, realisiert, so dass aus den ARIS-Modellen direkt Funktionalitäten des R/3-Systems, z. B. Anzeigen von Transaktionen oder Bildschirmmasken, möglich ist. Gleichzeitig kann bei der Modellerstellung auf die Strukturen der im R/3-System enthaltenen Funktionen zugegriffen werden.

Die Erstellung eines SAP-orientierten Prozessmodells kann wirksam durch SAP-„Best practice"-Modelle unterstützt werden. Diese werden für bestimmte Bran-

---

[1] Schematische Darstellung

chen aus dem Vorrat des SAP-Systems gebildet und geben dem Benutzer Anregungen für sein eigenes Modell. Im Gegensatz zu dem kompletten SAP-Referenzmodell enthält es bereits eine benutzernähere Auswahl der gesamten Systemmöglichkeiten. Gleichzeitig braucht es auch nicht aktuell an jede Release-Änderung angepasst zu werden, da es nicht den Anspruch einer Systemdokumentation erhebt. Die IDS Scheer bietet für mehrere Branchen derartige SAP-Modelle in ARIS an.

Die SAP verfolgte später durch das Konzept des Business-Engineers die Idee, einen regelbasierten Aufsatz zu entwickeln, der durch Angabe weniger Beschreibungsmerkmale des Unternehmens aus dem Gesamtmodell die für den Benutzer erforderlichen Funktionalitäten herausfiltern sollte. Dieses Konzept wurde aber später aufgegeben.

Die Notwendigkeit, Anwendungssysteme durch Prozessmodelle zu beschreiben, wird durch neue Entwicklungen der Software-Architekturen immer vordringlicher. Die Montage von Komponenten und Verknüpfung durch EAI (Enterprise Application Integration)-Technologien setzt voraus, dass eine einheitliche Roadmap für den Geschäftsprozess besteht. Aus diesem Grunde gewinnt ihre methodische Beschreibung und enge Verknüpfung mit der Implementierungsebene für die Zukunft eine noch stärkere Bedeutung.

4 Von der Geschäftsprozessmodellierung zum Geschäftsprozessmanagement

Das ARIS-Haus stellt ein Rahmenkonzept zur Beschreibung von Geschäftsmodellen dar, dem das ARIS Toolset folgt, indem es entsprechende Unterstützungsfunktionen zur grafischen Modellierung anbietet. Schon bald wurde uns klar, dass allein die Beschreibung von Geschäftsprozessen nicht ausreicht, um alle Aspekte der Geschäftsprozessorientierung von Unternehmen abzudecken.

Die Modellierung dient zur Dokumentation und ist Basis für Bewertungen eines Geschäftsprozesses durch Kosten, Zeit und Qualitätsüberlegungen, endet aber damit, dass zum Schluss eine bestimmte Struktur für einen Geschäftsprozess definiert ist. Die laufende Steuerung und Überwachung von Geschäftsprozessen wird aber nicht mit einbezogen.

Zu einem kompletten Geschäftsprozessmanagement gehört nicht nur die Gestaltung der Geschäftsprozesse, sondern auch die Steuerung der laufenden Vorgänge sowie die Rückkopplung von Ausführungsergebnissen im Sinne eines kontinuierlichen Verbesserungsprozesses für Geschäftsprozesse. Aus diesem Grunde entwickelten wir um 1995 das Vier-Ebenen-Modell des House of Business-Engineering (HOBE), mit dem ein komplettes Life-Cycle-Modell des Geschäftsprozessmanagements verfolgt wurde (vgl. Abb. 6).

In Ebene 1 wird die Prozessgestaltung angeordnet, die komplett vom ARIS Toolset unterstützt wird. Auch die Ebene 2 wendet sich an den Geschäftsprozess-Owner, also den fachlich Verantwortlichen für Gestaltung und Abwicklung bestimmter Geschäftsprozesse wie Vertrieb, Personal oder Produktentwicklung. Über Monitoring-Funktionalitäten sollen ihm Statusinformationen einzelner aktiver Geschäftsprozesse zur Verfügung gestellt werden. Damit kann er gegenüber Kunden über den Stand eines Kundenauftrages oder einer Reklamation Auskunft geben oder aber auch in einen noch laufenden Geschäftsprozess eingreifen, wenn bestimmte vorgesehene Zeit- oder Kostenlimits überschritten sind. Über Zeit- und Kapazitätssteuerungsverfahren kann der Vorrat von auszuführenden Geschäftsprozessen geplant werden. Komprimierte Informationen über Kosten, Zeitdauern usw. werden in einem Executive Information System für mehr strategische Gestaltungsfragen erfasst. Insgesamt dient diese Ebene der laufenden Steuerung von Prozessen sowie der Basis für organisatorische Optimierungen im Rahmen des Continuous Process Improvements.

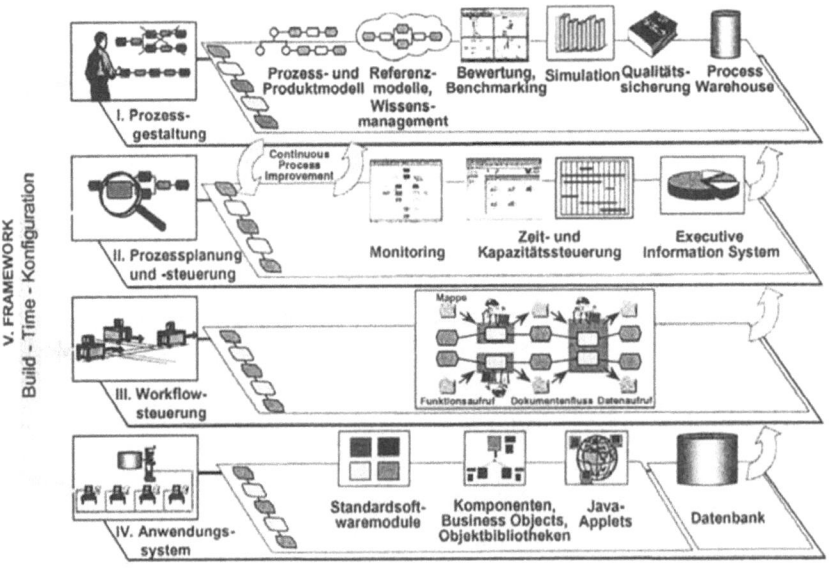

Abb. 6: ARIS–House of Business Engineering

Die Verbindung zur technischen Ausführungsunterstützung bildet die Ebene 3. Workflow-Systeme steuern die Prozessausführung, indem sie über Kenntnisse der Ablaufstruktur verfügen und Statusinformationen, z. B. den Abschluss einer Funktion, an den nächsten anstehenden Bearbeitungsvorgang und dessen auszuführende organisatorische Stelle weitergeben. Sie transportieren somit Statusinformationen, Hinweise auf zu bearbeitende Dokumente und zum Teil auch die Dokumente selbst. In ERP-Systemen ist in der Regel die Ablaufsteuerung Teil des Programmsystems. Es existiert dann keine von dem Programmcode getrennte Workflow-Komponente. Die Steuerungslogik ist aber implizit im Programmcode in der angegebenen Form vorhanden.

Durch die Entwicklung entsprechender Adapter ist es deshalb möglich, Statusinformationen über realisierte Geschäftsprozesse, z. B. aus dem Dokumentenfluss, abzugreifen und der Ebene 2 zur Verfügung zu stellen. Diesem Konzept folgt das System „ARIS Process Performance Manager (PPM)", das als zusätzliche ARIS Komponente die laufende Bewertung von Geschäftsprozessen übernimmt.

Aus der Ebene 3, der Steuerungsebene, werden dann die auf der Ebene 4 bereitgestellten Module zur Funktionsunterstützung aufgerufen. Hier befinden sich also solche Softwarekomponenten, die den Bearbeiter bei der Ausführung eines Bestellvorganges oder einer Rechnungsprüfung unterstützt. Dieses können Transaktionen aus ERP-Systemen sein oder aber auch Komponenten von Office-Software-Systemen bis hin zu Programmbausteinen, die aus dem Internet als Webservices genutzt werden.

Das Vier-Ebenen-Konzept des House of Business Engineering wurde von anderen ERP-Herstellern fast identisch als Roadmap für ihre Systemarchitektur übernommen. Die von Wolfram Jost und mir in vielen Diskussionen weiterentwickelte Darstellungsform wird in dem Beitrag „Geschäftsprozessmanagement: Kernaufgabe einer jeden Unternehmensorganisation" dieses Buches weiter beschrieben.

Zurückblickend ergibt sich eine inzwischen 15 Jahre lange Strecke von Forschung, Entwicklung und Einsatzerfahrungen der ARIS-Methode zum Geschäftsprozess-Management. Der Erfolg von über 30.000 verkauften ARIS-Lizenzen spricht für sich. Durch die anstehenden Veränderungen der Software-Architekturen durch Komponenten-Architektur und Webservices gewinnt die Modellierung von Geschäftsprozessen mit direkter Anbindung an die Software-Konfiguration besondere Bedeutung. Unternehmensübergreifende Geschäftsprozesse erfordern die Festlegung von Verantwortlichkeiten für materielle und finanzielle Austauschbeziehungen, Qualitätsstandards und Zeitrestriktionen. Dieses kann nur geschehen, wenn ein Geschäftsprozess bekannt, also dokumentiert ist. Aus diesem Grunde sehe ich dem weiteren Erfolg von ARIS optimistisch entgegen.

Literaturverzeichnis

Chen, P.P.: Entity-Relationship Model: Towards a Unified View of Data, in: ACM Transactions on Database Systems, 1 (1976) 1, S. 9-36.

Scheer, A.-W.: EDV-orientierte Betriebswirtschaftslehre; Springer Verlag, Berlin et al.; 1. Auflage, 1984, aktuell: 4. Auflage, 1990.

Scheer, A.-W.: ARIS – Modellierungsmethoden, Metamodelle, Anwendungen; Springer Verlag, Berlin et al.; 1. Auflage, 1991; aktuell: 4. Auflage 2001.

Scheer, A.-W.: ARIS – Vom Geschäftsprozess zum Anwendungssystem; Springer Verlag, Berlin et al.; 1. Auflage, 1991; aktuell: 4. Auflage, 2002.

Scheer, A.-W.: Wirtschaftsinformatik – Referenzmodelle für industrielle Geschäftsprozesse; Springer Verlag, Berlin et al.; 1. Auflage, 1978; aktuell: 7. Auflage 1997.

Das ARIS Toolset

Wolfram Jost und Karl Wagner
IDS Scheer AG

Zusammenfassung:

Auf Basis verschiedener Forschungsergebnisse startete die IDS Scheer GmbH 1992 die Entwicklung eines kommerziellen Produktes zur Modellierung und Analyse von Geschäftsprozessen. Auf der CeBIT 1993 wurde die Version 1.0 des ARIS Toolset vorgestellt. Es handelte sich um das erste marktfähige Produkt in diesem Marktsegment. Der folgende Überblick beschreibt das technische Framework und die unterschiedlichen Methoden und Funktionen des ARIS Toolsets. Besonderes Augenmerk wird dabei auch auf die Rahmenbedingungen und Nutzenpotenziale eines ARIS-Projektes gelegt.

Schlüsselwörter:

Analyse, ARIS Repository, ARIS Toolset, Funktionen, Konfiguration, Methoden, Meta-Modell, Modellierung, Nutzenpotenziale, Prozessdarstellungen, Prozesskostenrechnung, Publishing, Rahmenbedingungen, Reporting, Simulation, Technologie

1 Frühe Erfolgsfaktoren

Die ersten Ideen und Prototypen zum ARIS Toolset entstanden zwischen 1990 und 1991 an dem von Prof. Scheer geleiteten Institut für Wirtschaftsinformatik an der Universität des Saarlandes. Auf Basis dieser Forschungsergebnisse startete die IDS Scheer GmbH 1992 die Entwicklung eines kommerziellen Produktes zur Modellierung und Analyse von Geschäftsprozessen. Auf der CeBIT 1993 wurde die Version 1.0 des ARIS Toolset vorgestellt. Es handelte sich um das erste marktfähige Produkt in diesem Marktsegment. Seit dieser Zeit wurden 10 Major Releases des Produktes freigegeben.

Ein wesentlicher Erfolgsfaktor für das ARIS Toolset war das Thema Business Process Reengineering, das Mitte der 90er Jahre viele Unternehmen dazu veranlasste, die Geschäftsprozesse zu analysieren und neu zu gestalten. Der Grund, warum viele Unternehmen bereit waren - und auch heute noch bereit sind - in derartige Projekte zu investieren, ist die Erkenntnis, dass effiziente Geschäftsprozesse für den wirtschaftlichen Erfolg des Unternehmens von hoher Bedeutung sind. Ein weiterer Erfolgsfaktor war sicherlich auch die SAP AG, die das ARIS Toolset als Trägersystem für das R/3 Referenzmodell wählte. Das ARIS Toolset im Zusammenhang mit den R/3 Prozessmodellen begründete sozusagen die Thematik der prozessorientierten Einführung von Standardsoftware, die sich später auch bei anderen Herstellern als Einführungsmethodik durchsetzte.

Der Begriff BPR hat sich im Laufe der Zeit abgenutzt und wird heute nur noch selten in der öffentlichen Diskussion verwendet; Geschäftsprozessmanagement bzw. Business Process Management lautet heute die Terminologie. Durch die gegenwärtig stattfindenden gravierenden Änderungen in der Architektur von Geschäftsanwendungen (Web Services, Komponentenorientierung, Collaboration) sowie die zunehmende Verzahnung von Strategie, IT- und Organisationsfragen steht das Thema Geschäftsprozessmanagement heute ganz oben auf der To-Do Liste der Unternehmen.

2 Methoden des ARIS Toolset

Das ARIS Toolset steht für eine Gruppe von Systemen, deren wesentliches Kennzeichen darin besteht, Geschäftsprozesse zu dokumentieren, zu analysieren und neu zu gestalten. Der Begriff *Geschäftsprozess* soll hier jedoch nicht nur den Kontrollfluss, d. h. die zeitlich-logische Reihenfolge der Funktionsausführung umfassen, sondern auch die damit unmittelbar verbundenen Daten-, Organisations- und Ressourcenbeschreibungen.

Die Dokumentation der Geschäftsprozesse erfolgt durch Modelle. Unter einem Modell versteht man hierbei ein vereinfachtes Abbild der Realität. Die methodische Basis der ARIS Modelle bildet die Architektur integrierter Informationssysteme (ARIS). Bei der ARIS-Architektur handelt es sich um ein von Prof. A.-W. Scheer entwickeltes konzeptionelles Rahmenwerk das zeigt, durch welche unterschiedlichen Sichten und Ebenen Unternehmen bzw. Geschäftsanwendungen generell beschrieben werden können.

So kann die Beschreibung nach rein funktionalen Gesichtspunkten erfolgen. Eine weitere Möglichkeit liegt darin, die Anwendungen unter dem Aspekt der Daten zu betrachten. Hierbei stellt sich die Frage, welche Daten das System verwalten kann und wie diese strukturiert sind. Die dritte Beschreibungssicht ist die Organisation. Hier geht es darum, die Organisationseinheiten und Verantwortlichkeiten darzustellen. Um den Zusammenhang zwischen Funktionen, Daten und Organisation nicht zu verlieren, wird die Steuerungssicht eingeführt. In der Steuerungssicht wird beispielsweise dargestellt, welche Daten von welchen Funktionen bearbeitet werden. Den Mittelpunkt innerhalb der Steuerungssicht bildet die Verbindung von Ereignissen mit Funktionen, wodurch die zeitlich logische Reihenfolge der Funktionsausführung und damit der Geschäftsprozess beschrieben wird.

Zur Modellierung der verschiedenen Sichten sind entsprechende Beschreibungstechniken notwendig. Beispiele für Beschreibungstechniken sind das Entity-Relationship-Modell zur Abbildung logischer Datenstrukturen, die ereignisgesteuerte Prozesskette zur Darstellung von Geschäftsprozessen oder das Organigramm zur Dokumentation von Organisationsstrukturen. Diese Beschreibungstechniken spiegeln sich im ARIS Meta Modell wider. Das Meta Modell umfasst alle Informationsobjekte, die zur modellhaften Abbildung der betriebswirtschaftlichen Gegebenheiten eines Unternehmens erforderlich sind. Neben den Informationsobjekten selbst sind auch ihre Beziehungen untereinander im Meta Modell definiert. Die Qualität des Meta Modells hat gravierenden Einfluss auf die Flexibilität des Systems, da es bestimmt, welche Inhalte mit dem System abgebildet werden können.

Das ARIS Datenmodell ist - entsprechend der ARIS-Architektur - in die vier Sichten Funktionen, Daten, Organisation und Steuerung untergliedert, wobei die Geschäftsprozesse das zentrale Element der Steuerungssicht darstellen.

Innerhalb der Funktionssicht werden Objekte benötigt die in der Lage sind, die (fachlichen) Funktionen eines Unternehmens zu beschreiben. Beispiele für fachliche Funktionen sind: *Kundenbonität prüfen, Zinsrechnung durchführen* oder *Lieferant auswählen.* Aus diesem Grund zählt die Funktion zu den zentralen Objekttypen des Datenmodells. In einem engen Zusammenhang mit den Funktionen stehen die Ereignisse. Ereignisse, wie beispielsweise der *Eingang eines Kundenauftrages* oder der *Eingang einer Rechnung,* sind notwendig, um die zeitlichen Abhängigkeiten zwischen den Funktionen und damit die Geschäftsprozesse abzubilden. Funktionen können nur dann ausgeführt werden, wenn die erforderlichen Ereignisse eingetreten sind. So kann die Funktion *Rechnung prüfen* nur dann ausgeführt werden, wenn das Ereignis *Rechnung ist eingegangen* eingetreten ist. Neben den Ereignissen stellen die Unternehmensdaten ein weiteres Beschreibungsobjekt dar. Beispiele hierfür sind: *Kundendaten, Lieferantendaten, Artikeldaten* oder *Produktdaten.* Als vierter wesentlicher Objekttyp kann die Organisationseinheit angesehen werden. Organisationseinheiten sind notwendig, um die Aufbauorganisation eines Unternehmens abzubilden.

Funktionen, Daten, Organisationseinheiten und Ereignisse stellen somit die wesentlichen Objekte des Meta Modells dar. Neben den Objekten selbst sind die zwischen diesen bestehenden Beziehungen von hoher Bedeutung. Diese Beziehungen, wie beispielsweise die Beziehung „ist fachlich verantwortlich" zwischen Funktion und Organisationseinheit oder die Beziehung „aktiviert" zwischen Funktion und Ereignis, sind für die realitätsgetreue Abbildung der Unternehmenssituation von elementarer Wichtigkeit. In diesen Beziehungen kommen die betriebswirtschaftlichen Abhängigkeiten der Objekte untereinander zum Ausdruck. Einen beispielhaften Ausschnitt aus einem Meta Modell zeigt nachfolgende Abbildung:

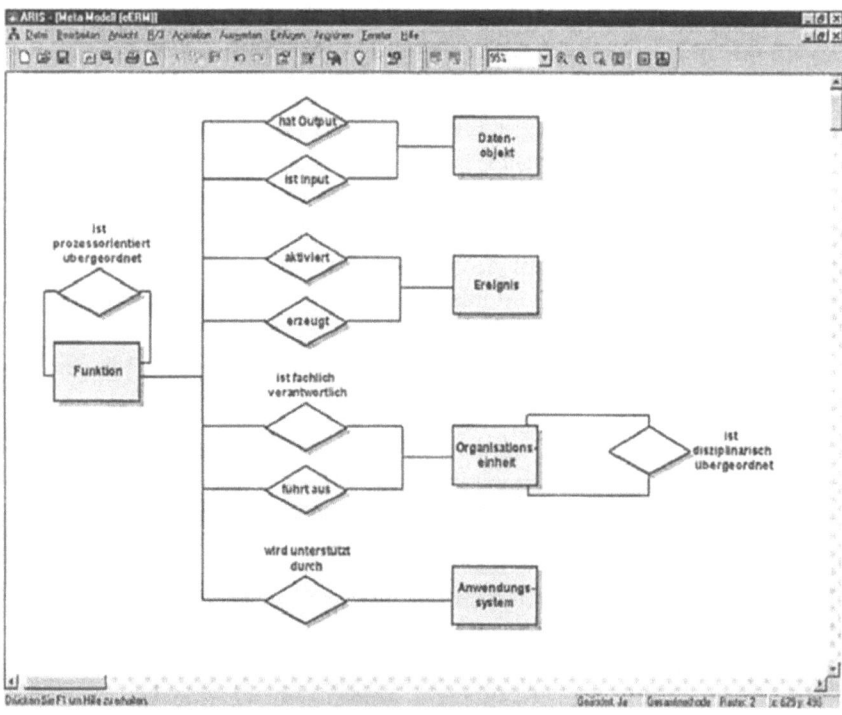

Abb. 1: Beispielhafte Darstellung eines Meta Modells

Neben der „WAS-Frage" spielt auch die „WIE-Frage" eine wichtige Rolle. In welcher Form können die Beschreibungen erfolgen? Das ARIS Toolset unterscheidet grundsätzlich zwischen tabellarischen und grafischen Beschreibungsformen. Um grafische Beschreibungstechniken anzubieten, sind den Objekten des

Das ARIS Toolset

Meta Modells grafische Symbole zugeordnet werden. Ein konkretes Beispiel zeigt Abbildung 2.

3 Technologie des ARIS Toolset

3.1 Methodische Flexibilität

Die hohe Generik des ARIS Repository erlaubt die Integration verschiedenster Methoden in das System. Die konzeptionelle Stärke dieses Ansatzes zeigt sich darin, dass seit der ersten Version von ARIS die bearbeiteten Fragestellungen und Projekte sich enorm erweitert und verändert haben, die Datenstrukturen jedoch nur in geringem Maße modifiziert wurden. War früher BPR der Schwerpunkt des ARIS Einsatzes, so stehen heute Themen wie E-Business und E-Commerce, Supply Chain Management, Customer Relationship Management, Balanced Scorecard (BSC)/Strategic Planning, prozessorientierter Aufbau von QM-Systemen/ISO, Enterprise Application Integration (EAI) usw. auf der Tagesordnung.

Auch wenn die unterschiedlichen Themen jeweils andere Darstellungsformen benötigen, so sind die inhaltlichen Fragen, die sie beantworten, sehr ähnlich: Wer macht was? Welche Daten sind In-/Output? Wie ist die Ablaufstruktur? Welche Anwendungssoftware oder Transaktion wird genutzt? usw.

Ein einfaches Beispiel hierzu stellen die *Collaborative Business Scenarios* für Inter-Enterprise-Beziehungen und die *erweiterte Ereignisgesteuerte Prozesskette (eEPK)* dar. Ihr zugrundeliegendes Meta Modell umfasst im Wesentlichen die gleichen Objekte, nämlich Rollen, Funktionen und Informationsobjekte. Die unterschiedlichen Diagrammformen unterscheiden sich damit lediglich durch ihre grafische Visualisierung, d. h. andere Symbole, Farbgebung oder Layout.

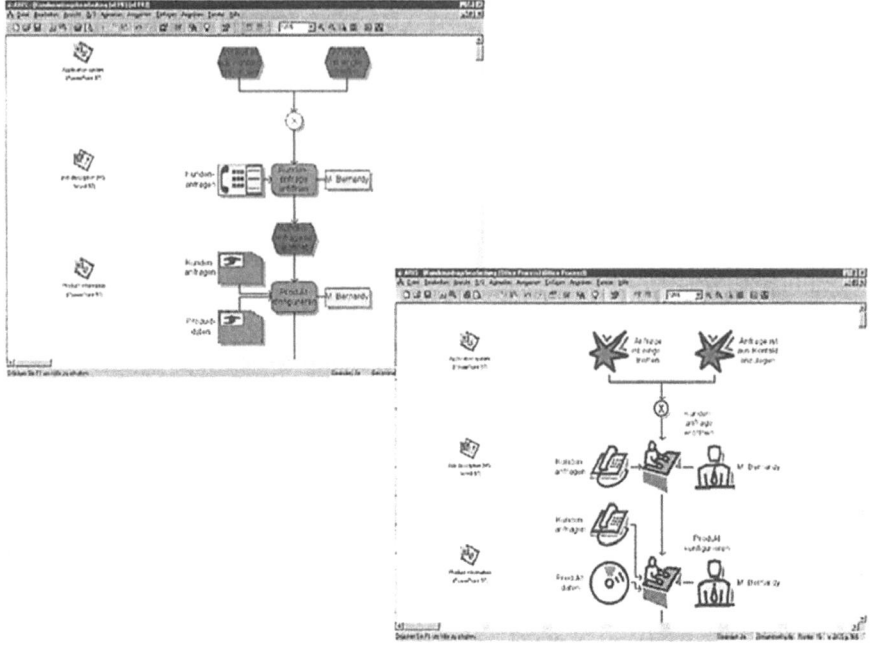

Abb. 2: Beispiel für Prozessdarstellungen : eEPK, Office Process, Collaborative Businss Scenario

Das ARIS Toolset unterstützt die unterschiedlichen Einsatzszenarien durch speziell definierte Methoden-Sets, die auf der Ebene des Meta Modells voll integriert sind.

Aufgrund der sich aus der Vielzahl unterschiedlicher Einsatzszenarien ergebenden hohen Methodenvielfalt verfügt das ARIS Toolset über eine Filterebene. Diese erlaubt es, jedem Anwender im Projektteam die für seine spezifische Problemstellung relevante Oberfläche zur Verfügung zu stellen. Damit wird eine hohe Akzeptanz und Effizienz in den Projekten erreicht.

Aus Sicht des Gesamtunternehmens ist es dagegen von enormem Vorteil, ein voll integriertes Repository zu haben. Die Wiederverwendung der Projektergebnisse durch andere Bereiche im Unternehmen führt zu einem höheren Return on Investment. Diese Flexibilität im Grundgedanken des ARIS Repository ist Garant dafür, dass ARIS Anwender auch in neuen technischen und betriebswirtschaftlichen Themen, die heute noch gar nicht vorhersehbar sind, sehr gut aufgestellt sind.

Das ARIS Toolset 21

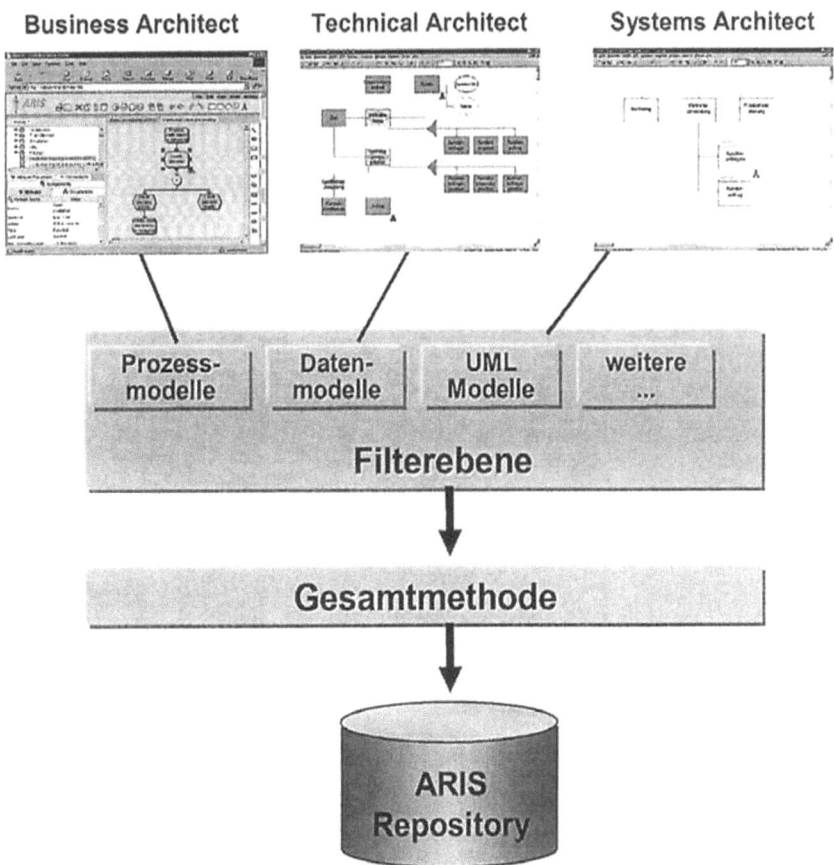

Abb. 3: Anwenderspezifische Oberflächenkonfiguration

3.2 Technologische Flexibilität

Durch äußere und innere Einflüsse wie Merger, Gesetzesänderungen, Wettbewerbsdruck, Globalisierung usw. sind die Innovations- und Veränderungszyklen für Firmen immer kürzer. Um dieser Herausforderung erfolgreich zu begegnen, gehen immer mehr Unternehmen von den projektgetriebenen Ansätzen zu einem ganzheitlichen Prozessmanagement über. Dieser unternehmensweite und zum Teil globale Ansatz stellt jedoch enorme Herausforderungen an die Technik des ARIS Systems selbst. Nicht nur die zuvor beschriebene fachliche Skalierbarkeit muss gegeben sein, sondern auch eine technische: online/zentral, offline/dezentral, Single User Szenarien mit Notebook, kleine Workgroups im LAN und große Einsatzszenarien im WAN, Inter-, Intra- oder Extranet.

Mit steigenden technischen Anforderungen hat sich das System schrittweise von einer Stand Alone-Anwendung zu einer Multi-Tier-Architektur weiterentwickelt: Client - Business Server - Datenbankserver.

Für die Datenhaltung stehen beliebige Relationale Datenbanksysteme mit unterschiedlicher Leistungsfähigkeit zur Auswahl. Auf diese greift der ARIS Business Server zu und kapselt so alle Zugriffe der Clients. Dabei bietet der Business Server komfortable Funktionen wie z. B. „Lade Modell", womit die Logik für das Lesen eines Modells, das in der Datenbank auf verschiedene Tabellen verteilt ist, zentral und sehr performant vorgehalten wird. Die Netzlast zwischen Client und Server wird derart verringert, dass für die Kommunikation eine Internetverbindung mit einem einfachen Modem ausreicht. Die Kommunikation basiert auf CORBA und unterstützt gängige Sicherheitsstandards wie z. B. SSL. Mit dem ARIS Web Designer steht ein in Java entwickeltes Modellierungswerkzeug zur Verfügung, das als Java-Applet oder Java-Applikation betrieben werden kann. Beides zusammen bedeutet, dass der Anwender nur noch einen Internet-Browser braucht und ohne Installation, Setup-Routine oder Administrationsaufwand sofort arbeiten kann: anytime, anywhere lauten die Schlagworte.

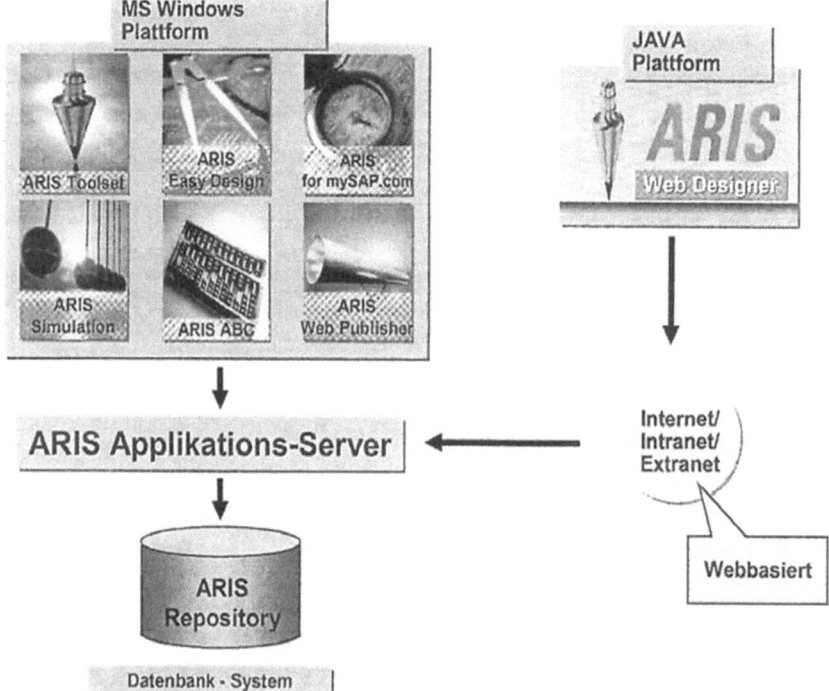

Abb. 4: Die technische ARIS-Architektur

Die Caching-Strategie im Business Server ist so aufgebaut, dass eine freie Skalierung möglich ist und damit auch sehr große Anwenderzahlen unterstützt werden. Da auch dieser Systemteil in Java entwickelt wurde, stehen neben den Microsoft-Servern auch Unix Plattformen zur Verfügung. Die Unterstützung von Firewall-Lösungen, Sicherheitsstrategien sowie komfortable Administrationsfunktionen runden große Anwendungsszenarien - so genannte ARIS Sites - ab.

Trotz dieser sehr mächtigen Architektur kann das gleiche System immer noch als „Stand Alone-Werkzeug" auf einem einfachen Windows-Notebook betrieben werden.

3.3 Offenheit

Neben der methodischen und technischen Flexibilität und Skalierbarkeit ist die Unterstützung gängiger Industriestandards und die Offenheit des Systems von zentraler Bedeutung.

Unterstützt werden zahlreiche Technologien für den Zugriff auf das Repository:

- Programmierschnittstelle (API)
- OLE/COM-Interface für Basic
- Textueller Ex-/Import (dateiorientiert)
- XML

Diese bidirektionalen Schnittstellen bieten hervorragende Möglichkeiten zum Datenaustausch. Gerade bei der automatischen Konfiguration von EAI-Systemen bzw. Workflow und eCommerce Plattformen setzt sich XML wegen seiner bekannten Vorteile immer mehr durch. Weitere Anwendungsfälle sind z. B. die automatisierte Übernahme von Diagrammdaten aus Drittsystemen oder Kostendaten aus operativen Kostenrechnungssystemen in das ARIS Repository. Interessant wird XML insbesondere durch die Standardisierungsbemühungen von Organisationen wie beispielsweise RosettaNet, BPMI.org oder SCOR (Supply Chain Council).

4 Funktionen des ARIS Toolset

Das ARIS Toolset besteht aus unterschiedlichen Modulen/Komponenten. Diese sind: Modellierung, Publishing (Navigation), Analyse/Simulation, Prozesskostenrechnung, Balanced Scorecard, Reporting und Konfiguration. Im Folgenden werden einzelne Komponenten kurz erläutert.

4.1 Modellierung

Die Modellierung stellt die Basisfunktionalität des ARIS Toolset dar. Sie beinhaltet den grafischen Modelleditor, die Datenbankverwaltung, die Benutzerverwaltung, die Modellverwaltung, die Objektverwaltung sowie die Layout- und Modellgenerierung.

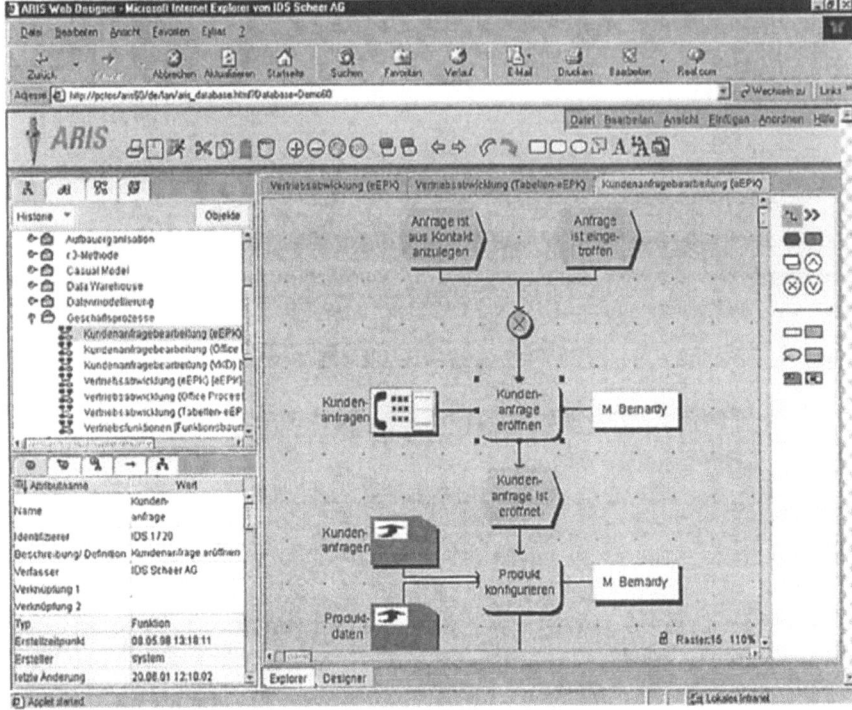

Abb. 5: ARIS Web Designer

Der in Abbildung 5 dargestellte grafische Modelleditor stellt die zentralen Funktionalitäten zur Erfassung der Modellinformationen zur Verfügung. Mit ihm können die grafischen Modellobjekte sowie ihre Beziehungen untereinander angelegt, geändert und gelöscht werden.

Die Datenbankverwaltung dient dem Anlegen, Öffnen und Löschen von (logischen) Datenbanken. Innerhalb einer Datenbank können die Modelle jederzeit konsistent gehalten werden, da hier logische Verbindungen zwischen den einzelnen Modellen/Objekten aufgebaut werden. Zwischen Modellen unterschiedlicher Datenbanken bestehen dagegen keinerlei Beziehungen. Datenbanken stellen somit die größte Ordnungseinheit dar, um Modelle konsistent zu verwalten.

Innerhalb der Benutzerverwaltung können pro Datenbank unterschiedliche Benutzer definiert werden, die wiederum bestimmten Benutzergruppen zugeordnet sind. Im engen Zusammenhang mit der Benutzerverwaltung steht die Zugriffsrechteverwaltung. Die Zugriffsrechteverwaltung bietet die Möglichkeit, sowohl Benutzergruppen als auch einzelnen Benutzern bestimmte Zugriffsrechte zuzuordnen. Hierdurch wird festgelegt, in welcher Form (schreibend oder lesend) ein Benutzer auf die in der Datenbank vorhandenen Modelle zugreifen kann.

Das Anlegen, Ändern, Speichern, Löschen, Suchen und Drucken von Modellen sind die wesentlichen Funktionen der Modellverwaltung. Auch die Gruppierung von inhaltlich zusammengehörigen Modellen in Gruppen gehört zur Modellverwaltung. Im engen Kontext mit der Modellverwaltung ist die Objektverwaltung zu sehen. Die Objektverwaltung stellt Funktionen zur Verfügung, mit denen Objekte (z. B. *Funktionen* oder *Organisationseinheiten*) angelegt, geändert, gelöscht, gesucht, kopiert oder hierarchisiert werden können. Auch die Pflege der einzelnen Objektattribute (z. B. *Name, Definition, Bearbeitungszeit, Liegezeit* bei einer *Funktion*) gehört zur Objektverwaltung.

Eine weitere wichtige Funktionalität der Modellierungskomponente ist die Layout- und Modellgenerierung. Die Layoutgenerierung dient dazu, automatisch ein optimales Modelllayout zu erzeugen. Der Anwender ist somit nicht mehr gezwungen, das Layout händisch zu optimieren. Dies führt zu einer erheblichen Beschleunigung des Modellierungsprozesses. Mit der Modellgenerierung besteht die Möglichkeit, aus unterschiedlichen Teilmodellen automatisch ein Gesamtmodell zu erstellen.

4.2 Publishing (Navigation)

Innerhalb der Publishingkomponente sind im Gegensatz zur Modellierungskomponente keine Modellmanipulationen möglich. Sie stellt lediglich einen lesenden Zugriff auf die Modelle zur Verfügung. Aus diesem Grunde wird die Navigation auch häufig als passive Komponente bezeichnet. Aufgabe ist es, dem Anwender die Zusammenhänge sowohl innerhalb als auch zwischen den Modellen transparent zu machen und somit das Modellverständnis zu erleichtern. Die Navigation innerhalb eines Modells beinhaltet Funktionen, mittels derer einzelne Objekte bzw. Objektgruppen grafisch aus- und eingeblendet werden können. So können beispielsweise innerhalb eines Geschäftsprozessmodells bei Bedarf alle Organisationseinheiten und/oder Datenobjekte ausgeblendet werden. Hierdurch kann die Komplexität von Modellen für bestimmte Fragestellungen reduziert werden. Umgekehrt können die Modelle nach dem Ausblenden schrittweise expandiert werden.

Neben den Geschäftsprozessmodellen können im ARIS Toolset gemäß der ARIS-Architektur auch Daten-, Organisations- und Funktionsmodelle verwaltet werden. Wichtig hierbei ist, dass diese unterschiedlichen Modelltypen nicht disjunkt sind, sondern teilweise gleiche Objekte beinhalten. So sind die Organisationseinheiten des Organisationsmodells ebenfalls Bestandteil des Geschäftsprozessmodells. Gleiches gilt für die Datenobjekte des Datenmodells und die Funktionen des Funktionsmodells.

Um diese Zusammenhänge zu verdeutlichen, besteht in der Navigationskomponente die Möglichkeit, zwischen den unterschiedlichen Modelltypen zu navigieren. So ist es beispielsweise möglich, von einer bestimmten Organisationseinheit im Prozessmodell in das entsprechende Organisationsmodell zu verzweigen.

Ziel dieser Funktionalität ist es, jedem Anwender entsprechend seiner spezifischen Rolle im Unternehmen die jeweils relevanten Modellinformationen zu Verfügung zu stellen. Nur wenn es gelingt, die Prozessinhalte in das „tägliche Leben" zu überführen, ist deren kontinuierliche Weiterentwicklung gewährleistet. Aus diesem Grunde dient die Publishingkomponente auch als Feedbackinstrument für die Anwender in den Fachbereichen. Um den technischen Zugriff des Anwenders auf die für ihn relevanten Inhalte zu erleichtern, erfolgt das Publishing über das Internet bzw. Intranet. Das heißt, der Zugang zu den Modellinhalten erfolgt aus technischer Sicht ausschließlich über einen Web-Browser.

4.3 Analyse und Simulation

Zielsetzung der Analyse-/Simulationskomponente ist die Modellauswertung. Im wesentlichen geht es hierbei darum, auf Basis der Geschäftsprozessmodelle bzw. der darin enthaltenen Informationen bestimmte Kennzahlen zu erzeugen. Beispiele hierfür sind: Durchlaufzeit, Kapazitätsauslastung, Liegezeit, Anzahl Abteilungswechsel und Anzahl Systemwechsel. Anhand dieser Kennzahlen ist es dem Anwender möglich, die Modelle zu bewerten. Eine automatisierte Modellbewertung ist grundsätzlich nicht möglich, da die Interpretation der ermittelten Kennzahlen in starkem Maße von den spezifischen Umfeldbedingungen des Unternehmens determiniert wird.

Bei der Ermittlung der Kennzahlen kann man zwischen statischen und dynamischen Berechnungsverfahren unterscheiden. Die dynamische Kennzahlenermittlung wird in der Regel als Simulation bezeichnet und zielt in erster Linie auf die Berechnung von Zeit- und Kapazitätskennzahlen ab. Der Unterschied zur statischen Vorgehensweise liegt im Wesentlichen darin, dass bei dynamischen Berechnungen der Zeitfaktor und das Mengenvolumen berücksichtigt werden. Die Simulation ermöglicht es, die zeitliche Abwicklung eines Geschäftsprozesses unter Echtzeitbedingungen durchzuspielen. Hierdurch können detaillierte Aussagen z. B. über Kapazitätsauslastungen und Durchlaufzeiten ermittelt werden. Wichtig ist hierbei jedoch der Hinweis, dass die Simulation einen nicht unerheblichen Zeitaufwand bezüglich der Datenerhebung verursacht. Häufig ist der Zeitaufwand derart immens, dass aus Kosten-Nutzen-Überlegungen heraus eine Simulation nicht sinnvoll ist.

Hier setzen die statischen Verfahren an. Die statischen Verfahren liefern grundsätzlich ähnliche Ergebnisse, allerdings mit einem etwas geringeren Genauigkeitsgrad, wenn es um Zeiten und Kapazitäten geht. Statische Zeitanalysen sind immer dann sinnvoll, wenn ein grober Überblick ausreicht. Minuten- oder gar sekundengenaue Analysen sind hiermit nicht möglich. Zur Ermittlung statischer Kennzahlen, die keine zeitliche Dimension besitzen, wie beispielsweise Häufigkeit von Abteilungs- und Systemwechsel, reichen diese allerdings vollkommen aus.

Neben der Ermittlung von Prozesskennzahlen beinhaltet die Analyse des weiteren Funktionen zum Modellvergleich. Zielsetzung ist es, die Unterschiede und Gemeinsamkeiten von Modellen durch einen automatischen Modellvergleich herauszufinden.

4.4 Prozesskostenrechnung

Ziel der Prozesskostenrechnung ist es, die Funktionen der indirekten Leistungsbereiche (Gemeinkostenstellen) kostenmäßig zu bewerten. Die Prozesskostenrechnung stellt eine konsequente Weiterentwicklung der in der Fertigung vorhandenen Arbeitsplankalkulation dar. Die Arbeitspläne können als die Geschäftsprozesse des Fertigungsbereiches interpretiert werden. In ihnen werden die Abläufe innerhalb der Fertigung sekundengenau beschrieben und über Bezugsgrößen und Kostensätze mit Kosten bewertet. Analog hierzu versucht die Prozesskostenrechnung diesen Gedanken auf die Geschäftsprozesse zu übertragen. Auch hier geht es darum, die Kosten eines Prozesses zu bestimmen. An die Stelle der Bezugsgrößen treten hier die Cost Driver und anstelle von Kostensätzen redet man hier von Prozesskostensätzen.

Die ermittelten Prozesskostensätze dienen einerseits dazu, die Geschäftsprozesse kostenmäßig zu bewerten. Andererseits können die Prozesskostensätze auch zur Budgetierung im Rahmen der Kostenstellenrechnung verwendet werden. Auch innerhalb der Produktkalkulation ist die Verwendung von Prozesskostensätzen möglich. Für die Produktkalkulation ergibt sich hierdurch der Vorteil, dass die Gemeinkosten verursachungsgerechter als bisher auf die einzelnen Kostenträger verrechnet werden.

Zur Ermittlung der Kosten eines Geschäftsprozesses stehen im ARIS Toolset unterschiedliche Ansätze zur Verfügung. Beispielhaft wird nachfolgend der dispositive Ansatz kurz erläutert.

Bei der dispositiven Prozesskostenrechnung handelt es sich um eine top-down-Vorgehensweise. Ausgehend von den Kosten einer Kostenstelle wird versucht, diese auf die in der Kostenstelle abzuwickelnden Prozesse zu verteilen. Hierbei werden zunächst die zu verrechnenden Kostenarten (z. B. Personal- und/oder Sachmittelkosten) festgelegt. Danach werden die innerhalb der zu untersuchenden Kostenstelle(n) auszuführenden Funktionen mit ihrer Prozessleistung ermittelt. Die Prozessleistung wird in der Regel in Stunden gemessen, d. h. es wird ermittelt, wie viele Stunden in dem Betrachtungszeitraum auf die jeweilige Funktion entfallen. Im nächsten Schritt werden die Cost Driver und die Prozessmenge bestimmt. Der Cost Driver stellt die Größe dar, von der die Kosten einer Funktionsdurchführung determiniert werden. Als Beispiel kann die Funktion *Angebot prüfen* mit dem Cost Driver *Angebotspositionen* genannt werden. Die Prozessmenge gibt die Anzahl der in dem Betrachtungszeitraum bearbeiteten Angebotspositionen an. Über die Größen Prozessmenge, Prozessleistung und Kostenstellenkosten wird anschließend der Prozesskostensatz der Funktion ermittelt. Innerhalb der Geschäftsprozesse werden dann auf der Grundlage der funktionsspezifischen Prozesskostensätze unter Berücksichtigung der Einsatzfaktoren (Cost-Driver-Mengen) die Kosten des Geschäftsprozesses ermittelt.

4.5 Reporting

Bei der Modellierung der Geschäftsprozesse fallen eine Vielzahl von Informationen an. Aufgabe des Reportings ist es, diese Informationen flexibel nach unterschiedlichen Gesichtspunkten auszuwerten und in strukturierter und leicht verständlicher Form zum Zwecke der Entscheidungsunterstützung aufzubereiten. Informationen, die zwar in der Datenbank liegen aber nicht ausgewertet werden können, sind tote Informationen. Somit ist ein flexibles Reporting von entscheidender Bedeutung.

Im ARIS Toolset hat der Anwender die Möglichkeit, sich unterschiedliche Reporttypen (Auswertungstypen) zu definieren. In einem Reporttyp sind die relevanten Objekttypen (z. B. *Funktionen, Ereignisse, Organisationseinheiten*), Attributtypen (z. B. *Name, Definition, Bearbeitungszeit, Ausführungsart*) und Beziehungstypen *(Funktion erzeugt Ereignis, Organisationseinheit ist fachlich verantwortlich für Funktion)* festgelegt. Neben den Objektinhalten umfasst die Reportdefinition auch die zugehörigen Layoutinformationen. Zur Definition der Reporttypen sind keine Programmierkenntnisse erforderlich. Der Anwender kann sich über verschiedene Auswahllisten diejenigen Informationen zusammenstellen, die für die jeweilige Fragestellung von Bedeutung sind. Diese Einstellungen können gespeichert und beliebig oft wiederverwendet werden.

Das ARIS Toolset

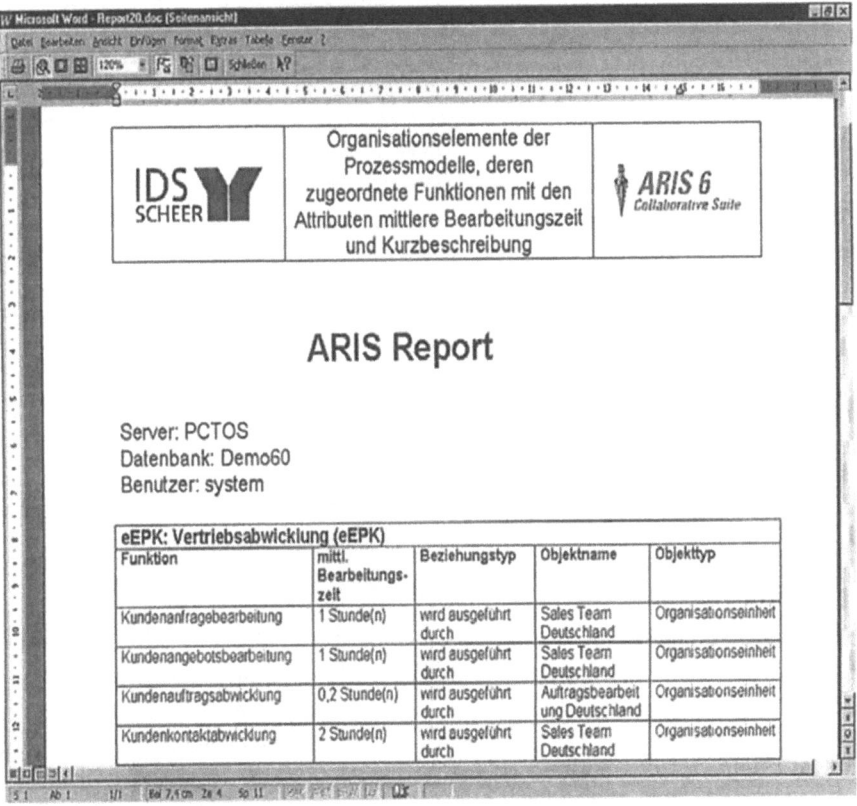

Abb. 6: ARIS Reporting

Neben der Reportdefinition ist auch die Reportausgabe von Bedeutung. So kann die Reihenfolge, in der die einzelnen Objekte und Attribute ausgegeben werden, flexibel eingestellt werden. Auch die entsprechenden Modellgrafiken können automatisch mit in den Report integriert werden. Die Ausgabe der Reportergebnisse kann sowohl in Tabellenform als auch textuell erfolgen. Hierbei stehen unterschiedliche Dateiformate zur Verfügung, unter anderem XML und HTML. Als Ausgabemedium stehen die gängigen Office Programme zur Verfügung.

4.6 Konfiguration

Das ARIS Toolset besitzt eine Vielzahl unterschiedlicher Beschreibungstechniken (z. B. *erweiterte Entity-Relationship-Methode, ereignisgesteuerte Prozesskette, Organigramm, Funktionsbaum, Fachbegriffsmodell, Wertschöpfungskettendiagramm*). Die Vielzahl resultiert aus den unterschiedlichen Problemstellungen, die mit dem System bearbeitet werden können. Um die Anwendung des Systems zu vereinfachen, können die für die jeweilige Problemstellung notwendigen Beschreibungstechniken benutzerindividuell konfiguriert werden. Die Konfiguration ist neben den Beschreibungstechniken auch auf die in diesen enthaltenen Objekttypen (z. B. *Funktion, Mitarbeiter, Organisationseinheit*) und Beziehungstypen (z. B. *ist Input für, ist Output von, ist fachlich verantwortlich, führt aus*) an-wendbar. Auch die Attributtypen (z. B. *Name, Definition, Beispiel, Häufigkeit, Bearbeitungszeit*) der einzelnen Objekttypen sind projektspezifisch definierbar. Im Rahmen der Konfiguration können sowohl existierende Standardobjekte ausgeblendet als auch neue Kundenobjekte hinzugefügt werden. Durch die Möglichkeit der Methodenkonfiguration werden die Projektmitarbeiter nur mit denjenigen Methodeninformationen konfrontiert, die für die Projektabwicklung unbedingt notwendig sind.

Neben der Konfiguration der Beschreibungstechniken ist es des weiteren möglich, projektspezifische Konsistenzregeln zu definieren. Die Konsistenzregeln können sich einerseits auf die Konsistenz unterschiedlicher Modelltypen beziehen. Ein Beispiel hierfür ist die Regel, dass alle Organisationseinheiten des Geschäftsprozessmodells auch innerhalb des Organisationsmodells vorkommen müssen. Andererseits können sich diese Regeln auch auf gleiche Modelltypen beziehen, so z. B. die Regel, dass alle Geschäftsprozesse mit einem Ereignis starten und einem Ereignis enden müssen.

5 Voraussetzungen für den erfolgreichen ARIS Einsatz

Es ist ein Irrglaube davon auszugehen, dass allein durch den Einsatz eines Tools der Erfolg eines Projektes gewährleistet werden kann. Ein Tool ist nur so gut wie derjenige, der es bedient. Das Wissen über die Methoden ist hierbei grundsätzlich höher einzustufen als das Wissen über die Funktionalität. Hinzu kommt, dass es sich bei der Geschäftsprozessmodellierung um einen kreativen Vorgang handelt, der von einem System zwar unterstützt, keinesfalls jedoch automatisiert werden kann. Viele Projektverantwortliche wollen diese Tatsache nicht wahrhaben. Der Einsatz eines Tools erfordert Rahmenbedingungen. Nur wenn diese Rahmenbedingungen gegeben sind, kann der Einsatz eines Tools seine vollen Nutzenpotenziale entfalten. Und diese sind beträchtlich. Neben den enormen Zeit- und damit auch Kostenvorteilen gegenüber einer konventionellen Projektabwicklung, sind in diesem Zusammenhang die höhere Qualität sowie die Weiterverwendbarkeit der Projektergebnisse, zum Beispiel innerhalb des Workflow-Managements und der Standardsoftwarekonfiguration, zu nennen. Als wesentliche Voraussetzungen für den erfolgreichen Tooleinsatz können genannt werden:

- Festlegung der Modellierungstechniken
- Definition eines Vorgehensmodells

Das ARIS Toolset 31

- Festlegung von Modellierungskonventionen
- Festlegung von Toolkonventionen
- Schulung der Mitarbeiter

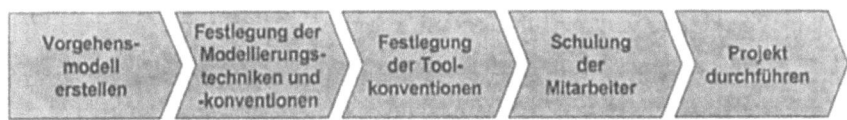

Abb. 7: Notwendige Voraussetzungen für einen effizienten Tooleinsatz

Im Vorgehensmodell werden die in dem Projekt durchzuführenden Aufgaben/ Aktivitäten in ihrer zeitlich-logischen Reihenfolge definiert. Weitere Bestandteile des Vorgehensmodells sind die von den einzelnen Aufgaben zu erzielenden Ergebnisse sowie die zur Aufgabendurchführung benötigten Dokumente. Auch die für die einzelnen Aufgaben verantwortlichen Projektmitarbeiter müssen im Vorgehensmodell definiert werden. Zur grafischen Dokumentation von Vorgehensmodellen können analog zu den Geschäftsprozessmodellen die ereignisgesteuerten Prozessketten verwendet werden.

Ist das Vorgehensmodell erstellt, so ist im nächsten Schritt die Frage zu beantworten, mit welchen Beschreibungstechniken die im Vorgehensmodell definierten Ergebnisse zu dokumentieren sind. So könnte beispielsweise festgelegt werden, dass das Soll-Geschäftsprozessmodell als Ergebnis der Aufgabe „Soll-Geschäftsprozessmodell definieren" mit der Beschreibungstechnik der ereignisgesteuerten Prozesskette (EPK) zu dokumentieren ist. Auf diese Art und Weise sind allen im Vorgehensmodell aufgeführten Ergebnissen entsprechende Beschreibungstechniken zuzuordnen. Anschließend müssen diese Beschreibungstechniken weiter detailliert werden. Konkret bedeutet dies, dass die innerhalb einer Beschreibungstechnik zu verwendenden Objekt-, Attribut- und Kantentypen zu definieren sind.

Nachdem die zu verwendenden Beschreibungstechniken detailliert festgelegt sind, liegt die nächste Aufgabe darin, Konventionen für die Modellierungsaktivitäten zu bestimmen. Im Rahmen der Modellierungskonventionen wird beispielsweise festgelegt, wie die Namensgebung von Funktionen und Ereignissen zu erfolgen hat. Weitere Festlegungen in diesem Kontext betreffen den Detaillierungsgrad der zu erstellenden Modelle sowie die Verwendung von Entscheidungsregeln innerhalb der Prozessmodellierung. Wichtiger Bestandteil der Modellierungskonventionen sind des weiteren die Darstellungskonventionen. Die Darstellungskonventionen betreffen Layoutvorgaben wie beispielsweise die grafische Positionierung der Objekte oder die Abstände zwischen einzelnen Symbolen. Auch die Bestimmung der zu verwendenden Schriftformate ist hier zu nennen.

Im Gegensatz zu den Modellierungskonventionen, die grundsätzlich toolunabhängig sind, werden die Toolkonventionen im Hinblick auf das konkret einzusetzende System definiert. In den Toolkonventionen wird beschrieben, welche Systemfunktionen in welcher Art und Weise eingesetzt werden. Bezüglich des ARIS Toolset gehören hierzu beispielsweise die Definition von Standardreports, die Festlegung von Benutzerrechten sowie die Bestimmung der Gruppenhierarchie zur Verwaltung der einzelnen Modelle.

Die Festlegung von Modellierungs- und Toolkonventionen ist für die Einheitlichkeit und damit auch die Vergleichbarkeit der Projektergebnisse von elementarer Bedeutung. Durch die Konventionen wird gewährleistet, dass die von den einzelnen Projektgruppen erstellten Ergebnisse bezüglich der fachlichen Inhalte sowie des strukturellen und grafischen Aufbaus einheitlich sind. Hierdurch können Ergebnisse auch von Mitarbeitern anderer Projektgruppen relativ schnell interpretiert werden. Auch die Konsolidierung der einzelnen Projektergebnisse ist hierdurch sichergestellt.

6 Ausblick

Funktionalität und Technologie des ARIS Toolset werden kontinuierlich weiterentwickelt. Wesentliche Entwicklungen finden derzeit in den Bereichen UML-Modellierung (Software Engineering), Prozesskostenanalyse, Web Sevices, Web Reporting und Enterprise Application Integration statt. So wird es in naher Zukunft einen eigenen grafischen Editor für die Erstellung von UML-Modellen geben, der die Erfassungszeiten drastisch reduziert und eine enge Integration zu den EPK-Modellen gewährleistet. Im Rahmen der Prozesskostenrechnung ist eine eigens auf diesen Anwendungsbereich zugeschnittene Komponente in der Entwicklung. Ziel ist die Bereitstellung einer einfachen, aber dennoch aussagekräftigen Methode zur Ermittlung und Analyse von Prozesskosten. Das Themengebiet Web Services wird in soweit adressiert, als dass zu den bestehenden Schnittstellen zukünftig auch die Internetstandards SOAP, WSDL und UDDI unterstützt werden. Das Web Reporting wird Anwender in die Lage versetzen, die Daten des ARIS Repository von einem beliebigen Standort aus auszuwerten, ohne dass hierfür eine Client Installation erforderlich ist. Im Bereich Enterprise Application Integration werden derzeit spezielle Methoden zur Beschreibung von Integrationsprozessen sowie entsprechende Schnittstellen zu den gängigen EAI-Systemen entwickelt. Parallel zu den vorgenannten Entwicklungsrichtungen wird das Web enabling der gesamten Werkzeugfunktionalität massiv weiterverfolgt.

Geschäftsprozessmanagement: Kernaufgabe einer jeden Unternehmensorganisation

Wolfram Jost

IDS Scheer AG

August-Wilhelm Scheer

IDS Scheer AG

Zusammenfassung:

Zu sehr Technik, zu wenig Business: Auf diesen einfachen Nenner lassen sich die ersten Gehversuche im E-Business reduzieren. Heute, angesichts der mannigfaltigen Enttäuschungen, erkennen immer mehr Unternehmen, dass es beim E-Business im speziellen und bei der Nutzung neuer IT-Technologien im allgemeinen in erster Linie um das Geschäft („Business") und weniger um die Technik („E") geht. In diesem Zusammenhang gewinnen das Re-Engineering und die Transformation der Geschäftsprozesse an Brisanz. Strategische und technische Fragestellungen können allerdings namentlich im Collaborative Commerce nicht unabhängig voneinander betrachtet werden.

Schlüsselworte:

Geschäftsprozesse, Prozesstransformation, E-Business, Anwendungsarchitekturen, Collaboration, Re-Engineering, Strategie, Prozessintegration, Business Process Intelligence, Business Process Performance Measurement, Business Process Life-cycle

1 E-Business: Vom Hype zur Realität

Das E-Business vermittelt aktuell einen zwiespältigen Eindruck. Einerseits sind die Mängel erster Projekte mehr als offensichtlich zu Tage getreten, andererseits nähert sich die Wirtschaft nun sachgemäß der Thematik. Galten noch kürzlich das pfiffigste Web-Site-Design und rein Web-basierte Geschäftsmodelle als Schlüssel zum Erfolg, werden jetzt stattdessen die Integration von Frontend und Backend sowie hybride Geschäftsmodelle hoch gehandelt. Stand bislang Web-Enabling als Synonym für „modern" bei Anwendungssoftware, werden heute mehr denn je die Möglichkeiten der Prozessintegration nachgefragt. Und nahmen sich die ersten E-Business-Gehversuche vornehmlich der elektronischen Vertriebswege an, gilt es nun kollaborative Unternehmensstrategien mit Leben zu füllen.

Kurzum: Die einseitige Ausrichtung auf die technischen Aspekte („E") wird mehr und mehr durch die Orientierung am Geschäft („Business") ersetzt.

Diese Entwicklung führt zwangsläufig dazu, dass sich die Unternehmen verstärkt ihrer Geschäftsprozesse annehmen und dabei das schon ein wenig ins Abseits geratene Thema Process-Re-Engineering neu entdecken. Neu entdecken müssen! Denn die Konzentration auf eher technische Fragestellungen verdeckte beim E-Business bislang den Bedarf einer prozessorientierten Herangehensweise. Gleiches gilt übrigens auch für SCM-, CRM-, oder ERP Projekte. Schließlich funktioniert jede Organisation, unabhängig von Größe und Branche, über Geschäftsprozesse. Ein Unternehmen ohne Geschäftsprozesse gibt es nicht. Unternehmen, die sich „weigern" ihre Prozesse zu (er)kennen, vermeiden durch ihre Ignoranz allenfalls, aktiv an der eigenen Effektivität und Effizienz zu arbeiten. Anhand der Geschäftsprozesse lassen sich auch die Gründe für das Scheitern vieler frühen E-Business-Aktivitäten und Dot.coms nachzeichnen. Denn was nützt einer Firma beispielsweise das schönste Portal, wenn der nachgelagerte Logistik-Prozess bei einer Online-Bestellung nicht integriert ist.

2 Paradigmenwechsel in der Architektur von Standardsoftware

Auch von der technischen Seite her werden die Unternehmen gezwungen, sich intensiver mit den Geschäftsprozessen auseinander zusetzen. Denn das Ablösen der in sich geschlossenen ERP-Systeme durch offene, lose miteinander verknüpfte Anwendungskomponenten geht einher mit dem Verlust der Integration im allgemeinen und der Prozessintegration im speziellen. Beispielsweise wartet jede der unterschiedlichen mysap.com-Anwendungen wie auch die SAP-Portal-Software nun mit einem eigenen Repository auf. Die Anbieter streichen als Pluspunkte für diese neuen Software-Architekturen die höhere Flexibilität und Release-Unabhängigkeit einzelner Komponenten heraus. Was allerdings schamhaft verschwiegen wird: Der Integrationsvorteil mit einem einzigen Repository, den ERP-Software bislang auszeichnete, geht verloren. Durch diesen hohen Integrationsgrad hatten die Unternehmen aber mit der ERP-Software gleichzeitig in die Software eingebettete Geschäftsprozesse erworben. Denn der Beleg- und Transaktionsbasierte Aufbau initiierte automatisch Prozessketten - vom Angebot über den Auftrag bis zur Lieferung und Rechnungsstellung u. ä.

Diese Integrationsleistung obliegt nun den Unternehmen selbst. Zwar werden die Softwareanbieter Integrationstechnologien wie beispielweise EAI-Komponenten zu Verfügung stellen, die fachliche Prozessintegration wird jedoch nicht von den Herstellern geliefert. So sehen sich die Kunden mit Fragen konfrontiert, wo und auf welche Art beispielsweise ein Kundenauftrag (im SCM, im CRM, im Finance etc.) geführt werden soll. Stammen die einzelnen Softwarekomponenten von verschiedenen Herstellern, verschärft sich die Problematik. Allein durch das Heranziehen der Geschäftsprozess-Perspektive werden sie die notwendige Klammer finden, um auch unternehmensübergreifende Abläufe im Griff zu behalten.

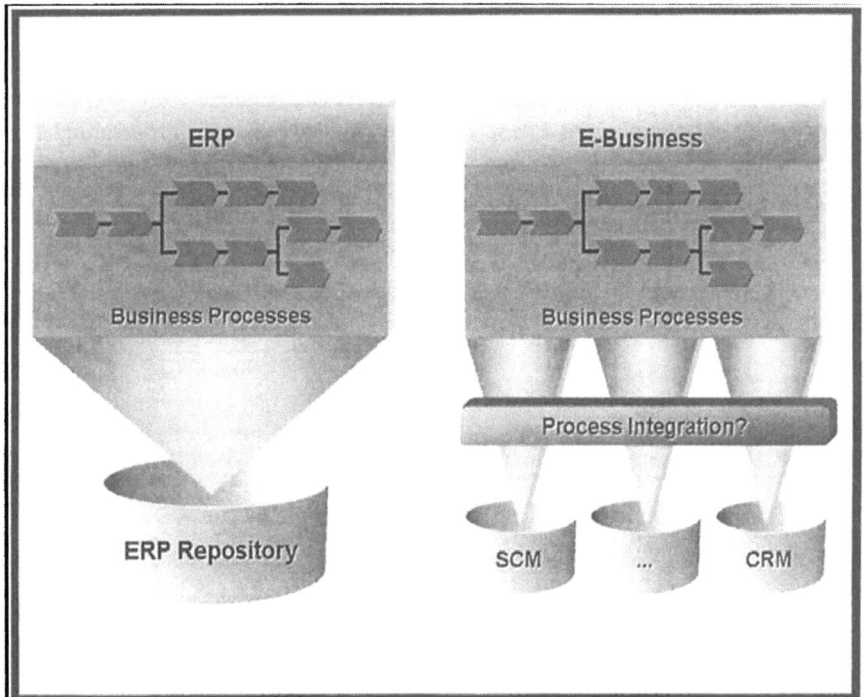

Abb. 1: Integrationsproblematik

3 Business Process Transformation

Neben der Betrachtung der Geschäftsprozesse fehlt es den einschlägigen E-Business-Initiativen zudem an der Organisation der Transformation, wie nicht nur die Gartner-Group in einer aktuellen Research-Note bemängelt. Die Überführung eines Unternehmens in eine auf E-Business ausgerichtete Organisation verkörpert jedoch selbst wiederum einen Prozess. Ein Blick auf die aktuellen Anstrengungen belegt, wie schwer sich selbst renommierte Unternehmen allein schon mit dem Organisieren des Transformationsprozesses tun. Während beispielsweise BMW und Siemens eigene Tochterfirmen gründeten, versucht die Deutsche Bank die Aufgabe intern zu bewältigen.

Auch sind die E-Business-Aktivitäten von großem Pioniergeist geprägt. Man muss den Mut haben, Neues auszuprobieren und bei sich abzeichnendem Misserfolg ohne Umschweife wieder einzustellen oder Kurskorrekturen vorzunehmen. Trial and Error. Dass während der Laufzeit immer wieder Änderungen bedacht werden müssen, drückt sich natürlich sofort in einer hohen Komplexität aus und führt zusätzlich zu einer großen Unsicherheit über die Tauglichkeit der eingeschlagenen Strategie.

An der Existenz eines Königswegs zum Erfolg, und dies ist eine weitere Erkenntnis aus den bisherigen E-Business-Projekten, darf mit Recht gezweifelt werden. Von großer Bedeutung sind deshalb ein gültiges E-Business-Framework und eine passende Architektur für das gesamte Unternehmen. Dort werden auf einer noch sehr allgemeinen Ebene die strategischen Ziele, die Prozess und IT-Architektur, Vorgehensmodelle und Verantwortlichkeiten definiert und das Wer (Organisationsmodell), Wie (Vorgehensmodell) und Was (die eigentliche E-Business-Architektur) festgelegt.

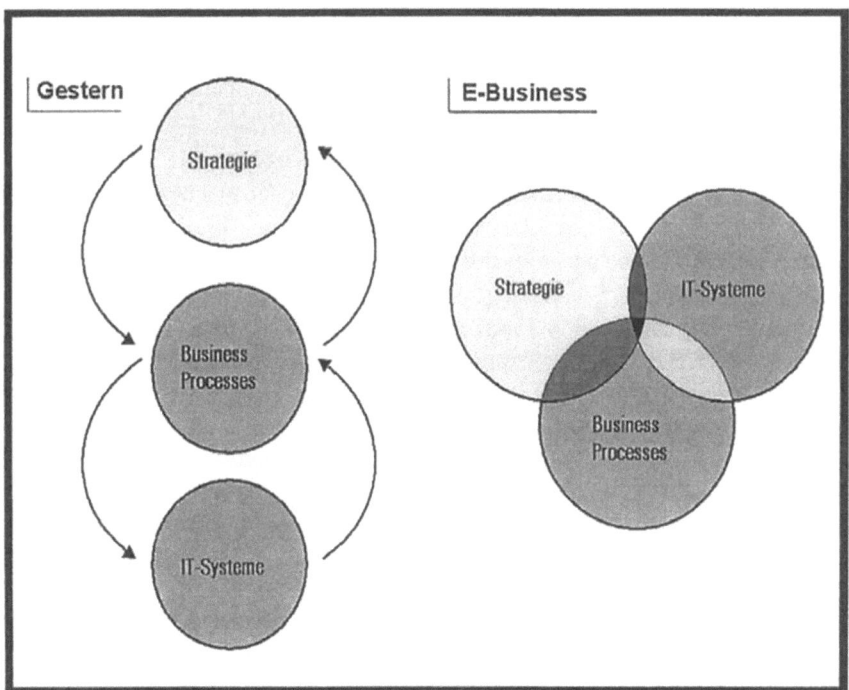

Abb. 2: Veränderung der strategischen Unternehmensplanung

Wichtig im Zusammenhang mit dem Framework ist das Verständnis: Unternehmensstrategie, Geschäftsprozesse und IT-Systeme können im Gegensatz zur bisherigen Unternehmenssituation nicht mehr unabhängig voneinander betrachtet werden, sondern beeinflussen sich wechselseitig stark. Denn allein die Beantwortung der Frage, welche Prozesse als Kernkompetenz erachtet werden, also intern verbleiben, und welche man eventuell externen Partnerfirmen überlässt oder kollaborativ betreibt, kann die Einrichtung eines Portals oder die Einbindung an einen digitalen Marktplatz bedingen. Die Teilnahme an einem E-Marketplace wie Covisint kann wiederum zu weitreichender Zusammenarbeit zwischen Unternehmen etwa in der Konstruktion führen und so eine Neugestaltung von Geschäftsprozessen bis hin zur Neubewertung der eigenen Kernkompetenzen nach sich ziehen.

Die Festlegungen in der E-Business-Architektur auf einer sehr groben Ebene eröffnet die notwendigen Freiräume für solche Entscheidungen. Es darf deshalb auch nicht mit dem Unternehmensdatenmodell der 70er Jahre verglichen werden, das aufgrund konkreter technischer Beschreibungen späteren Änderungen einen Riegel vorschob. Andererseits ist das Vorhandensein einer unternehmensweit gültigen E-Business-Architektur zwingend erforderlich, da sonst die Möglichkeit fehlen würde, den unterschiedlichen Aktivitäten ein gemeinsames Fundament zu bieten.

Die einzelnen E-Business-Projekte selbst sollten eher in kleineren, überschaubaren Schritten in Angriff genommen werden. Welche Geschäftsprozesse konkret aufgegriffen werden, lässt sich am einfachsten aus dem allgemeinen Modell für Geschäftsprozesse ableiten, welches auf abstraktem Niveau die unternehmensinternen Prozesse an den Rändern um die Beziehungen sowie Aktivitäten in Bezug auf Lieferanten und Kunden ergänzt bzw. ausweitet. Bei den Startszenarien für das E-Business werden Unternehmen sich in erster Linie auf Geschäftsprozesse konzentrieren, die eine enge Interaktion mit Kunden beziehungsweise Lieferanten aufweisen. Die Einkaufsabwicklung (etwa E-Procurement) oder die Vertriebsabwicklung (etwa verlässliche Liefertermínbestimmung) sind hier als Beispiele zu nennen. Interne Prozesse wie das Finanzwesen wird man dagegen kaum als Ausgangspunkt eigener E-Business-Initiativen wählen. Dagegen lässt sich eine Prognose viel genauer durchführen und die Ungewissheit über Angebot & Nachfrage wird auf ein Minimum begrenzt, wenn Großkunden ihre Planungen automatisch dem Produzenten übermitteln.

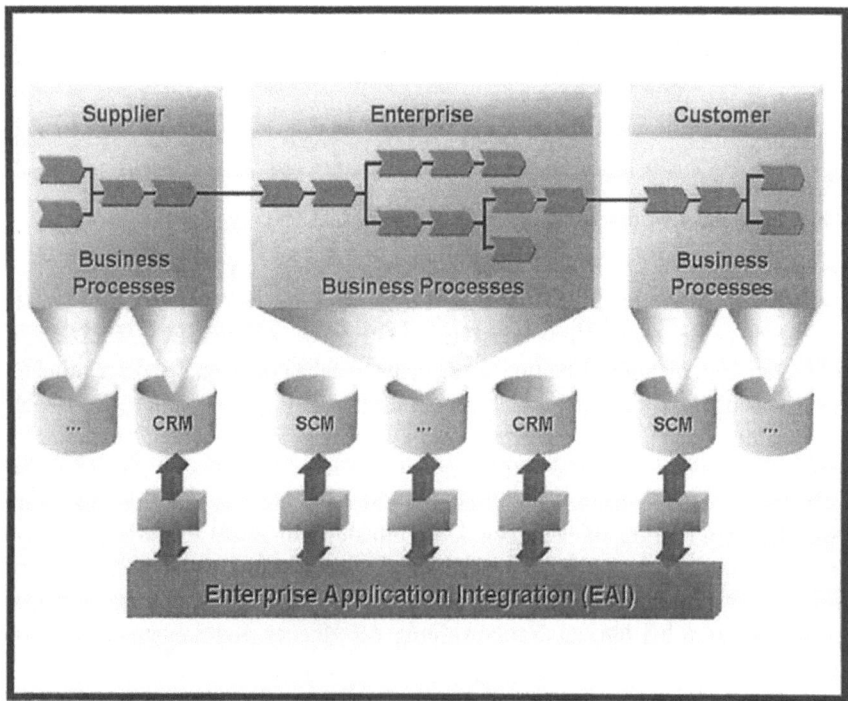

Abb. 3: Integrierte Geschäftsprozessabwicklung

Auch können kollaborative Prozess-Szenarien entworfen werden, in denen sich Zulieferer bei Lieferengpässen eigenständig informieren, ob Teillieferungen für die Auftragserfüllung hilfreich sind.

4 Business Process Excellence

Man sollte jedoch nicht dem Trugschluss unterliegen, dass Veränderungen an den „Rändern" eines Unternehmens frei von Auswirkungen auf die internen Prozesse bleiben. Schließlich sind viele E-Business-Initiativen genau in diese Falle getappt – und deshalb gescheitert. Die verlässliche Vorhersage eines Liefertermins und einer Verfügbarkeitsprüfung (available to promise) setzt beispielsweise voraus, dass man sämtliche Informationen über Produktions- und Lieferkapazitäten der Fertigungsstätten global im Zugriff hat. Ebenso gilt: Wenn die Prozessausführung kollaborativ erfolgen soll, müssen externe Partner von Beginn an involviert sein, damit die Prozessgestaltung gemeinsam angegangen wird. Denn schließlich zieht Kollaboration automatisch Informationsaustausch und wechselseitige Zugangsberechtigung für die Systeme nach sich. Die schon erwähnte Wechselwirkung zwischen Prozess und Technik wird an dieser Stelle offensichtlich, da Aspekte wie Portal, öffentlicher oder privater Marktplatz etc. einfließen.

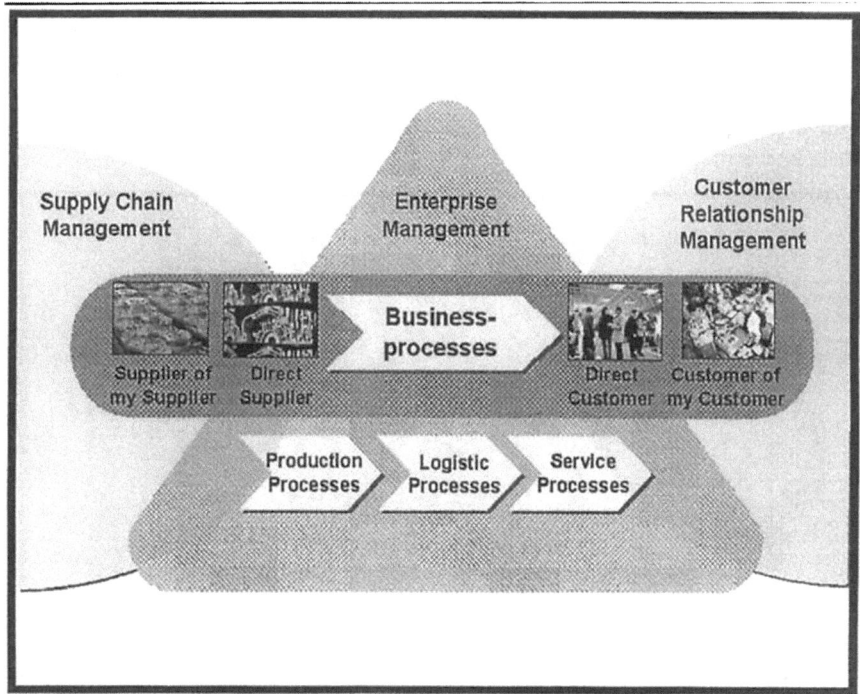

Abb. 4: Prozessmanagement über Unternehmensgrenzen hinweg

Mit dem Geschäftsprozessdesign und der anschließenden technischen Umsetzung ist allerdings erst die Initialzündung für eine erfolgreiche E-Business-Strategie eingeleitet. Denn wie eingangs erwähnt, zählen Versuch & Irrtum in gewissen Grenzen durchaus zu den Merkmalen der einschlägigen Projekte. Die Unternehmen sind aufgrund dessen gefordert, ihre Ziele kontinuierlich mit dem Ergebnis der Umsetzung zu vergleichen und ihre Aktivitäten stetig zu optimieren. Die Ebene der Geschäftsprozessintelligence, auf der die Unternehmensabläufe entworfen, analysiert und gemessen werden, gewinnt deshalb an Gewicht und Bedeutung. In den letzten Jahren haben die Unternehmen sehr stark in die Automatisierung der operativen Geschäftsprozesse investiert. Der Erfolg der großen ERP-Hersteller steht mit dieser Tatsache in engem Zusammenhang. In der „Umsetzungseuphorie" sind Fragen der Prozessgestaltung sowie der Prozessmessung häufig zu kurz gekommen. Systeme initial einzuführen ist die „Pflicht", sie kontinuierlich zu optimieren dagegen die „Kür". Durch die gravierenden Änderungen in den Softwarearchitekturen (Komponentenbildung, Web Services) sowie die immer kürzer werdenden Veränderungszyklen in den Geschäftsprozessen gewinnt die Ebene des Process Intelligence immer mehr an Bedeutung. Die zunehmende Wichtigkeit des Geschäftsprozessmanagements wird auch durch die derzeit stattfindende Diskussion über die Rolle des Chief Information Officers (CIO) und dessen mögliche Transformation zum Chief Process Officer (CPO) deutlich. Die Innovationskraft der in Abbildung 5 dargestellten Process Intelligence Ebenen (Ebene 1 und Ebene 2) bestimmen maßgeblich die Effizienz und Qualität der operativen Geschäftsprozesse und damit den wirtschaftlichen Erfolg des Unternehmens. Heute geht es nicht mehr alleine darum, Geschäftsprozesse einmalig neu zu gestalten, sondern ein kontinuierliches Process Lifecycle Management zu etablieren.

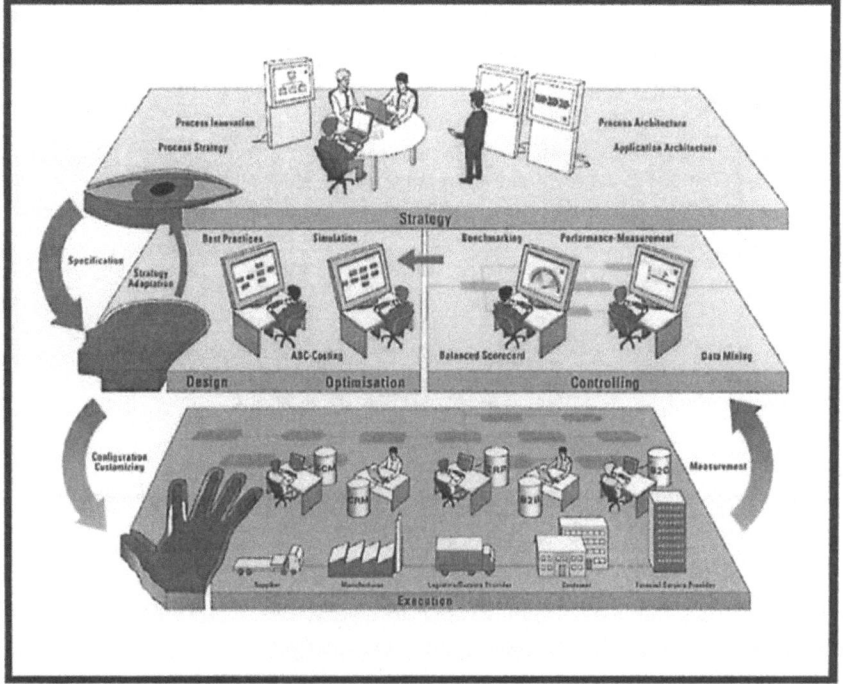

Abb. 5: Business Process Excellence: ARIS

5 Lernen von der Formel 1

Eine Parallele zur Formel 1 mag die Entwicklung verdeutlichen: Auch in der Königsklasse des Automobilsports gewinnt die Analyse der Daten aus dem Rennverlauf, die Telemetrie, für den Ausgang eines Rennens eine entscheidende Bedeutung. So werden bei jedem Boxenstop neben sichtbaren Tätigkeiten wie Reifenwechsel und Tanken zusätzlich Informationen über Spritverbrauch, Bremsverhalten, Reifenverschleiß u. ä. abgezogen und analysiert. In Abhängigkeit zum Rennverlauf wird die jeweilige Strategie kontinuierlich angepasst. Inzwischen entscheidet die Boxenstrategie und nicht mehr das reine Geschwindigkeitsvermögen über Sieg oder Niederlage.

Abb. 6: Boxenstop in der Formel 1

Der Boxenstop ist im übrigen ein überzeugendes Beispiel dafür, dass zwischen Prozessoptimierung und Ressourceneffizienz ein Zielkonflikt herrscht. Denn den optimalen Prozess erkaufen sich die Formel 1-Rennställe durch den „rücksichtslosen" Einsatz von Ressourcen (Personal, Material etc.). Ein solches Vorgehen können sich Unternehmen kaum leisten. Sie können aber ebenso wenig auf die „Telemetriedaten" ihrer E-Business-Prozesse verzichten, wollen sie über die Prozesseffizienz den Unternehmenserfolg steigern.

Bislang bezieht das Management das Wissen über den Geschäftsverlauf aus Kenngrößen wie Umsatzentwicklung, Cash-Flow, Gewinn, Deckungsbeiträgen,

Absatzzahlen etc. Man verlässt sich also auf Informationen, deren Herkunft in der Vergangenheit liegt. Wichtige Ereignisse wie eine akute Terminverzögerung aufgrund von Qualitätsproblemen, die kurzfristig auftreten und ein sofortiges Gegensteuern verlangen, werden in Quartals-, Monats- oder Wochenberichte gar nicht oder zu spät erfasst. Wenn es dann tatsächlich ans Tageslicht gefördert wird, ist wertvolle Zeit unwiderruflich ungenutzt verstrichen. Zieht man noch einmal die Formel 1 zum Vergleich heran, befinden sich die Unternehmen noch auf Niveau der Analyse von Rundenzeiten nach Rennende.

6 Business Process Performance Measurement

Gefragt ist also die Auswahl und Etablierung neuer Messgrößen, die eine verlässliche, zeitnahe Basis zur Bewertung der Prozesseffizienz liefern. Herkömmliche Business Intelligence-Tools können an dieser Stelle so manchen wertvollen Hinweis geben. Im Allgemeinen sind sie aber mit dieser Aufgabe überfordert, da sie ausschließlich auf operativen Daten aufsetzen. Diesen fehlt jedoch die Zuordnung zu Geschäftsprozessen. Für die Analyse des Kundenverhaltens aus aktuellen Verkaufsdaten per Region oder der Ermittlung von Cross- und Up-Selling-Potenziale war die Verbindung zu Geschäftsprozessen auch noch nicht notwendig, wohl aber Fragestellungen wie:

- Gibt es Kundenaufträge, die verspätet sind oder gar verloren gehen?
- Wie kosten- und zeiteffektiv sind einzelne Beschaffungs- und Vertriebskanäle?
- Wo sind die Schwachstellen und Engpässe in den Abläufen?
- Wie sah die Liefertermintreue für eine bestimmte Produktlinie im Monat Juli aus?
- Wie hoch war die durchschnittliche Durchlaufzeit für diese Produktlinie und was waren die Ausreißer?
- Wie haben Verbesserungsmaßnahmen gegriffen? Haben sich die Prozesse seit dem letzten Quartal verbessert?

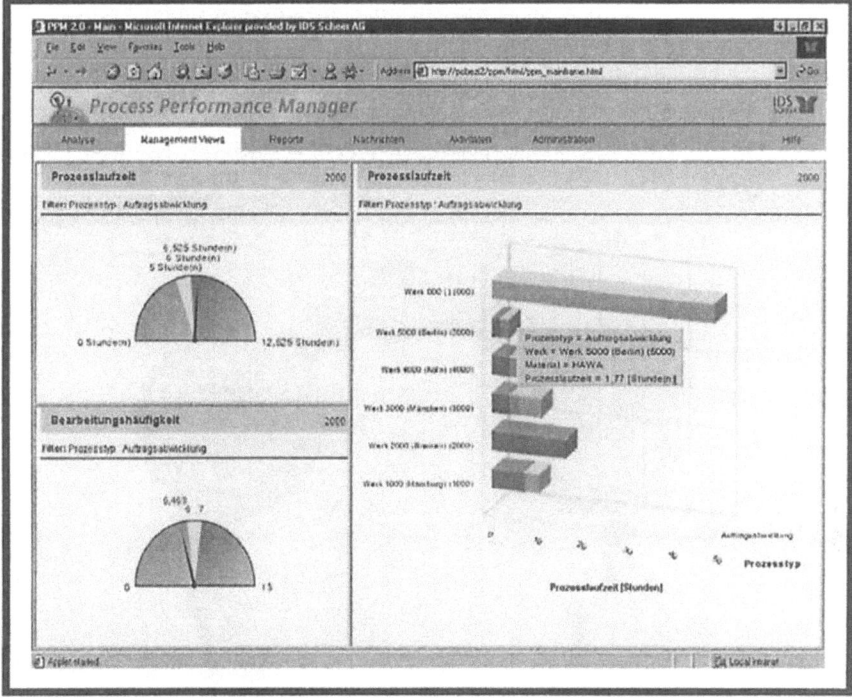

Abb. 7: ARIS Process Performance Manager

Allein aus den beleg- und transaktionsorientierten Anwendungen lassen sich die gewünschten Antworten nicht ermitteln. Deshalb ist es erforderlich, zunächst eine transparente Prozess-Sicht über die beteiligten Anwendungen zu spannen und aussagekräftige Key Performance Indikatoren (KPI) zu definieren. Daten (Belege, Log-Files, Zeitstempel der Transaktionen, Customizingeinstellungen etc.) aus den involvierten Anwendungen bilden die Basis für die KPI-Bestimmung. Für die Messung der Prozessleistung können die einzelnen Aktivitäten eines Vorgangs (Auftragseingang o. ä.) beispielsweise über Ereignisketten miteinander verknüpft werden. Im Prinzip wird hierbei der Geschäftsprozess und seine Kenngrößen, auch unter Einsatz von Werkzeugen, rückwärts aus den laufenden Anwendungen generiert.

Die Prozessorientierung solcher Werkzeuge zur Performance-Messung legt es nahe, sie mit dem Etikett Business Process Intelligence (BPI) zu versehen. Analog zu den BI-Tools bewirkt der Einsatz von BPI-Tools noch keine Optimierung der Geschäftsprozesse per se. Die Bewertung obliegt (noch) dem Management.

Aber es gilt der Grundsatz: Was man nicht messen kann, lässt sich nicht verbessern! Und mit der Messung der Business Process Performance schaffen sich Unternehmen eine wichtige Voraussetzung, eine Business Process Lifecycle-Betrachtung zu etablieren. In einem geschlossenen System lassen sich Prozesse von Design & Entwicklung über die Ausführung bis zur Kontrolle und Optimierung verwalten. Dieser Schulterschluss zwischen den analytischen und operativen Anwendungen versetzt die Verantwortlichen in den Unternehmen in die Lage, die Folgen und Umsetzung ihrer strategischen Maßnahmen kontinuierlich zu kontrollieren beziehungsweise durch die eingesetzten Prozessmetriken zeitnah zu bewerten. Aufgrund des hohen Unsicherheitsfaktors in E-Business-Szenarien ein absolutes Muss.

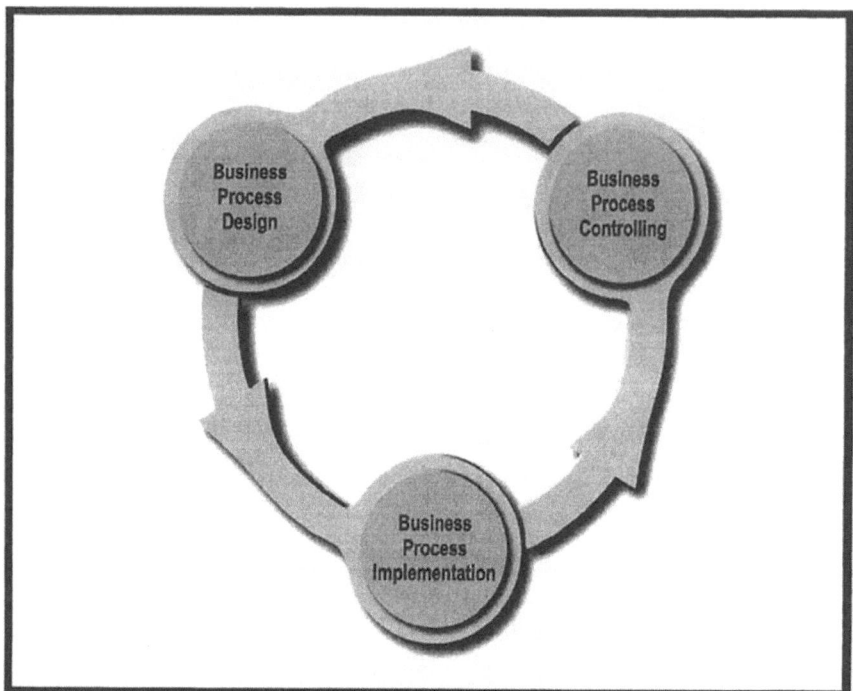

Abb. 8: Business Process Lifecycle

Allerdings – und das soll hier nicht verschwiegen werden – kann das Verbessern von Geschäftsprozessen nur funktionieren, wenn die Beteiligten „mitziehen". Denn Prozessveränderungen setzen immer Verhaltensveränderungen von Menschen voraus. Die technische Variante, das Ersetzen eines Systems A durch ein System B, fällt dagegen erheblich leichter, da der vorhandene Zustand sich nahezu unverändert hinüber retten lässt. Bei der Einführung der ERP-Software hat diese Vorgehensweise noch funktioniert. Für das E-Business führt dagegen kein Weg an der Betrachtung und Bewertung von Geschäftsprozessen vorbei.

Prozessorganisation in der WestLB

Detlef Glass
Westdeutsche Landesbank Girozentrale

Zusammenfassung:

Seit 1999 setzt die WestLB ein strategisches Konzept zur Prozessorganisation um. Zunächst stand die Schaffung der Grundlagen im Vordergrund; nach der Toolauswahl wurde ein Rahmenregelwerk für die Prozessorganisation mit einem WestLB Prozessmodell erarbeitet und ein Technikkonzept umgesetzt. Im Rahmen der Umsetzung des strategischen Konzeptes wurde für bestimmte Kernprozesse Prozessverantwortung festgelegt. Nachdem eine Reihe von Projekten durchgeführt wurde, gilt es im Rahmen des laufenden Prozessmanagements, die Prozesse weiter zu verbessern und zu controllen. Zurzeit wird ein Konzept zum Prozesscontrolling erarbeitet.

Schlüsselwörter:

Strategie der Prozessorganisation, Rahmenregelwerk, Prozessmodell, Technikkonzept, Prozessverantwortung, laufendes Prozessmanagement, Prozesscontrolling

Ich danke Herrn Karl-Dieter Benninghaus für seinen Beitrag zum Kapitel 2.3.

1 Die Bankenlandschaft in Deutschland

Der Bankenmarkt in Deutschland ist in drei Gruppen von Banken aufgeteilt:

1. Die privaten Banken, denen u. a. die bekannten börsennotierten Großbanken und die Zweigstellen ausländischer Banken zuzurechnen sind.
2. Die Genossenschaftsbanken mit ihrem neu formierten Spitzeninstitut.
3. Die dritte Gruppe bildet die öffentlich-rechtlichen Sparkassen und Landesbanken.

Die Sparkassen-Finanzgruppe besteht aus 542 lokal und regional verankerten Sparkassen, die von Kommunen oder Gemeindezweckverbänden getragen werden, und 12 überregional tätigen Landesbanken. Eigentümer der Landesbanken sind in vielen Fällen die jeweiligen Bundesländer und Sparkassen. Während der Schwerpunkt der Geschäftstätigkeit bei den Sparkassen im Retail-Geschäft liegt, also dem Geschäft mit privaten Kunden sowie kleinen und mittleren Unternehmen, sind die Landesbanken überwiegend im Whole-Sale-Geschäft tätig, d. h. im Geschäft mit großen Unternehmen, Banken, Institutionellen und öffentlichen Haushalten, in einer Reihe von Fällen auch international.

Die Westdeutsche Landesbank (WestLB) mit ihren Hauptniederlassungen in Düsseldorf und Münster ist mit einer Konzernbilanzsumme von € 400 Mrd. per 31.12.2000 die fünftgrößte Bank in Deutschland und verfügt weltweit über ca. 11.000 Mitarbeiter. Sie ist damit das größte öffentlich-rechtliche Kreditinstitut in Deutschland. Neben ihren Whole-Sale-Aktivitäten auf nationaler und internationaler Ebene hat die WestLB die Funktion einer Sparkassenzentralbank für Nordrhein-Westfalen und – seit der Wiedervereinigung – auch für Brandenburg. Zu dieser Funktion stellt die WestLB den Sparkassen eine breite Palette an Verbundprodukten, u.a. im Zahlungsverkehr, zur Verfügung. Daneben hat sie als Hausbank des Landes Nordrhein-Westfalen die Funktion einer Staats- und Kommunalbank; so unterstützt die WestLB Land und Kommunen in der Wirtschafts- und Wohnungsbauförderung.

Das Land Nordrhein-Westfalen ist mit 18 Millionen Einwohnern das bevölkerungsreichste deutsche Bundesland und steuert 23 % zum Industrieumsatz in Deutschland bei. Neben der WestLB sind weitere 11 der 100 größten europäischen Industrie-, Handels- und Dienstleistungsunternehmen in Nordrhein-Westfalen ansässig.

2 Ausgangslage

1998 gab es im Hause der WestLB in Düsseldorf erste Überlegungen zur Systematisierung der Prozessorganisation. Seit diesem Zeitpunkt wird an der Umsetzung eines Fachkonzeptes (siehe Abb. 1 und ab 2.4) und an der Implementierung eines technischen Konzeptes (siehe 2.3) gearbeitet. Am Anfang stand die Schaffung von Grundlagen zur Vorbereitung eines bankkonzernweiten Roll-outs des Themas.

2.1 Strategie

Die WestLB bewegt sich heute in einem Wettbewerbsumfeld, das durch zunehmende Komplexität und wachsende Dynamik gekennzeichnet ist. Faktoren sind hier

- die steigende Wettbewerbsintensität auf den globalen Finanzmärkten
- Konzentrationsprozesse im Bankgewerbe
- eine Verkürzung der Innovationszyklen

Die sich weiter entwickelnde Informationstechnologie sorgt zwar für eine wachsende Transparenz für die Marktteilnehmer, führt aber zu einer sinkenden Kundenloyalität. Die öffentlich-rechtlichen Banken und Sparkassen sind zudem durch die von Brüssel erzwungene Ablösung von Anstaltslast und Gewährträgerhaftung zum 18. Juli 2005 von einer beispiellosen rechtlichen Strukturveränderung betroffen.

Notwendigerweise rücken zu den bisherigen Unternehmenszielen verstärkt ein straffes Kostenmanagement und die Ausschöpfung von Einsparungspotenzialen, um eine Verbesserung der strukturellen Rentabilität zu erreichen. Hierzu beitragen sollen u.a.

- die weitere Fokussierung auf wettbewerbsrelevante Erfolgsfaktoren
- die Optimierung des Einsatzes der Ressourcen
- die Optimierung der Prozesse zur besseren Kundenorientierung.

Im Rahmen strategischer Überlegungen wurde deutlich, dass sich Wettbewerbsvorteile im Regelfall nicht allein anhand von Produkten dauerhaft gewährleisten lassen. Neben EDV-Systemen und den Fähigkeiten der Mitarbeiterinnen und Mitarbeiter sind auch die Organisationsprozesse ein wichtiges Element. Eine optimierte und auf die strategischen Ziele gerichtete Unternehmensorganisation unterstützt die Erreichung der Unternehmensziele. Die konsequente Nutzung der Methoden und Instrumente der Prozessorganisation sind wichtige Faktoren bei einer auf Kundenorientierung ausgerichteten Organisation.

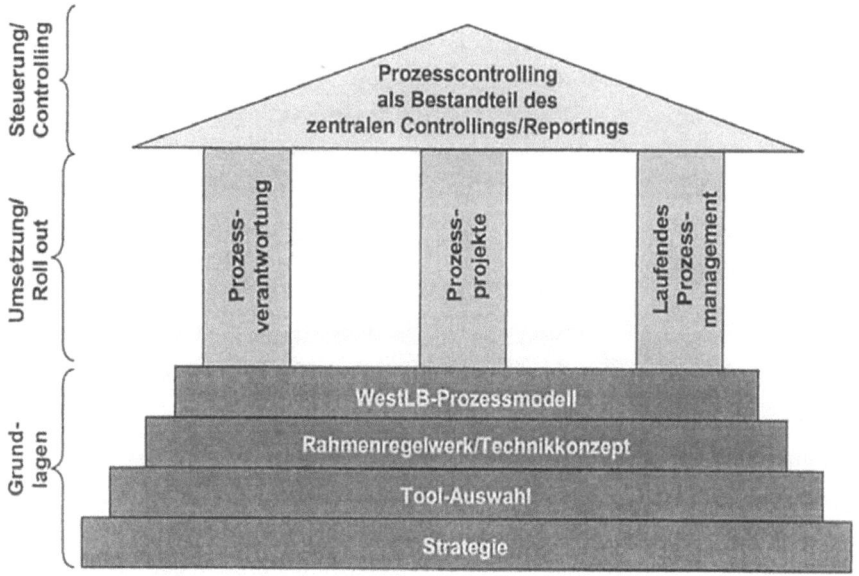

Abb. 1: Fachkonzept zur Prozessorganisation

2.2 Tool-Auswahl

In der Vergangenheit gab es im Hause WestLB einzelne, nicht zentral koordinierte Initiativen, Prozesse in grafischer Form darzustellen. Diese Modellierungen erfolgten mit unterschiedlichen, teils datenbankgestützten Tools, teils mit nicht datenbankgestützten Zeichen-Tools (z. B. Visio, Powerpoint). Jedes dieser Tools hat seine eigenen Methoden mit unterschiedlichen Darstellungsformen der Prozessmodelle. Somit bestand niemals die Chance, auf der Basis einheitlicher Darstellungsformen und Konventionen einerseits einzelne Prozessteile abteilungsübergreifend zu einem Gesamtprozess zu verbinden und andererseits alle modellierten Prozesse in einem einheitlichen Unternehmensprozessmodell zusammenzuführen.

In einem Auswahlverfahren, das sich über mehrere Monate des Jahres 1998 erstreckte, fiel letztlich die Entscheidung zu Gunsten des ARIS Toolset der IDS Scheer AG. ARIS ist ein komplexes Tool, das eine Vielzahl standardisierter Methoden bietet. Mit ihm lässt sich ein breites Themenspektrum abdecken, wie wir im weiteren Verlauf noch sehen werden. Zudem ist ARIS ein datenbankgestütztes Tool, das unter Berücksichtigung verschiedener Fragestellungen umfangreiche Auswertungen ermöglicht. Zum Zeitpunkt des Auswahlverfahrens war das ARIS Toolset im Vergleich zu Konkurrenzprodukten schon in der Lage, große Datenmengen zu verarbeiten und bot die Möglichkeit einer verteilten Modellierung an verschiedenen Standorten rund um den Globus.

2.3 Technikkonzept

Nachdem die Entscheidung für ARIS gefallen war, wurde im ersten Halbjahr 1999 parallel zur fachlichen Konzeption des ARIS-Einsatzes (siehe ab 2.4) ein DV-technisches ARIS-Konzept erstellt. Die Herausforderung bestand vor allem darin, eine geeignete technische Architektur für den weltweiten, einheitlichen Einsatz festzulegen. Fachliches Ziel war die Bereitstellung einer zentralen Datenbank zur Zusammenführung der einzelnen dezentralen Prozessmodelle zu einem übergreifenden Konzerngesamtmodell. Die Erstellung und Pflege der Prozessmodelle sollte hierbei dezentral durch die verantwortlichen Stellen vor Ort erfolgen können. Darüber hinaus war vorgesehen, dass alle Mitarbeiter der WestLB einen lesenden Zugriff auf das Konzerngesamtmodell erhalten sollten.

2.3.1 Technische Architektur

ARIS war in der damaligen Version 4.x für den Einsatz in lokalen Netzen zugeschnitten mit zentraler, file-orientierter Datenhaltung auf einem Netzwerk-Server und mit Installation der ARIS-Software auf den Clients. Ein Einsatz dieses Konzepts im WAN, d. h. beispielsweise direkter Zugriff von einem PC in Sao Paulo auf einen zentralen Datenserver in Düsseldorf, kam wegen der begrenzten Leitungskapazitäten zu den ausländischen Betriebsstellen nicht in Frage bzw. hätte einen kostenintensiven Ausbau der Leitungskapazitäten zur Folge gehabt, um akzeptable Antwortzeiten für die Benutzer zu erreichen.

Alternativ wurde im Ansatz eine verteilte Datenhaltung betrachtet, bei der die dezentralen Prozessmodelle in dezentralen ARIS-Datenbanken auf den lokalen Netzwerken der einzelnen Betriebsstellen gehalten und regelmäßig mit der zentralen Konzerndatenbank repliziert werden. Da die in ARIS 4 verwendete Datenbanksoftware keine Replikationsmöglichkeit bot, hätte ein geeignetes Replikationsverfahren selbst entwickelt werden müssen. Zudem wären der Aufbau und die laufende technische Betreuung von weltweit 15 – 20 lokalen ARIS-Datenbanken sehr aufwändig gewesen.

Daher entschied sich die WestLB auf Empfehlung von IDS Scheer für den Einsatz der Citrix-Technologie. Die Citrix-Technologie ermöglicht über die so genannte "Independent Computing Architecture" (ICA) die zentrale Bereitstellung von Windows-Anwendungen auf einem Applikationsserver. Hierbei arbeitet der Benutzer wie gewohnt an seinem PC in einem grafischen Anwendungsfenster. Die Anwendung selbst wird aber nicht auf seinem PC, sondern auf dem Server ausgeführt und ist dort auch installiert.

Citrix ICA beinhaltet 3 Komponenten:

Die Server Software Komponente: Auf dem zentralen Server separiert ICA die Anwendungslogik von der Benutzerschnittstelle. Die Benutzerschnittstelle wird zum Client über Standard-Netzwerkprotokolle transportiert (TCP/IP, IPX /SPX, NetBEUI, NetBIOS, PPP).

Die Client Software Komponente: Die auf dem Endgerät installierte Software Komponente – der so genannte ICA-Client – zeigt dem Benutzer das Anwendungs-interface an. Die Anwendung selbst wird jedoch zu 100 % auf dem Server aus-geführt.

Die Protokoll Komponente: Das ICA Protokoll transportiert Tastatureingaben, Mausklicks und Bildschirmupdates zwischen Client und Server. Der Bandbreitenbedarf bei der Übertragung ist sehr niedrig (ca. 20 kbit/s) - ein maßgeblicher Punkt bei der Anbindung von Außenstellen und mobilen Mitarbeitern.

Vorteile von Citrix ICA

Im Vergleich zur herkömmlichen Client/Server-Architektur, bei der ein Teil der Anwendung auf dem Benutzer-Client installiert ist, bietet das Citrix-Konzept spezifische Vorteile:

- **Geringer Bandbreitenbedarf:** Citrix ist somit besonders geeignet zur Anbindung von entfernten Standorten oder von Einzel-PCs (z. B. via Modem/Internet).

- **Unabhängigkeit vom Client-Betriebssystem:** Der ICA-Client ist für alle gängigen Plattformen verfügbar (Windows, OS/2, Unix) und ist - mit gewissen Einschränkungen - Web-Browser-fähig (Active-X, Browser-Plugin oder Java-Applet).

- **Zentrales Management der Anwendung:** Die eigentliche Anwendung ist auf einem Server installiert. Auf dem Client befindet sich lediglich der sehr "schlanke", anwendungsunabhängige ICA-Client. Daher sind beispielsweise Fehlerbehebungen oder Releasewechsel einfach und kostengünstig an zentraler Stelle möglich, eine aufwendige Software-Verteilung von Anwendungskomponenten entfällt.

Load Balancing: Dieses Citrix Feature ermöglicht die Lastverteilung auf mehrere Server ("Citrix Server Farm") und verringert die Folgen eines Serverausfalls. Bei Ausfall eines Servers sind nur die auf diesem Server laufenden Usersessions betroffen. Die Benutzer können sich unmittelbar neu zur Anwendung anmelden, da die anderen im Load Balancing Verbund arbeitenden Server die Funktion des ausgefallenen Servers automatisch übernehmen.

2.3.2 Technische Umsetzung

Im zweiten Halbjahr 1999 wurde eine Citrix-Testumgebung für ARIS aufgebaut und umfangreichen Tests unterzogen. Mit Beendigung der Y2K Frozen Zone des BAKred konnte dann Anfang 2000 der ARIS-Produktivbetrieb für die ersten Benutzer aufgenommen werden.

Die Benutzerzahl und die technische ARIS-Umgebung wurden in der Folgezeit sukzessive ausgebaut. Mittlerweile (Ende 2001) sind weltweit ca. 200 ARIS-Modellierer an das System angeschlossen. Der ARIS-Nutzerkreis umfasst hierbei sowohl Mitarbeiter der deutschen WestLB-Betriebsstellen als auch internationale Mitarbeiter der wichtigsten ausländischen Betriebstellen in Asien /Pazifik, Europa, Nord- und Südamerika.

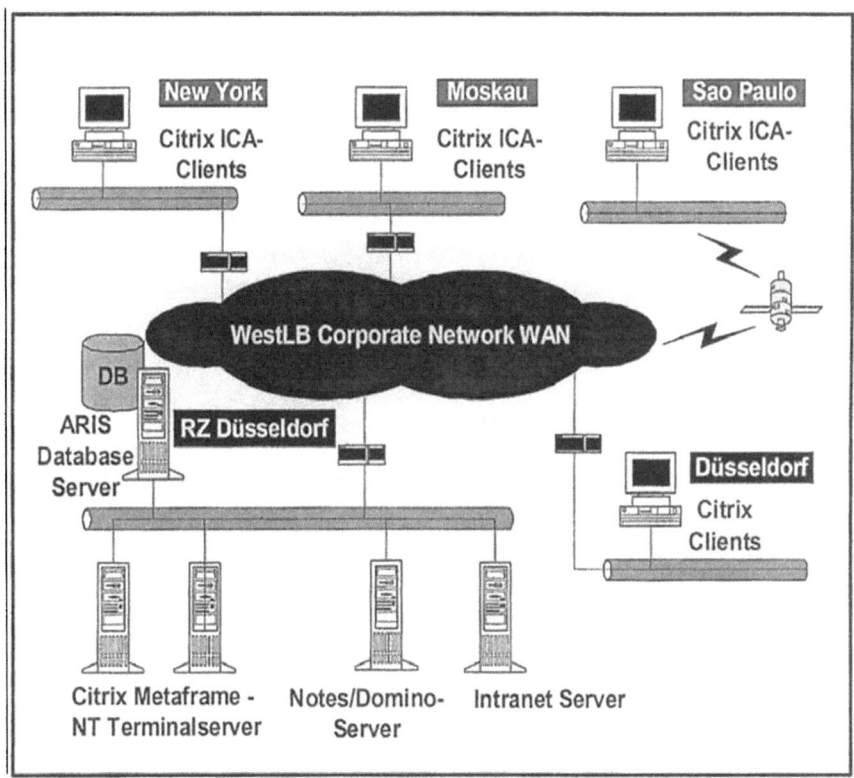

Abb.2: Die Abbildung zeigt den prinzipiellen Aufbau der aktuellen ARIS-Systemumgebung (Stand 11/2001)

Die zentrale ARIS-Server-Umgebung befindet sich im Rechenzentrum Düsseldorf und umfasst:

- 2 Applikationsserver mit Citrix Metaframe 1.8 unter Windows NT 4.0 Terminalserver Edition. Die Server arbeiten im Load Balancing Verfahren. Anwendungssoftware: ARIS 4.11, MS Office 97, Internet Explorer
- 1 ARIS-Datenbankserver
- 1 Web Server (zur Veröffentlichung der Prozessmodelle im WestLB-Intranet)
- 1 Lotus Notes/Domino-Server zur Verwaltung der in ARIS-Prozessmodellen verwendeten („verlinkten") Dokumente.

Nach inzwischen fast zweijähriger Erfahrung mit Citrix lässt sich zusammenfassend aussagen, dass sich der Einsatz dieser Technologie bewährt hat. Zwar sind die Antwortzeiten in den entfernten ausländischen Standorten, wie beispielsweise in Tokio oder in Sao Paulo, spürbar höher als in Deutschland, aber nach Benutzeraussagen durchaus akzeptabel.

Aus technischer Sicht ist als konzeptioneller Schwachpunkt des Citrix Metaframe/NT Terminalserver–Ansatzes negativ anzumerken, dass die Stabilität der zentralen Serverumgebung bereits durch die fehlerhafte Konfiguration eines einzelnen ICA-Clients oder der lokalen Druckerumgebung beeinträchtigt werden kann. Insbesondere in der Aufbauphase führte dies zu häufigen Serverausfällen. Mittlerweile sind diese Probleme durch zusätzliche technische Vorkehrungen unter Kontrolle. Die aktuelle Systemverfügbarkeit liegt bei 99,5 % (6-Monatsdurchschnitt 05/2001 bis 10/2001).

2.3.3 WestLB-Prozesswelt im Intranet

Wie eingangs erwähnt, sollten alle WestLB-Mitarbeiter einen lesenden Zugang zu den im Konzerngesamtmodell integrierten Prozessmodellen erhalten. Ein direkter Anschluss für sämtliche Mitarbeiter an ARIS scheidet aufgrund der damit verbundenen ARIS-Lizenzkosten aus und ist aus funktionaler Sicht nicht erforderlich, da nur eine vergleichsweise geringe Anzahl von Mitarbeitern die ARIS-Funktionalitäten zur Erstellung und zur Pflege der Prozessmodelle benötigt.

Stattdessen wird das Konzerngesamtmodell aus der zentralen ARIS-Datenbank mittels eines speziellen ARIS-Reports in HTML transformiert und über einen Intranet-Server als Web-Site („**WestLB-Prozesswelt**") allen Mitarbeitern für Informationszwecke zur Verfügung gestellt.

2.3.4 ARIS- Dokumentenverwaltung

In ARIS können die Objekte der Prozessmodelle mit Dokumentenverknüpfungen versehen werden. Hierdurch ist es möglich, wichtige Zusatzinformationen zu den ARIS-Objekten, wie z. B. Formulare, Checklisten, Systemhandbücher etc., als hinterlegte Office-Dokumente in die grafischen Prozessdarstellungen zu integrieren.

Dies stellt in der WestLB-ARIS-Umgebung insofern ein Problem dar, als dass lokal, z. B. in Moskau, gespeicherte Dokumente über den zentralen ARIS-Server in Düsseldorf beispielsweise in New York genutzt werden sollen und zudem über die WestLB-Prozesswelt allen Mitarbeitern im WestLB-Intranet zur Verfügung gestellt werden sollen.

Daher wurde unter Ausnutzung der in der WestLB vorhandenen, weltweiten Lotus Notes Infrastruktur eine spezielle Notes-Anwendung zur Dokumentenverwaltung entwickelt. Mit dieser Anwendung können vor Ort vorhandene Dokumente über einen weltweiten Replikationsmechanismus auf einen zentralen Notes/Domino-Server eingestellt und verwaltet werden. Der Notes/Domino-Server stellt dann die URL des Dokuments als Attributbelegung für ARIS-Objekte zur Verfügung. Hierdurch wird erreicht, dass die eingestellten Dokumente sowohl in ARIS als auch über das Intranet in der WestLB-Prozesswelt genutzt werden können.

2.3.5 Technischer Ausblick

Die WestLB nutzt derzeit noch die ARIS-Version 4.11. Im dritten Quartal 2000 wurde der Einsatz von ARIS 5.0 untersucht, jedoch wegen des zu geringen Nutzens im Vergleich zu den fachlichen Anforderungen und zu den Kosten eines Releasewechsels verworfen.

Inzwischen ist die Version 6.01 verfügbar. Aufgrund neuer Anforderungen und aufgrund der Vorteile von ARIS 6.01, insbesondere bei der Benutzerhandhabung, hat die WestLB entschieden, im Laufe des Jahres 2002 einen Releasewechsel durchzuführen.

Dieses bedeutet in technischer Hinsicht einen Wechsel des Datenbanksystems: POET wird durch eine relationale Serverdatenbank (Oracle oder Sybase) ersetzt. Mit der Version 6.01 unterstützt ARIS durch webfähige Komponenten (Web-Designer) das verteilte Modellieren im WAN-Bereich und bietet daher vom Ansatz her ähnliche Vorteile wie die Citrix-Lösung.

Eigene Testerfahrungen, insbesondere zum Antwortzeitverhalten im Vergleich zur Citrix-Lösung, liegen derzeit noch nicht vor. Eine Ablösung der Citrix-Lösung kommt ohnehin für die WestLB erst dann in Betracht, wenn weitere ARIS-Komponenten (z. B. Toolset) webfähig sind.

2.4 Rahmenregelwerk

Bei der WestLB liegt die Verantwortung für die Ablauf- oder Prozessorganisation in den einzelnen dezentralen Geschäftsbereichen (GB). Im Rahmen eines Projektes wurde von April bis November 1999 im GB Konzernorganisation ein Rahmenregelwerk für die Prozessorganisation als zentrale Rahmenvorgabe für die dezentralen GB's geschaffen. Mit Hilfe dieses Rahmenregelwerkes soll vor Ort die Modellierung in Prozessprojekten und das laufende Prozessmanagement durchgeführt werden.

Das Rahmenregelwerk enthält alle Regelungen und Informationen rund um das Thema Prozessorganisation und hat damit eine Klammerfunktion für das Prozess-Management. Mit Hilfe des Rahmenregelwerkes werden verbindliche Vorgaben für alle Aktivitäten rund um die Prozessorganisation zur Verfügung gestellt. Zusätzlich dient das Rahmenregelwerk einer bereichsübergreifenden Methoden- und Begriffseindeutigkeit. Es versucht, bereits im Vorfeld Kosten zu reduzieren, da sonst - bezogen auf die Gesamtbankebene - durch unabgestimmte Konventionen und Vorgehensweisen künftig höherer Aufwand entstehen würde.

2.4.1 Themen

Das Rahmenregelwerk deckt einen breiten Einsatz- und Anwendungsbereich ab:

- Geschäftsprozessoptimierung und Business Process Reengineering
- Dokumentation im Sinne der schriftlich fixierten Ordnung und der Qualitätssicherung gemäß der ISO-Norm
- Prozesskostenrechnung
- Personalbedarfsrechnung
- Wissensmanagement
- Workflow (ARIS ist kein Workflow-Tool, Prozesse können in ARIS modelliert und anschließend über eine Workflow-Engine via Interface transferiert werden)
- Anwendungsentwicklung

Daraus ergeben sich im Rahmen der Prozessorganisation ganz verschiedene Einsatzmöglichkeiten; Prozessprojekte können sehr unterschiedliche Zielsetzungen haben.

2.4.2 Einstieg Prozessorganisation

Da das Thema Prozessorganisation bis dahin im Hause nicht systematisch verwurzelt war, beinhaltet das Rahmenregelwerk als erstes ein Einstiegskapitel, das den Leser in kurzer Zeit an das Thema heranführt und ihm Erläuterungen vermittelt.

2.4.3 Vorgehensmodell

Das Vorgehensmodell ist von allen Mitarbeiter/innen anzuwenden, die ARIS in Projekten und/oder im laufenden Prozessmanagement einsetzen. Daraus ergibt sich eine einheitliche Vorgehensweise für alle Aktivitäten im Prozessumfeld und wirkt sich unterstützend auf das laufende Prozessmanagement aus.

Das Vorgehensmodell beschreibt den idealtypischen Ablauf eines Projektes mit seinen einzelnen Schritten. Dazu werden im Unterkapitel „Allgemeines Vorgehensmodell" die obligatorischen Ablaufschritte eines jeden Projektes im Prozessumfeld beschrieben, während für die Durchführung von themenspezifischen Zielen (siehe 2.4.1) eine Darstellung im Unterkapitel „Spezifische Vorgehensmodelle" erfolgt. Weitere Unterkapitel beschäftigen sich mit der Einordnung und Veröffentlichung der Projektergebnisse im WestLB-Prozessmodell und mit den Tätigkeiten im Rahmen des laufenden Prozess-Managements.

Es stellt insofern eine Ergänzung des einheitlichen Projektmanagementverfahrens der WestLB dar, welches für alle Arten von Projekten im Hause gültig ist.

2.4.4 Konventionen

Die Konventionen beschreiben die Regeln, nach denen Geschäftsprozesse mit ARIS zu modellieren sind. Die Vorteile der Konventionen liegen in der semantischen Konsistenz und der Reduzierung der Komplexität in den Prozessmodellen.

Auf der Grundlage der Anforderungen und Bedürfnisse an die Darstellung von Prozessen schränken die Konventionen die Komplexität des ARIS-Tools ein. Beispielsweise bietet ARIS dem Anwender die Verwendung von ca. 160 verschiedenen Modelltypen an. Es sind aber für die Modellierung organisatorischer Sachverhalte nur fünf dieser Modelltypen notwendig. Zudem ist es nicht erforderlich, alle angebotenen Arten von Objekten zu verwenden. Das erleichtert die Sicherstellung aussagekräftiger Auswertungsmöglichkeiten über die Datenbanken verschiedener Modellierer.

Die Konventionen erleichtern somit die strukturierte Arbeit der Anwender mit dem Tool. Die Modellierungsergebnisse können von allen Nutzern im Sinne einer einfachen Lesbarkeit und Verständlichkeit nachvollzogen werden. Im Rahmen von Modellvergleichen sollen sie den Abstimmungsaufwand zwischen einzelnen Anwendern minimieren. Der Änderungsaufwand für eine integrierte und konsistente Datenbank wird möglichst gering gehalten.

2.4.5 Rollenkonzept

Das Rollenkonzept beschreibt Aufgaben, Verantwortlichkeiten und Kompetenzen der Beteiligten bei Projekten im Prozessumfeld und im Rahmen des laufenden Prozessmanagements.

Eine zentrale Rolle übernimmt das Competence Center für Prozessorganisation (CCP) innerhalb des GB Konzernorganisation. Es unterstützt die dezentralen GB in Fragen der Prozessorganisation und ARIS. Zu den Aufgaben gehören

- die Weiterentwicklung des Rahmenregelwerkes
- die Evidenz, die Koordination und das Coaching von Prozess-Projekten sowie die Betreuung der ARIS-Nutzer in methodischen Fragen
- das Management des Prozessmodells, wie z. B. Qualitätssicherung der Modelle, das Einhängen in Prozessmodelle und die Veröffentlichung im Intranet
- das zentrale Prozesscontrolling (siehe 4.)

Im Auftrag der GB Konzernorganisation sorgt die WestLB Systems, die EDV-Tochtergesellschaft der WestLB, für die technische Bereitstellung von ARIS. Dazu gehören die Administration der zentralen ARIS-Server sowie das Betreiben eines ARIS-Helpdesks für die Beantwortung technischer Fragen. Eine weitere zentrale Rolle hat z. B. das Konzerncontrolling, dem die Methodenhoheit für das Thema Prozesskostenrechnung obliegt oder die Konzernrevision, die im Rahmen ihrer turnusmäßigen Prüfungen für die rechtliche und fachliche Beurteilung der Richtigkeit der modellierten Prozesse zuständig ist.

Die Wahrnehmung dezentraler Aufgaben ergibt sich im Rahmen von Prozess-Projekten und dem laufenden Prozessmanagement. In den diversen dezentralen Prozess-Projekten gibt es neben der bei allen Arten von Projekten üblichen Rolle des Projektleiters die Rolle des Datenbankowners, der für die Administration der Projektdatenbank zuständig ist, und je nach Umfang der Projekte eine Anzahl weiterer Modellierer. Im Rahmen des laufenden Prozessmanagements wurden die Rollen des Prozessverantwortlichen und des Prozessmanagers definiert (siehe 3.1.4)

2.5 WestLB Prozessmodell

Einer der Bestandteile des Rahmenregelwerkprojektes war die Schaffung eines WestLB Prozessmodells. Ziel des Prozessmodells ist die Darstellung, Strukturierung und Sammlung der in der WestLB ablaufenden und modellierten Prozesse, die in einer so genannten Geschäftsprozessarchitektur in ARIS abgebildet werden. Die Prozesse der WestLB und somit auch die abzubildenden Sachverhalte weisen eine hohe Komplexität auf, die zu reduzieren ist. Die Sachverhalte müssen sachgerecht in Teilprozesse zerlegt und übersichtlich dargestellt werden. Hierzu bietet sich ein hierarchischer Aufbau an, in dem verschiedene Arten von Prozessen entsprechend dem Grad ihrer Detaillierung von „oben nach unten" oder vom Groben zum Detail angeordnet werden. Das WestLB Prozessmodell basiert also auf einem Ebenenkonzept.

In einem Top-down-Ansatz werden der Einstieg und die ersten zwei Ebenen zentral vorgegeben. In der ersten Ebene werden die Prozesse der WestLB in einer Übersicht (Wertschöpfungskette) auf High-Level-Ebene prozessorientiert – nicht aufbauorganisatorisch - abgebildet und strukturiert. Diese Wertschöpfungskette stellt damit eine Abbildung aller Aktivitäten innerhalb der WestLB dar. Die geschäftlichen Aktivitäten sind in acht Objekten produktorientiert gegliedert; daneben gibt es ein Objekt als Platzhalter für die geschäftsunterstützenden Prozesse. Gleichwohl ist es nicht das Ziel, flächendeckend alle Prozesse der Bank zu modellieren (Kriterien hierzu siehe 3.1.3); bei Bedarf kann sich aber jeder Bereich mit seinen Prozessen in das Prozessmodell einordnen.

Die einzelnen Funktionen der Wertschöpfungskette der Ebene 1 sind mit weiteren Wertschöpfungsketten hinterlegt. Die Ebene 2 des Prozessmodells dient der Strukturierung und stellt in diesem Sinne eine Zwischenebene dar. Beispielsweise gibt es auf der Ebene 1 ein Objekt mit der Bezeichnung Handelsprozesse, das auf der Ebene 2 untergliedert ist in

- Aktienhandel durchführen
- Rentenhandel durchführen
- Geld- & Devisenhandel durchführen
- Handel mit Spezialprodukten durchführen.

Auf Ebene 3 erfolgt die Darstellung der geschäftlichen Aktivitäten in Form von Prozessauswahlmatrizen (PAM's), in denen auf der horizontalen Ebene die einzelnen Produkte, beispielsweise die des Aktienhandels, und auf der vertikalen Ebene die groben Prozessschritte des Gesamtprozesses, aufgeführt werden. Am Beispiel des Aktienhandels zeigt sich die Darstellung vom Frontoffice, in dem das Geschäft mit den Kontrahenten abgeschlossen wird, über das Backoffice, in dem die Abwicklung erfolgt, und die Handelskontrolle bis hin zum Rechnungswesen, wo das Geschäft am Ende u. a. in das Meldewesen an die Bankaufsichtsbehörden mit einzubeziehen ist. Die Strukturierung der groben Prozesse in einer PAM dieser Ebene 3 ist eine der ersten Aufgaben in dezentralen Projekten. Die weiteren Ebenen dienen einer weiter vertiefenden Strukturierung. Bereits auf Ebene 4 ist eine Darstellung der Detailprozesse in zeitlich-logischer Reihenfolge in Form so genannter erweiterter ereignisgesteuerter Prozessketten (eEPK) möglich.

Die dezentralen Projekte müssen sich Bottom-up mit ihren Prozessstrukturen und -modellen in das zentrale Modell einhängen (können). Während die Konventionen und das einheitliche Vorgehensmodell (siehe 2.4.3) die Konsistenz der Prozesse sicherstellen, bildet das Prozessmodell den Rahmen, der den Zusammenhalt der einzelnen Prozesse gewährleistet. Das Prozessmodell setzt also die Vielzahl der einzelnen Prozesse zueinander in Beziehung und grenzt sie gegeneinander ab, und beantwortet so die Frage, was zu welchem Prozess gehört. Das Übersichtsmodell (Einstieg und Ebenen 1 und 2) ermöglicht es, Teilprozesse arbeitsteilig zu modellieren und gewährleistet, dass sich diese Prozesse zu einem Gesamtprozess zusammenfügen. Das Prozessmodell stellt damit eine mit der Zeit organisch wachsende Wissensdatenbank über die unternehmensweiten Abläufe dar. Nach Abschluss der dezentralen Projekte werden die Ergebnisse in das Prozessmodell eingehängt und über das Intranet allen Mitarbeitern weltweit zur Verfügung gestellt.

3 Umsetzung

3.1 Prozessverantwortung

Als Grundvoraussetzung für die Etablierung eines laufenden Prozessmanagements wurde im Hause WestLB die Schaffung von Verantwortlichkeiten für die (modellierten) Prozesse gesehen.

3.1.1 Verschiedene Dimensionen der Problemlösung

Der Aufbau eines Prozessmanagements erfordert die Problemlösung verschiedener Dimensionen der Prozessverantwortung:

- Prozesse schneiden oft die aufbauorganisatorische Verantwortung
- Prozesse haben sowohl eine lokale, nationale als auch internationale Dimension
- Prozesse setzen sich auch außerhalb des eigenen Unternehmens bei Kunden und Lieferanten fort
- Prozesse bestimmen die IT-Landschaft, aber die IT-Landschaft bestimmt im Rahmen des Einsatzes von Standardsoftware (wie z. B. SAP) auch die Prozesse
- Prozesse und IT-Systeme sind wesentliche Gestaltungselemente der Leistungserstellung und haben eine gravierende Bedeutung für Kosten, Zeit und Qualität

Die zunehmende Komplexität der Prozesslandschaft führt ohne klar geregelte Steuerung dieser Prozesse zu einer Reihe von Problemen.

3.1.2 Grundsatzfragen zur Prozessverantwortung

Bestimmte Grundsatzfragen zur Prozessverantwortung waren zu entscheiden:

Zur Vermeidung der Sozialisierung von Verantwortung soll Prozessverantwortung nicht bestimmten Gremien, sondern Einzelpersonen zugeordnet werden.

Aufgrund unterschiedlicher Systeme und einer nicht vollständig vereinheitlichten Organisation kann es sinnvoll sein, Prozessverantwortung kurzfristig lokal wahrzunehmen. Langfristig jedoch ist soweit wie möglich eine globale Wahrnehmung der Prozessverantwortung anzustreben.

Die Prozessverantwortung sollte von den Prozessbeteiligten selbst wahrgenommen werden und nicht von einer zentralen Stelle, wie z. B. der Organisationsabteilung. Es sind „unsere" Prozesse, nicht die Prozesse der Orga! Diese Zuordnung trägt zudem auch dem bereits weiter oben erwähnten Grundsatz der dezentralen Verantwortung für die Ablauf- oder Prozessorganisation Rechnung.

Mit der Wahrnehmung der Prozessverantwortung ist kein Eingriff in die Profitcenterverantwortung anderer Abteilungen verbunden. Insofern gibt es auch keinen Eingriff in das laufende Tagesgeschäft. Gemäß einer Untersuchung in amerikanischen Unternehmen, die die Prozessorganisation erfolgreich eingeführt haben, ist die Zuordnung der Profitcenterverantwortung für den Gesamtprozess zum Prozessverantwortlichen ein wichtiges Erfolgskriterium. Es ist allerdings abzuwägen, ob beim Einstieg in das Thema Prozessorganisation die Anpassung der Profitcenterzuordnung an die Prozesse nicht eine zu große Kulturrevolution darstellen würde.

Für Verbundprozesse mit Kunden und Lieferanten soll derjenige Kernprozessverantwortung übernehmen, der den beim Kunden oder Lieferanten beginnenden oder endenden Prozess im Unternehmen koordiniert.

Zudem ist die Erkenntnis gegeben, dass eine flächendeckende Modellierung im Sinne eines hundertprozentigen Ansatzes unter wirtschaftlichen Aspekten nicht nutzenstiftend sein kann.

3.1.3 Festlegung von Kernprozessen auf der Basis von Kriterien

In einem ersten Schritt wurden Kriterien für die Prozesse erarbeitet, die für den Aufwand einer Modellierung sinnvoll und lohnend erschienen. Als Kriterien wurden definiert:

- Relevanz für die Datenqualität
- Notwendigkeit der Kosteneffizienz
- Starke Arbeitsteilung
- Operative Risiken

In einem zweiten Schritt wurden auf der Basis der o. g. Kriterien dreizehn so genannte Kernprozesse definiert:

1 Risikoüberwachung/-steuerungsprozesse im Handelsgeschäft

2 Überwachung von Adressenausfallrisiken im Kreditgeschäft

3 Asset-Liability-/Dispositions-Prozesse

4 Aktienhandel

5   Renten-, Geld- & Devisenhandel
6   Kreditfinanzierungsprozesse
7   Trade Finance Prozesse
8   Zahlungsverkehrsprozesse
9   Darlehensprozesse im Rahmen der Wohnungsbauförderung
10 Kreditprozesse im Rahmen der Wirtschaftsförderung
11 Bereitstellung von Informationstechnologie
12 Stammdatenpflegeprozesse
13 Einkaufs- bzw. Beschaffungsprozesse

Gespräche mit möglichen Kernprozessverantwortlichen fanden in einem dritten Schritt statt, um deren Bereitschaft zu klären, die Prozessverantwortung auch tatsächlich zu übernehmen. In diesem Zusammenhang war es erforderlich, die künftig vorgesehenen Prozessverantwortlichen mit ihren Aufgaben, ihrer Verantwortung und den Kompetenzen vertraut zu machen.

Ein laufendes Prozessmanagement kann nur mit der Bereitstellung entsprechender personeller Kapazitäten stattfinden. Hierbei handelt es sich um eine zweite Rolle – so genannte Prozessmanager –, die das operative Doing, d. h. die Erstellung und Pflege der Prozessmodelle, wahrnehmen.

In einem vierten Schritt wurden die Kernprozessverantwortlichen im Rahmen eines Vorstandsbeschlusses offiziell durch den Vorstand ernannt. Zurzeit geht es darum, das Thema Wahrnehmung der Kernprozessverantwortung von zentraler Seite anzuschieben und zu unterstützen.

3.1.4 Aufgaben

Im Falle von GB-übergreifenden Kernprozessen ist die Rolle des Kernprozessverantwortlichen die eines Koordinators und Moderators. Zu seinen Aufgaben gehört es, Prozess-Reorganisationsmaßnahmen zu initiieren und für eine Abstimmung der Eingangs- und Ausgangsschnittstellen zwischen den Geschäftsbereichen /Teilprozessen zu sorgen. Er entwirft und vereinbart prozessbezogene Zielgrößen hinsichtlich Durchlaufzeit, Kosten und Qualität mit den Teilprozessverantwortlichen innerhalb der beteiligten GB. Ferner arbeitet er mit dem General Management der ausländischen Betriebsstellen bei der lokalen Optimierung der Prozesse zusammen.

Dem Kernprozessverantwortlichen zur Seite steht ein Kernprozessmanager, der für die operativen Tätigkeiten im Zusammenhang mit der Modellierung von Prozessen zuständig ist. Zu seinen Aufgaben im Einzelnen gehört:

- Administration der Projektdatenbank
- Durchführung von Prozessprojekten und Erstellung von Schnittstellenbeschreibungen
- Erhebung und Bereitstellung von Prozesskennzahlen in Bezug auf Zeiten, Kosten und Qualität
- Sicherstellung der Aktualität und Korrektheit der Prozesse
- Sicherstellung der Transparenz über die erstellten Dokumentationen in der Projektdatenbank
- Durchführung von internen Workshops zur laufenden Optimierung der Teilprozesse
- Klärung von Fragen der Modellierer
- als Ansprechpartner zu fungieren für das Competence Center Prozessorganisation

Die Durchführung der Prozessprojekte und die Ermittlung von Prozessverbesserungen sowie die Umsetzung entsprechender Maßnahmen ergeben ein anspruchsvolles Rollenprofil. Der Kernprozessmanager muss sehr gute fachliche Kenntnisse über den von ihm betreuten Prozess und die eingesetzten DV-Systeme haben. Er muss über eine gute Akzeptanz bei allen Prozessbeteiligten, insbesondere bei seinem zuständigen Kernprozessverantwortlichen verfügen. Wissen über das Prozessmanagement, die Vorgehensweise in den Prozessprojekten und ARIS-Kenntnisse runden das Anforderungsprofil ab.

3.2 Vom Projekt zum laufenden Prozessmanagement

Ziele des laufenden Prozessmanagements sind:

- die Dokumentation und Visualisierung von Gesamtprozessen
- die Schaffung einer umfassenden Transparenz über Produktaktivitäten und Schwachstellen
- die Optimierung des Ressourceneinsatzes in Prozessen
- die Unterstützung zur Erreichung einer hohen Leistungsqualität
- die konsequente Ausrichtung der Wertschöpfung auf externe wie auf interne Kunden.

Ein erfolgreiches laufendes Prozessmanagement kann durch einen kontinuierlichen Verbesserungszyklus erreicht werden. Die Prozessbeteiligten nutzen die Prozessmodelle als Informationsquelle und Arbeitsgrundlage. Sie geben Verbesserungsvorschläge an den Prozessmanager weiter, der diese sammelt und bewertet. Aus den Verbesserungsvorschlägen definiert er in Abstimmung mit dem Kernprozessverantwortlichen Maßnahmen und überwacht die Umsetzung. Der Prozessmanager selbst oder ihm zuarbeitende Modellierer passen die Modelle auf der Grundlage der definierten Maßnahmen an und melden die Fertigstellung zurück. Der Kernprozessverantwortliche kommuniziert die Prozessfortschreibungen an die Prozessbeteiligten und trägt die Verantwortung für die Anpassung der Dokumentation sowie die Ausführung der Arbeit auf der Grundlage der geänderten Prozessmodelle. Hier schließt sich der Zyklus.

4 Prozesscontrolling

Im Rahmen des Prozesscontrollings werden Kennzahlen definiert und ausgewertet, die den Prozessverantwortlichen eine wichtige Informationsgrundlage über die Performance im Tagesgeschäft geben. Damit werden die bisher üblicherweise ermittelten, vergangenheitsorientierten Finanzkennzahlen (z. B. Monatsabschlüsse) ergänzt. D. h., erst durch Kennzahlen wird den Prozessverantwortlichen und – managern ein Handwerkszeug zum Controlling und zur laufenden Steuerung ihrer Prozesse an die Hand gegeben.

Während in ARIS-Modelle, d. h. Abbilder der Realität, geschaffen werden, sollen mit dem Prozesscontrolling Echtdaten aus operativen Systemen ausgewertet und gemessen werden. So lässt sich zum Beispiel über einen Gesamtprozess, der über mehrere GB's und DV-Systeme hinweg läuft, die Qualität und Effizienz messen; Beispiele hierfür sind Durchlaufzeiten, Stückzahlen, Fehlerhäufigkeiten und Organisationswechsel.

Weitere Themen des Prozesscontrolling sind für uns:

- Die Nutzung von Prozesskennzahlen als Frühwarninstrument bei der Überwachung von operativen Risiken
- Die Verbesserung der Prozesstransparenz im Bankkonzern und damit Schaffung einer Grundlage für ein Prozess-Benchmarking zwischen den Betriebsstellen
- Die zentrale Qualitätssicherung der modellierten Prozesse, z. B. durch Konventionenchecks sowie die Begutachtung kritischer Prozesse.

Die Erarbeitung bzw. Umsetzung dieser Themen steht derzeit auf der Tagesordnung. So ist beispielsweise in einem Pilotbereich das toolgestützte Prozesscontrolling in der Einführungsphase.

5 Zusammenfassung und Ausblick

5.1 Zusammenfassung

Für eine erfolgreiche Umsetzung der fachlichen und technischen Konzepte zum Thema Prozessorganisation im Hause WestLB gibt es verschiedene Kriterien. Wichtig sind:

- Die Verankerung des Themas auf Vorstandsebene, z. B. durch die Präsentation des Themas vor Mitgliedern des Vorstandes und das Einholen von entsprechenden Vorstandsbeschlüssen

- Die Schaffung eines Rahmenregelwerkes, eines Übersichts-Prozessmodells und die Umsetzung eines technischen Konzeptes **vor** Beginn von prozessorganisatorischen Projekten

- Die Festlegung von einzelpersonenbezogener Gesamtprozessverantwortung

- Die Implementierung eines laufenden Prozessmanagements und die Identifizierung ausreichender Prozessmanagerkapazitäten

- Die Bereitstellung der modellierten Prozesse für alle internen Mitarbeiter über einen betriebsinternen Intranet-Auftritt

- Controlling, damit Maßnahmen, die in Optimierungsprojekten erarbeitet wurden, auch wirklich umgesetzt werden

- Integration ausgewählter Prozesskennzahlen in das Controlling-/Reporting-System der Bank.

Diese Kriterien tragen aus unseren Erfahrungen maßgeblich zur erfolgreichen Einführung und Umsetzung des Themas Prozessorganisation in einem Unternehmen bei.

5.2 Ausblick

Die WestLB strebt in den nächsten Jahren die kontinuierliche Verbesserung der Prozesslandschaft durch ein permanentes Prozessmanagement an. Dazu zählt die Erlangung einer globalen Transparenz über die wesentlichen Teile der definierten Kernprozesse im Sinne eines 80 : 20 Ansatzes, um ein internes Benchmarking zwischen den verschiedenen Betriebsstellen zu ermöglichen. Das setzt eine toolunterstützte Messung von Zeiten, Kosten und Qualität sowie von Betriebsrisiken voraus. Damit wird die Harmonisierung der Ablauforganisation angestrebt. Vor-Aussetzung dafür ist die Vereinheitlichung der DV-Systeme.

Ziel der WestLB ist es also, Nutzen aus Kostensenkungen durch Vereinheitlichung von Arbeitsabläufen und Effizienzsteigerungen insbesondere durch die GB-übergreifende Betrachtung der Prozesse zu erreichen. Mit diesem hier vorgestellten Fachkonzept leistet der GB Konzernorganisation einen Beitrag, um die vom Vorstand gesetzten strategischen Ziele der Bank zu erreichen.

ARIS-Einsatz in komplexen Bankprojekten

Stephan Wick und Rolf P. Mächler
Credit Suisse

Zusammenfassung:

Der Artikel beschreibt die von de Anforderungsaufnahme bis zum produktiven IT-System durchgehende und konsequente Ausrichtung aller Beteiligten am Prozess. Er beleuchtet insbesondere das Zusammenspiel von Business- und IT-Vertretern sowie die Funktionsweise der zentralen Komponente "Auftragsmanager", welcher die prozessgesteuerte Realtime-Abwicklung der Wertschriftenverarbeitung in der Credit Suisse Group (CSG) für das Schweizer Geschäft sicherstellt.

Schlüsselworte:

Prozess, prozessgesteuert, realtime, Wertschriftenabwicklung, Auftragsmanager, Business Rules, Credit Suisse

1 Ausgangssituation

In der Wertschriftenabwicklung der Credit Suisse hatte man 1997 das Ziel, die komplexen Wertschriftenabwicklungsprozesse zu erheben, um die Ausgangslage für eine gezielte Verbesserung der dazugehörenden IT-Systeme festzuhalten.

Auf der Suche nach einer geeigneten Methodik dafür kamen wir damals via Mind Mapping und ABC-Flowchart-Abläufen schließlich zu der ARIS-Methodik der EPK.

Dieses Verfahren erschien äußerst geeignet, die benötigten Abläufe festzuhalten.

Für die Umsetzung der ARIS-Abläufe in den dazugehörenden IT-Systemen war damals in der IT schon ein spezielles Team eingesetzt, welches die Verbindung zwischen ARIS und den bestehenden Systemen herstellen wollte.

Diese zwei Aktivitäten wurden vereinigt und es wurde die oberste Prämisse definiert, dass es für **einen** betrieblichen Ablauf ausschließlich **einen** ARIS-Prozess geben sollte. Dieser Prozess sollte zum einen die Businesss-Requirements widerspiegeln und zum anderen auch direkt die IT-Systeme steuern.

Auf Business Seite stand man unter dem Eindruck, wenig Einfluss auf die Umsetzung der Anforderungen in IT-Systemen zu haben. Man verhielt sich im Allgemeinen zu passiv und klagte über ungenügende IT-Systeme anstatt konkret etwas zu unternehmen. Es brauchte die Initiative auf IT-Seite, die das Business zwang, die eigenen Anforderungen im Rahmen der Prozessmodellierung klar darzustellen. In den Jahren ab 1997 geschah dies erst sehr punktuell und unter dem Lead der IT-Seite. Erst seit Mitte 2000 wird im Rahmen des Projektes SEC2000, das die funktionale und technische Überholung der Wertschriftenabwicklungssysteme zum Ziel hat, ein systematisches Vorgehen vorangetrieben, bei dem die Business Seite die Verantwortung vermehrt wahrnimmt.

2 Zielsetzung

Die Zielsetzungen des Projektes SEC2000 lassen sich wie folgt bescheiben:

- Erstellen eines Tools, welches in der Lage ist, die ARIS-Prozesse direkt zur Steuerung der Auftragsabwicklung zu verwenden
- Dieses Tool muss hochperformant arbeiten, damit der gesamte Load der CSG abgewickelt werden kann.
- Als Pilotanwendung soll das Non-Trade-Business dienen, wo die dazu notwendigen ARIS-Prozesse erhoben werden müssen.

ARIS-Einsatz in komplexen Bankprojekten

- Die Business Anforderungen müssen detailliert erhoben und von der Business Seite 'getragen' werden.
- Es muss ein spezialisiertes Team geben, welches die ARIS-Prozessmodellierung aktiv und professionell angehen kann und die Business-Seite dabei in den Entstehungsprozess mit einbezieht.
- Es darf immer nur genau **einen Prozess** zur Steuerung einer Geschäftsabwicklung geben.
- Die Verarbeitung darf nicht mehr im Batch, sondern soll realtime erfolgen.

3 Vorgehensweise

3.1 Projektorganisation und Verantwortlichkeiten

Die Teams für die Erstellung der ARIS-Modelle bestanden aus jeweils vier Mitgliedern.

- **Businessverantwortlicher**: Dies ist in der Regel ein Linienmanager, der als „Owner of Functionality" bzw. Processowner die Business-Anforderungen vorgibt und die daraus abgeleiteten Prozesse und Funktionsbeschreibungen genehmigt.
- **Vertreter des Business-Competence-Centers**: Dieser ist als Business-Projektleiter der primäre Ansprechpartner des Businessverantwortlichen. Er nimmt dessen Anforderungen auf und dokumentiert diese high-level in ARIS.
- **Vertreter der IT**: Dies ist der für die Umsetzung zuständige IT-Projektleiter.
- **Vertreter des ARIS-Competence-Centers**: Dieser ist für die Detaillierung der Prozesse in ARIS zuständig.

In einer ersten Phase erfolgt die Prozessdefinition vor allem in Zusammenarbeit zwischen dem Business-Verantwortlichem und dem Vertreter des Business-Competence-Centers. Sind die Prozesse einmal in einem ersten Draft vorhanden, kommen in einer zweiten Phase die IT-Vertreter dazu, um ein gemeinsames Verständnis über die modellierten Prozesse zu erlangen. Ist dieses gefunden und sind die Prozesse entsprechend in einer für das Business genügenden Detaillierung definiert, erfolgt in einer dritten Phase die für die IT benötigte Detaillierung der Prozesse durch das ARIS-Competence-Center und den IT-Projektleiter.

3.2 ARIS-Competence-Center (ACC)

Es wurde ein ARIS-Competence-Center eingerichtet, welches die Modellierungsaktivitäten betreute.

Dieses hat die folgenden Hauptaufgaben:

- Betreuung der ARIS-Server,
- Verwaltung der ARIS-Modelle,
- Modellierung der ARIS-Prozesse innerhalb der definierten Prozessmodellierungscrews,
- Verantwortung für die angewandte Methodik der ARIS-Modellierung.

3.3 Business-Competence-Center (BCC)

Die Schaffung des Business-Competence-Centers wurde im Sommer 2000 beschlossen, als im Rahmen des Programms SEC2000[1] auch klar wurde, dass durch die Verbreitung des Auftragsmanagers auf alle Wertschriftenapplikationen eine große Anzahl Prozesse aufzunehmen und zu modellieren sein würden. Die beiden wichtigsten Zielsetzungen für das Business-Competence-Center waren:

- die Professionalisierung der Anforderungsaufnahme und Modellierung, sowie
- die übergeordnete Sicht auf die Applikationen, die sicherstellen sollte, dass

    1. Einheitlichkeit bezüglich Form und Tiefe der Businessprozessmodellierung erreicht wird,
    2. gleichartige Prozessteile nur einmal modelliert werden (Wiederverwendbarkeit) und
    3. bei applikationsübergreifenden Prozessen oder Abhängigkeiten die Schnittstellen sauber abgestimmt sind.

---

[1] Das Programm SEC2000 hat zum Ziel, innerhalb von vier Jahren die Wertschriftenabwicklungsplattform der Credit Suisse Group in der Schweiz technisch und funktional vollständig zu überholen.

4 ARIS-unterstützte Sichten auf das Prozessmodell als Teil der Business Architektur

Wie in der Ausgangslage dargestellt, wurde bis zum Start des SEC2000 Projektes die Prozess-Innovation sehr stark von der IT-Seite her getrieben, was auch die Auswahl von ARIS als Tool zur Prozessmodellierung betraf. Als auch auf Business-Seite die Arbeiten systematisiert wurden, war bald klar, dass es neben der IT-Applikationsarchitektur auch eine Business-Architektur benötigt wird, bei der die Prozesse eine zentrale Position innehaben müssen. Heute hat die Betrachtungsweise in Abbildung 1 Akzeptanz auf der Business-Seite erlangt. Sie zeigt die Prozesse als zentrales Element der Business-Architektur in Abhängigkeit von übergeordneten Strategien und Geschäftsgrundsätzen. Die Prozesse werden dabei als Konkretisierung der Wertschöpfungskette verstanden, die im engen Zusammen-hang mit dem Business-Datenmodell stehen müssen. Während die Prozesssicht im Business schon recht weit verbreitet ist, muss der Datensicht im Sinne eines Modells in Zukunft noch verstärkte Aufmerksamkeit geschenkt werden.

Wichtig aus Business Sicht ist die integrierende Funktion des Prozessmodells. Zu Beginn von SEC2000 gab es erst in wenigen Applikationsbereichen, insbesondere dem Liefergeschäft, detailliert modellierte Prozesse. Diese waren vor allem auf das Bedürfnis der IT ausgerichtet. Im Rahmen von SEC2000 wurden zusätzliche „Stakeholder" (zu Deutsch: „am Prozess Interessierte") identifiziert. Einerseits aus dem Bereich Operational Risk Management, andererseits auch aus Bereichen wie Prozesskostenrechnung, Benutzerdokumentation und Wissensmanagement. Diese Bereiche sind nicht primär am IT-Prozess interessiert, sondern benötigen Prozessinformationen für eigene Bedürfnisse.

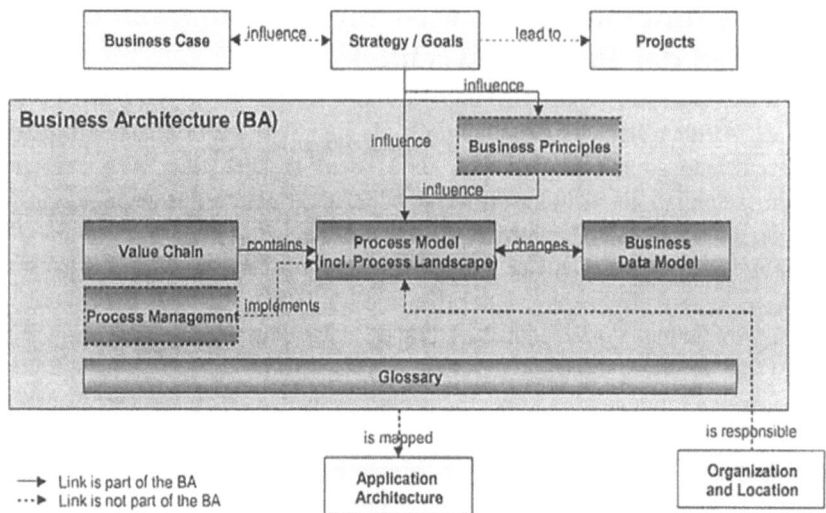

Abb. 1: Business Architecture

Im **Operational Risk Management** geht es einerseits darum, bei der Definition der Prozesse auf diese so Einfluss zu nehmen, dass das Risiko möglichst vermieden werden kann (Risikoprävention). Andererseits ist es aber auch wichtig, die Prozesse so zu gestalten (auch IT-mäßig), dass Risiken erkannt, gemessen und angezeigt werden können.

Aus Sicht der **Prozesskostenrechnung** gibt es Anforderungen für die Messung der operationellen Prozesse in verschiedenen Dimensionen.

Bei der prozessbasierten **Benutzerdokumentation** geht es darum, das in den Prozessen bzw. den Prozessmodellen enthaltene Wissen dem Benutzer in geeigneter Form zugänglich zu machen.

Aus der Sicht des **Wissensmanagement** geht es darum, die in den Prozessen vorhandenen Informationen in Verbindung mit Weisungen und Tätigkeitsbeschreibungen zu bringen.

5 Umsetzung der Prozesse in die IT (Auftragsmanager)

5.1 Grundidee

Aufgrund der gegebenen Zielsetzungen machte man sich grundlegende Gedanken, wie diese Prozesse IT-mässig umgesetzt werden konnten. Aufgrund dessen wurde die folgenden Strategie entwickelt:

Trennung von Funktion und Steuerung

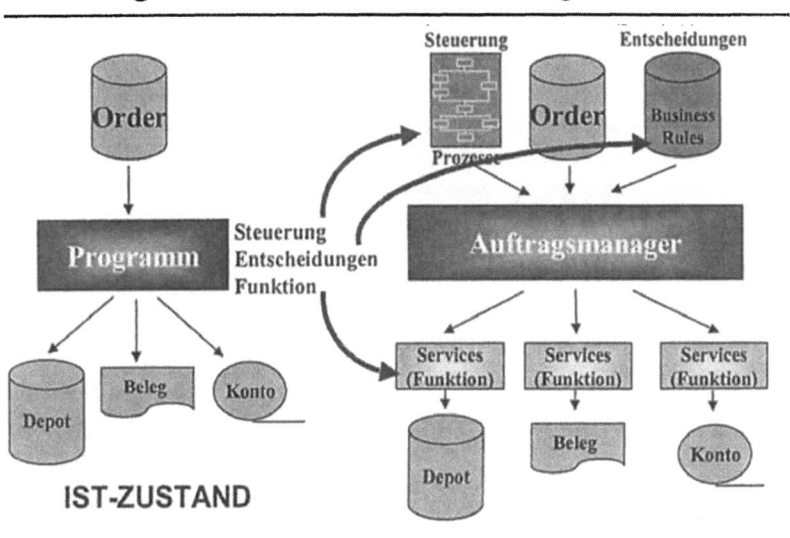

Abb. 2: Trennung von Funktion und Steuerung

Auf der linken Seite von Abb. 2 ist die klassische Verarbeitung von älteren Applikationen nach dem EVA-Prinzip (Eingabe/Verarbeitung/Ausgabe) ersichtlich.

Die Rahmenbedingungen waren so, dass der Input und Output möglichst nicht verändert werden sollte, da in einem so umfassenden und komplexen IT-System wie dem der Credit Suisse das Umfeld der einzuführenden Applikation möglichst nicht tangiert werden sollte, da ansonsten die Schnittstellenaufwände einen beträchtlichen Teil des Projektbudgets „auffressen".

Somit wurde eine evolutionäre Einführung angestrebt anstatt eines Big Bang auf breiter Ebene.

Auf der rechten Seite von Abb. 2 ist der angestrebte, **neue Setup** abgebildet.

1. Input und Output sollen möglichst unverändert bleiben.

2. Die Steuerung in den bestehenden Programmen soll in der Form von ARIS-Prozessen modelliert und künftig als direkte Steuerungsvorlage verwendet werden.

3. Die Entscheidungen in den bestehenden Programmen sollen in der Form von Business-Rules ausgegliedert werden.

4. Die Funktionalität in den bestehenden Programmen soll in der Form von Services extrahiert werden. Die Definition dieser Services erfolgt durch das detaillierte Modellieren der ARIS-Prozesse bis auf den Servicelevel. So entsteht dann sukzessive eine Servicearchitektur mit dem damit verbunden Reuse-Potenzial.

5. Last but not least brauchte es noch ein „Tool", welches die drei Komponenten, Prozesse, Services und Business-Rules, zusammenbringt, so dass wieder eine gesamtheitliche Abwicklung möglich wird. Zu diesem Zwecke wurde der **Auftragsmanager** entwickelt, welcher die Abwicklung, basierend auf den Prozessen in Realtime sicherstellt. Die Eigenentwicklung war nötig, da es zu diesem Zeitpunkt auf dem Markt kein Produkt gab, welches den Anforderungen auch nur annähernd genügen konnte. (GARTNER Research)

Diese Strategie hat den entscheidenden Vorteil, dass aufgrund von neuen Anforderungen nicht ausschließlich die Software, sondern die Prozesse oder Business-Rules definiert oder angepasst werden müssen.

Somit erreicht man eine viel kürzere ‚Time to market' mit geringeren Kosten und einer völlig transparenten Analysebasis, da die Steuerung in Form der ARIS-Prozesse vorliegt.

Es braucht also für Veränderungen an den bestehenden Abläufen oder für neue Abwicklungen lediglich zwei Dinge:

1. Einen ARIS-Prozess und

2. Services, welche durch den Auftragsmanager aufgrund des ARIS-Prozesses ausgelöst werden können.

5.2 Umsetzung der Strategie

Um die beschriebene Strategie auch umsetzen zu können, waren größere Investitionen in etlichen Teilprojekten notwendig.

Projekteinbindung

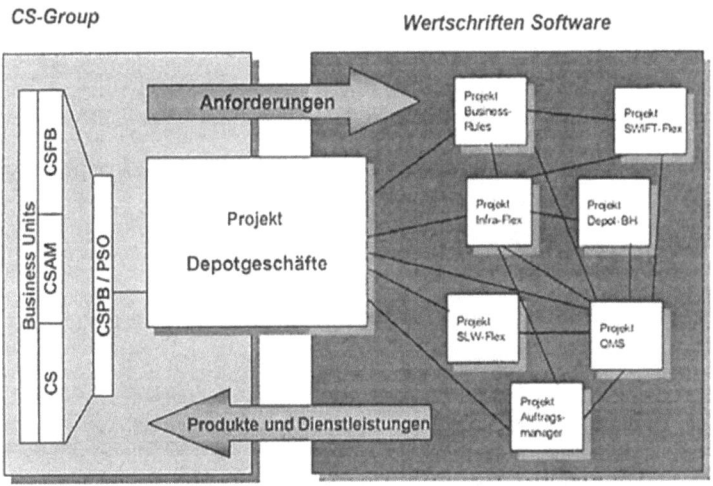

Abb. 3: Projekteinbindung

Die einzelnen Business-Units der CSG stellten Ihre Anforderungen an das Projekt ‚Depotgeschäft', in welchem dann die daraus resultierenden ARIS-Prozesse modelliert wurden.

Die Services (Funktionalitäten), welche aus den Prozessen definiert wurden, wurden anschließend in den Projekten ‚Depotgeschäfte', SWIFT-, INFRA- und SLW-Flex realisiert.

Für die Business-Rules wurde ein Projekt aufgesetzt und um die Realtimefähigkeit umzusetzen wurde eine neue Depot-Buchhaltung realisiert, welche die Realtime-Aspekte abdecken kann.

Um die erstellten Services auch realtime auslösen zu können, wurde auf der Basis von MQ-Series von IBM ein QMS (Queue-Management-System) entwickelt, welches das umfassende Management der Realtime-Message-Vermittlung zwischen den Services und dem Auftragsmanager sicherstellt.

Schlussendlich wurde auch der Auftragsmanager realisiert, welcher die zentrale Steuereinheit all dieser Komponenten darstellt.

5.3 Zeithorizont

Die oben beschriebenen Projekte wurden in den Jahren 1997- 1999 realisiert und die Strategie wurde im August 1998 für die Depotgeschäfte Realität.

Insgesamt wurde eine Entwicklungszeit von ca. 2 Jahren aufgewendet und es waren in dieser Zeit im Durchschnitt ca. 25 Personen an der Entwicklung beteiligt.

5.4 Detaillierte Funktionsweise

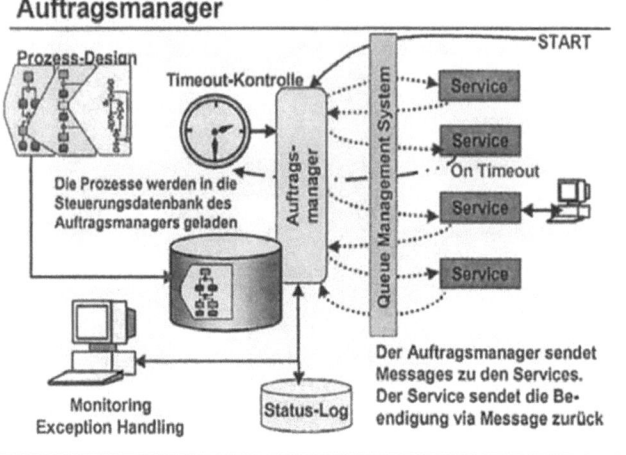

Abb. 4: Auftragsmanager

Funktionsweise (von links nach rechts)

1. Die Prozesse werden in ARIS modelliert und anschließend via Interface, basierend auf unseren Modellierungsrichtlinien, in der DB2 des Auftragsmanagers generiert. Ab diesem Zeitpunkt kennt der Auftragsmanager diesen Prozess und ist jederzeit bereit, diesen abzuwickeln.

2. Der Auftragsmanager erhält einen Auftrag, erkennt aufgrund von definierten Indikatoren, welches das gültige Abwicklungsmodell ist, und löst via Qm-System den ersten Service sofort aus.

3. Sobald dieser Service seine Aufgabe beendet hat, meldet er sich beim Auftragsmanager zurück und dieser löst den nächsten Service, gemäss des definierten Arie-Modells, aus. Der Auftragsmanager arbeitet strikt asynchron, d. h. er wartet nicht, bis ein Service seine Arbeit beendet hat, sondern verarbeitet weitere Prozesse, bis der ausgelöste Service sich wieder als beendet zurückmeldet.

4. Natürlich verfügt der Auftragsmanager auch über Timeoutkontrollen, welche sicherstellen, dass ein entsprechendes Exceptionhandling ausgelöst wird, wenn ein Service sich nicht zurückmeldet.

5. Es stehen natürlich auch definierte Statushistorien zur Verfügung und die gesamte Verarbeitung kann auch jederzeit via Monitoring überwacht werden.

Dieser gezeigte Setup mit dem Auftragsmanager ist in der CSPB seit Oktober 1997 erfolgreich im Einsatz und wird laufend auf weitere Applikationsbereiche ausgedehnt.

Mittlerweile werden täglich zehntausende von Wertschriftenaufträgen prozessgesteuert, realtime abgewickelt und die Peaks während des Tages werden erfolgreich abgearbeitet.

6 Ergebnisse

6.1 Welche Ergebnisse (Teilergebnisse) wurden erzielt?

Für die definierten Applikationsbereiche konnten die Prozesse erhoben, die Services gebaut und die Verarbeitung via prozessgesteuertem Realtime-Auftragsmanager realisiert werden.

In diesen Applikationen werden heute pro Tag ca. 40.000 Wertschriftenaufträge verarbeitet.

Für die übrigen Bereiche gibt es High-Level-Prozesse, die zurzeit im Rahmen von SEC2000 detailliert werden, damit die Umsetzung für den Auftragsmanager erfolgen kann.

Die Anforderungen aus dem Operational Risk Management wurden für den Bereich Verwaltungshandlungen als Pilotapplikation eingebracht und werden zurzeit im Detail modelliert. Sie werden noch im Jahr 2002 in Produktion gehen.

6.2 Wo entsprechen die Ergebnisse den Zielen und wo nicht?

Aufgrund dieser erfolgreichen Umsetzung der ARIS-Prozesse mittels des Auftragsmanagers in der IT wurde beschlossen, dass nun auch die restlichen Applikationen der Wertschriftenabwicklung Prozesse modellieren und den Auftragsmanager einsetzen sollten.

Somit konnten die gesteckten Ziele aus IT-Sicht in vollem Umfang erreicht werden. Aus Business-Sicht ist sicher der erfolgreiche Einbezug der Betriebsvertreter in den bisher bearbeiteten Applikationsbereichen hervorzuheben. In anderen Bereichen und Sichten (Benutzerdokumentation, Wissensmanagement) sind wir noch in den Anfängen. Der Proof of Concept, alle Sichten auf einem Prozess zu ver-einen, ist noch zu erbringen.

7 Zusammenfassung (Lessons learned)

7.1 Projektorganisation

Die ARIS-Prozessmodellierungs-Crew mit den in Kapitel 3.1 beschriebenen involvierten Parteien (Betriebsvertreter, Business Competence Center, IT und ARIS-Modellierer) hat sich als die Effizienteste herausgestellt.

Es sollten auch keine anderen Personen als ‚Beisitzer oder Lernende' dabei sein, da ansonsten der kreative, effiziente Prozess unterbrochen wird.

Die Aufteilung in BCC und ACC beschleunigt die Erstellung der ARIS-Modelle, da die IT schon von einer guten Grundlage für die detaillierte Prozessmodellierung ausgehen kann.

7.2 Verantwortlichkeiten

Die Verantwortlichkeiten müssen wirklich eineindeutig ausformuliert sein.

- Die Business-Seite sagt **'was'** zu tun ist,
- Die IT-Seite sagt **'wie'** es zu tun ist und
- Der ARIS-Modellierer **'erfasst'** den Outcome in den ARIS-Prozessen und stellt die Einhaltung der Modellierungsrichtlinien sicher.

7.3 Vorgehensweise

Das schon beschriebene Team muss die Prozesse in einer kurzen, aber intensiven Phase erarbeiten. Dazu benötigt das Team einen eigenen Arbeitsraum, wo es ungestört diskutieren kann und die Arbeitsergebnisse nicht jeden Abend weggeräumt werden müssen.

Der folgende Erhebungsrhythmus hat sich als der effizienteste erwiesen:

Mo	Modellierungsworkshop
DI	Nachführung der ARIS-Modelle
Mi	Modellierungsworkshop
DO	Nachführung der ARIS-Modelle
Fr	Resümee und Review der Wochenresultate

7.4 Tooleinsatz

Als Modellierungstool wurde ARIS verwendet. Da die ARIS-Prozesse via Interface zur direkten Steuerung der Auftragsabwicklung verwendet wurden (Auftragsmanager), hat ARIS den Status eines produktiven Steuerungssystems und ist demzufolge auch allen Sicherheitskategorien einer produktiven Implementierung unterworfen.

Die detaillierten Requirements wurden in einer Lotus Notes Datenbank erfasst und verwaltet.

Die Verbindung zu den Prozessen wurde manuell erstellt.

Für die Zukunft wird ARIS auch als **Repository** eingesetzt werden. Somit können dann direkt im ARIS die Prozesse mit den dazugehörenden Requirements erfasst, verwaltet und zugeordnet werden. Außerdem wird dadurch eine direkte Verbindung der definierten Services in den Prozessen und den dazugehörenden Soft-warekomponenten möglich sein.

Die ARIS-Methodik zur Unterstützung des Change Management an der Johann Wolfgang Goethe-Universität Frankfurt

Carsten Witt
IDS Scheer AG

Zusammenfassung:

Neben den konzeptionellen und technischen Anforderungen einer Standard-Softwareeinführung ist ein besonderes Augenmerk auf die organisatorische Implementierung der neu zu gestaltenden standardsoftware-basierten Geschäftsprozesse zu richten. Primäres Ziel muss es dabei sein, einen sicheren Übergang in die zukünftigen Abläufe zu gewährleisten. In dem vorliegenden Aufsatz wird ein prozessorientierter Ansatz zum Change Management im Rahmen einer SAP R/3-Einführung dargestellt. Die konsequente Unterstützung des gesamten Change Managements durch den Einsatz des ARIS Toolset sichert in diesem Zusammenhang auf Kundenseite das Verständnis der neuen Geschäftsprozesse und trägt dazu bei, diese nachvollziehbar in der Aufbauorganisation zu verankern.

Schlüsselworte:

Change Management, personenbezogene Wanderungsbilanz, Prozesseffizienz, Prozessqualität, Prozesstransparenz, Qualifizierungsbedarfe, Reorganisation, SAP R/3 Referenzmodell, Stellentyp, summarische Wanderungsbilanz

Ich bedanke mich ganz herzlich beim Projektteam der Johann Wolfgang Goethe-Universität Frankfurt und insbesondere beim Kanzler der Universität, Herrn Dr. Busch, bei der Projektleiterin, Frau Konrad, sowie bei den Personalräten für die konstruktive und offene Zusammenarbeit in allen Phasen des Projektverlaufes, die einen wesentlichen Beitrag zur Umsetzung des Projektvorgehens und damit zur Zielerreichung des Projektes geleistet hat.

1 Ausgangssituation

Im Jahr 2000 führte die Johann Wolfgang Goethe-Universität Frankfurt die Umstellung der kameralen Rechnungslegung auf das kaufmännische Rechnungswesen bei gleichzeitiger Beibehaltung kameraler Berichtspflichten (Wirtschaftsplan und Drittmittelbereich) durch.

Dieser Prozess wurde durch die Einführung der integrierten Standardsoftware SAP R/3 unterstützt. Dabei wurden bis zum 01.01.2001 die Module FI für die Finanzbuchhaltung, FI-AA für die Anlagenbuchhaltung, FI-FM für das Haushaltsmanagement und den Drittmittelbereich, CO für das Controlling/die Kosten- und Leistungsrechnung, MM für die Materialwirtschaft sowie HR für das Personalwesen implementiert. Die Umsetzung erfolgte auf Basis des R/3-Referenzmodells für die Hochschulen in Hessen, welches in einem landesweiten Projektvorhaben entwickelt wurde und die Basis für das Roll-out in die einzelnen hessischen Institutionen und damit auch für die Wolfgang Goethe-Universität Frankfurt darstellte.

Die Einführung von SAP R/3 bedeutete für die Johann Wolfgang Goethe-Universität Frankfurt tiefgreifende Veränderungen. Der Wechsel vom rein kameralen Rechnungswesen zu einem integrierten kaufmännischen Buchungssystem beinhaltete die grundlegende Umstellung der Buchungsverfahren und damit die Neugestaltung wesentlicher Geschäftsprozesse in der Zentralverwaltung und den dezentralen Bereichen (z. B. Fachbereiche). Ein besonderer Fokus lag auf der organisatorischen Implementierung der Geschäftsprozesse und der daraus zwingend resultierenden Neugestaltung der Aufbauorganisation der Johann Wolfgang Goethe-Universität Frankfurt.

2 Zielsetzung

Entsprechend der dargestellten Ausgangssituation war es das primäre Ziel der Johann Wolfgang Goethe-Universität Frankfurt, einen sicheren Übergang in die neue „SAP-Welt" zum 1.1.2001 zu erreichen.

Folgende wesentliche Aufgabenstellungen wurden für das Change Management zur Sicherstellung eines erfolgreichen organisatorischen Wandels konkretisiert:

- Bestandsaufnahme der Strukturen und Abläufe in den Bereichen Haushalt, Finanzbuchhaltung, Anlagenbuchhaltung sowie Beschaffung/Einkauf,
- Konzeption und Gestaltung des kaufmännischen Rechnungswesens,
- Aufbau des Universitätscontrolling,
- Aufbau der Innenrevision,

Die ARIS Methodik zur Unterstützung des Change Management 81

- Optimierung der Aufbau- und Ablauforganisation zur bestmöglichen Nutzung der eingesetzten Module der SAP-Software,
- Empfehlungen zur Neugestaltung der Aufgabenverteilung innerhalb der Zentralverwaltung und zwischen Zentralverwaltung und Fachbereichsverwaltungen,
- Coaching des Projektteams bei der organisatorischen Umsetzung.

Hierbei war zu berücksichtigen, dass das bislang auf die kameralen Tätigkeiten im Haushalts- und Drittmittelbereich konzentrierte Rechnungswesen so umstrukturiert werden musste, dass neben den neuen kaufmännisch orientierten Geschäftsprozessen des Rechnungswesens auch weitere, bis dahin nicht vorhandene Funktionsbereiche wie Anlagenbuchhaltung, Controlling/Kosten- und Leistungsrechnung sowie Innenrevision fachlich integriert und in die Aufbauorganisation implementiert werden mussten.

3 Vorgehensweise und Ergebnisse

3.1 Überblick

Ein einmaliger Reorganisationsprozess lässt sich grundsätzlich als kreisähnliches Gebilde darstellen, in der Anfangs- und Endpunkt bestimmte Ausprägungen der spezifischen Aufbauorganisation darstellen. Zwischen der Ist-Aufbauorganisation und der neu zu gestaltenden Soll-Aufbauorganisation existieren Überschneidungsbereiche, die um so größer sind, je geringer die umgesetzten organisatorischen Änderungen ausfallen. In Abb. 1 wird dies durch die Überschneidung der beiden Ellipsen für die Ist- und Soll-Aufbauorganisationen dargestellt.

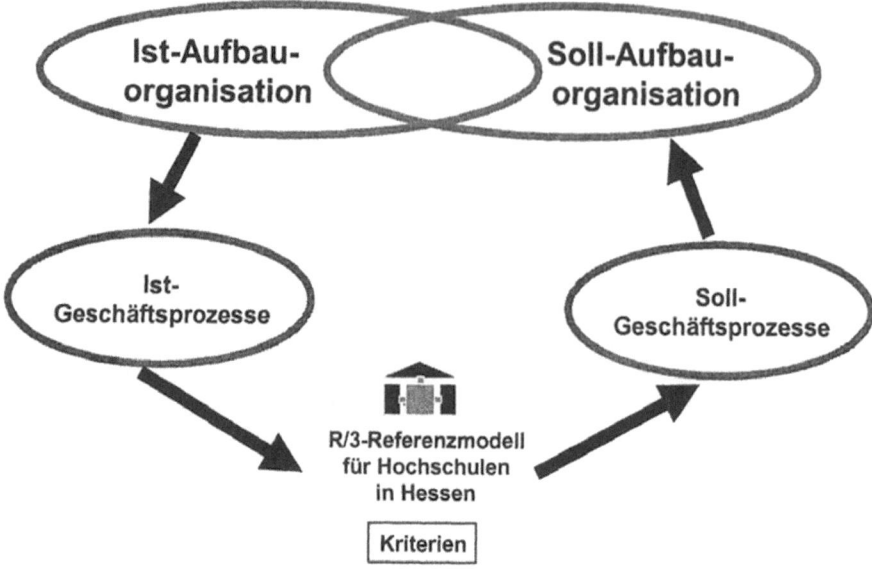

Abb. 1: Methodisches Vorgehen im Überblick

Ausgangspunkt für die Durchführung des Change Management an der Johann Wolfgang Goethe-Universität Frankfurt stellte die Erhebung der Ist-Aufbauorganisation und der Ist-Geschäftsprozesse dar. Auf Basis der gewonnenen Erkenntnisse zum Ist-Zustand erfolgte die SAP-basierte Konzeption für die neu zu gestaltenden SAP-basierten Soll-Geschäftsprozesse sowie deren organisatorische Implementierung in der Soll-Aufbauorganisation.

Der Neugestaltung der SAP-basierten Geschäftsprozesse und ihrer organisatorischen Verankerung lagen folgende Kriterien zu Grunde:

- Vermeidung von organisatorischen Brüchen, System- und Medienbrüchen zur Verringerung manueller und redundanter Tätigkeiten, Verkürzung der Durchlaufzeiten und Reduzierung vorzuhaltender IT-Ressourcen,

- Erhöhung der Prozessqualität zur Steigerung der Qualität der Arbeitsergebnisse,

- Erhöhung der Prozesstransparenz,

- Bündelung von Know-how in den organisatorischen Einheiten zur Beschleunigung des organisatorischen Lernens,

- gezielter Aufbau von redundantem Know-how zur Vermeidung von Ausfällen durch Schulungsmaßnahmen, Urlaub und Krankheit,

- Optimierung des Qualifizierungs-/Schulungsaufwandes.

Zur Modellierung der Aufbauorganisation im Ist- und im Soll-Zustand wurde das Organigramm als Modelltyp im ARIS Toolset verwendet. Die Ist- und Soll-Geschäftsprozesse wurden in einer dreistufigen Darstellung mit den Modelltypen Wertschöpfungskettendiagramm, Funktionsbaum und erweiterte Ereignisgesteuerte Prozesskette (eEPK) im ARIS Toolset modelliert. Einen beispielhaften Ausschnitt zeigt Abb. 2.

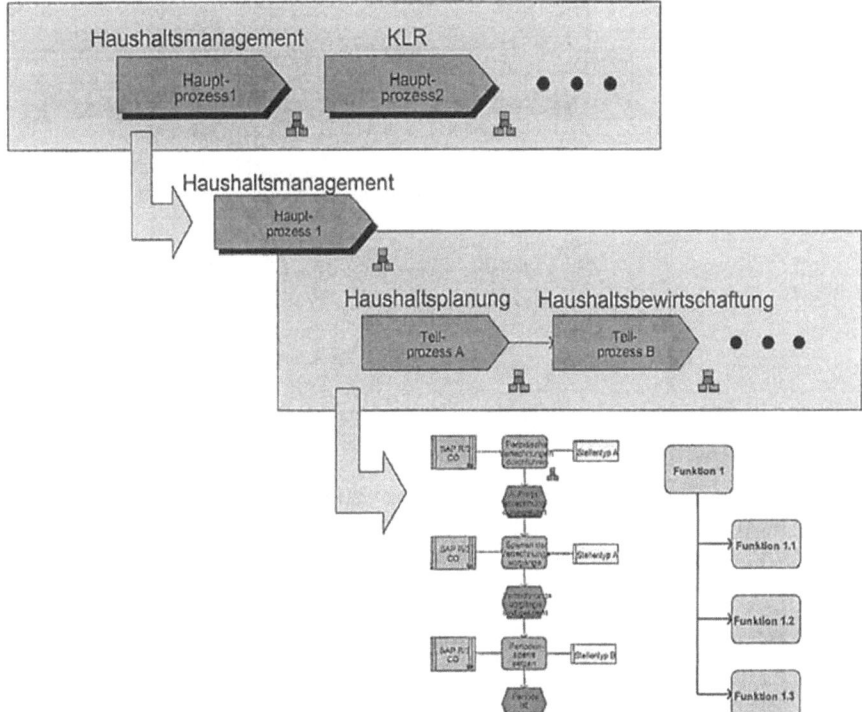

Abb. 2: ARIS-Architektur

3.2 Ist-Aufnahme

3.2.1 Ist-Aufbauorganisation

Mit der Erhebung der Ist-Aufbauorganisation wurde zunächst das Ziel verfolgt, die bestehenden organisatorischen Strukturen im Organigramm transparent darzustellen. Die organisatorischen Einheiten wurden zu diesem Zweck in der ARIS-Datenbank bis auf Stellenebene modelliert (Abb. 3).

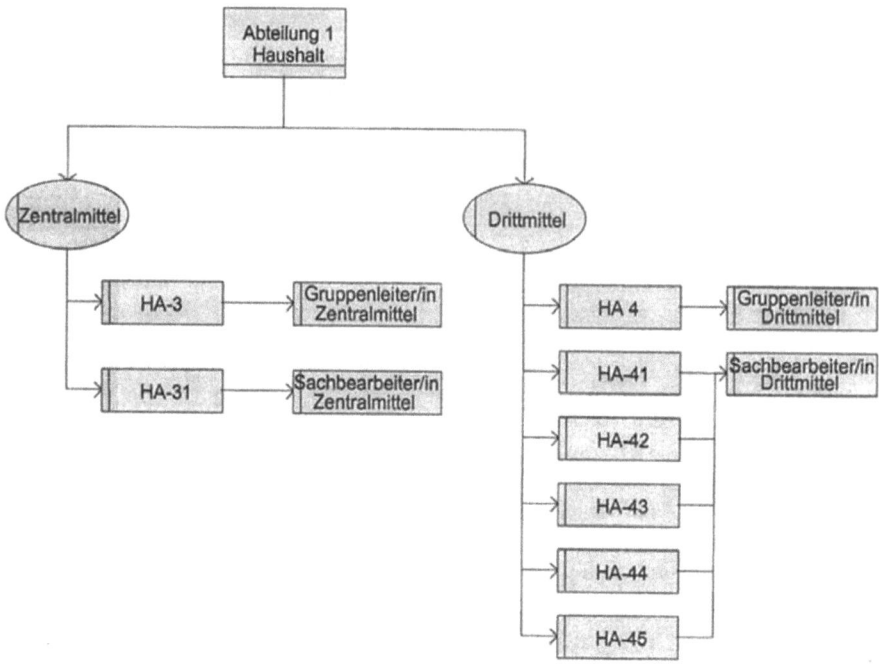

Abb. 3: Modellierung der Ist-Aufbauorganisation (Ausschnitt)

Zusätzlich wurden den einzelnen Stellen ihre Tätigkeitsprofile gemäß Geschäftsverteilungsplan der Johann Wolfgang Goethe-Universität Frankfurt als Objektattribute hinterlegt. Ein Beispiel zeigt Abb. 4.

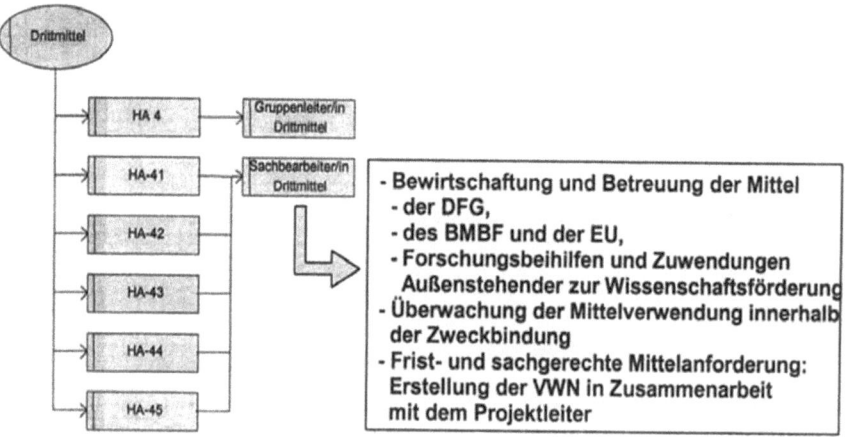

Abb. 4: Hinterlegung der Tätigkeitsprofile

Im Ergebnis lieferte dieses Vorgehen eine Datenbasis, welche hochwertige Informationen für den späteren Umgestaltungsprozess beinhaltet. Es wurde detailliert dargestellt, welche Tätigkeiten in der bestehenden Organisation ausgeführt wurden. Hiermit konnte die spätere Neugestaltung von Aufgabenzuschnitten sowie die Zuordnung von Mitarbeitern auf die neuen Stellen nach fachlichen Kriterien wirkungsvoll unterstützt werden.

3.2.2 Ist-Geschäftsprozesse

Die Aufnahme der Ist-Geschäftsprozesse wurde insbesondere für die bestehenden Bereiche des Haushaltsmanagements und der Drittmittelverwaltung, der Inventarisierung und der Beschaffung/des Einkaufs durchgeführt. Hierbei wurden die ARIS-Objekte für die Organisationselemente aus der Erhebung der Ist-Aufbauorganisation für die Modellierung der Geschäftsprozessmodelle aus der ARIS-Datenbank herangezogen.

Primäres Ziel der Erhebung der Ist-Geschäftsprozesse war das Aufdecken von Delta-Anforderungen der Johann Wolfgang Goethe-Universität Frankfurt zum SAP-Referenzmodell für die hessischen Hochschulen.

Die Ist-Erhebung machte darüber hinaus den Grad der Zentralisierung bzw. Dezentralisierung der Johann Wolfgang Goethe-Universität Frankfurt transparent. Diese Informationen stellten eine wertvolle Ausgangsbasis für die spätere Neugestaltung der Aufgabenverteilung innerhalb der Zentralverwaltung und zwischen Zentralverwaltung und Fachbereichsverwaltungen dar.

3.3 Soll-Konzeption

3.3.1 Soll-Geschäftsprozesse

Der eigentliche kreative Prozess im Rahmen des Change Management an der Johann Wolfgang Goethe-Universität Frankfurt begann mit der Definition der SAP-orientierten Soll-Geschäftsprozesse für die Bereiche Finanz- und Anlagenbuchhaltung, Haushaltsmanagement (Wirtschaftsplan und Drittmittelbereich), Controlling/Kosten- und Leistungsrechnung sowie Einkauf/Beschaffung. Die Modellierung dieser Geschäftsprozesse orientierte sich an dem SAP-Referenzmodell für die hessischen Hochschulen, welches die notwendigen Informationen für die relevanten SAP-Transaktionen lieferte, die mit dem ARIS-Objekt „Funktion" in dem ARIS-Modelltyp „erweiterte Ereignisgesteuerte Prozesskette" (eEPK) dargestellt wurden. Einen beispielhaften Ausschnitt zeigt Abb. 5.

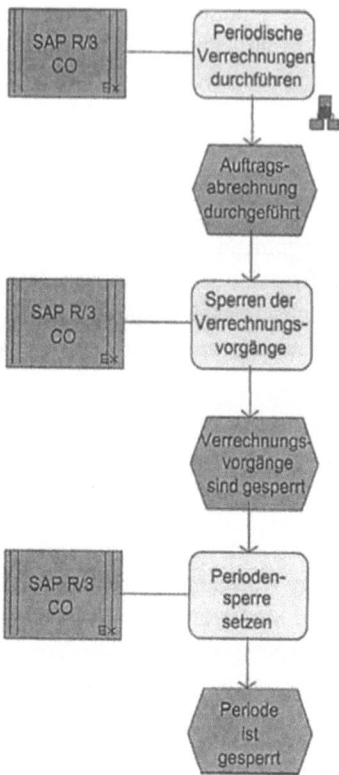

Abb. 5: Soll-Geschäftsprozess

Im Ergebnis entstand in Zusammenarbeit mir den Projektmitgliedern der Universität eine vollständige Darstellung der mit der SAP-Software abzuwickelnden Geschäftsprozesse.

Allein die intensive Auseinandersetzung mit ihren zukünftigen Geschäftsprozessen führte bei den Mitarbeiterinnen und den Mitarbeitern der Universität zu einem hohen Verständnis der fachlichen Inhalte und einer frühen Akzeptanz der Neuerungen, was sich für den weiteren Projektverlauf als äußerst förderlich erwies.

3.3.2 Soll-Aufbauorganisation

Eine besondere Herausforderung im Projektvorhaben lag in der organisatorischen Verankerung der Geschäftsprozesse. Aufgrund der Neuartigkeit der Geschäftsprozesse der kaufmännischen Buchungsweise sowie der bis dahin nicht existenten Funktionsbereiche Controlling/Kosten- und Leistungsrechnung, Anlagenbuchhaltung sowie interne Revision und deren prozessuale Integration konnte nicht von dem weiteren Bestehen der alten Organisationsstruktur ausgegangen werden. Ziel bei der Reorganisation weiter zentraler Teile der Johann Wolfgang Goethe-Universität Frankfurt war es, die neue Aufbauorganisation möglichst nachvollziehbar zu entwickeln und den Übergang von der alten in die neue Struktur mit einer möglichst geringen „organisatorischen Unruhe" zu bewirken.

Zur organisatorischen Verankerung der Geschäftsprozesse wurden zunächst Stellentypen entwickelt, welche die zukünftigen Aufgabenstellungen, abgebildet als „Funktionen" in den ARIS-Prozessmodellen, in möglichst geeigneter Weise zusammenfassten. In einem zweiten Schritt war eine Aufbauorganisation zu entwerfen, welche auf unterster Ebene die definierten Stellentypen aufweisen musste. Eine Abschätzung des auftretenden Arbeitsvolumens ermöglichte eine erste Größenbemessung (Sizing) der organisatorischen Einheiten, auf dessen Basis eine so genannte „summarische Wanderungsbilanz" erstellt werden konnte. Die summarische Wanderungsbilanz beinhaltete eine erste Zuordnung vorhandener Stellen zu den neu entworfenen Stellen. Eine Feinabstimmung und Konkretisierung der den neuen Stellen zuzuordnenden Personen erfolgte nach persönlichen Interviews mit den Mitarbeiterinnen und Mitarbeitern, in denen auch der Qualifikationsstand erfragt wurde. Aus dem Delta zwischen Soll-Qualifikation für eine zu besetzenden Stelle und der tatsächlichen Qualifikation der für die Stelle vorgesehenen Person konnten personenspezifische Qualifizierungsmaßnahmen abgeleitet werden, welche insgesamt in das bestehende Qualifikationsprogramm zu integrieren waren. Abb. 6 zeigt die einzelnen Schritte im Überblick.

- **Definition von Stellentypen (Rollen)**
- **Gestaltung der Aufbauorganisation**
- **Zuordnung von Mitarbeitern**
- **Ableitung von Qualifizierungsbedarfen**
- **Anpassung des Qualifizierungsangebotes**

Abb. 6: Vorgehen bei der Gestaltung der Soll-Aufbauorganisation

In allen Arbeitsschritten stellte die enge Abstimmung mit dem Management und dem Personalrat der Johann Wolfgang Goethe-Universität Frankfurt eine unabdingbare Voraussetzung dar.

3.3.2.1 Definition von Stellentypen

Die Bildung von Stellentypen erfolgte durch die Bündelung der ARIS-Objekte „Funktion" entlang der ARIS-Prozessketten bzw. gemäß der ARIS-Funktionsbäume in möglichst optimaler Weise. Dabei stellten die SAP-bezogenen Funktionen in der Regel Transaktionen der SAP-Module dar. Folgende wesentliche Kriterien wurden für die Bündelung von Funktionen herangezogen:

- Vermeidung von organisatorischen Brüchen entlang der Prozessketten,
- Zugehörigkeit der Funktionen zu einem SAP-Modul (z. B. Modul CO für das Controlling/die Kosten- und Leistungsrechnung) bzw. einem Fachgebiet (z. B. Kosten- und Leistungsrechnung),
- Gleichartigkeit des benötigten Know-hows,
- Hierarchische Einordnung des Stellentyps.

Abb. 7 und Abb. 8 zeigen in exemplarischer Weise vereinfachte Beispiele für die Bündelung von Funktionen zur Bildung von Stellentypen sowie für deren inhaltliche Beschreibung.

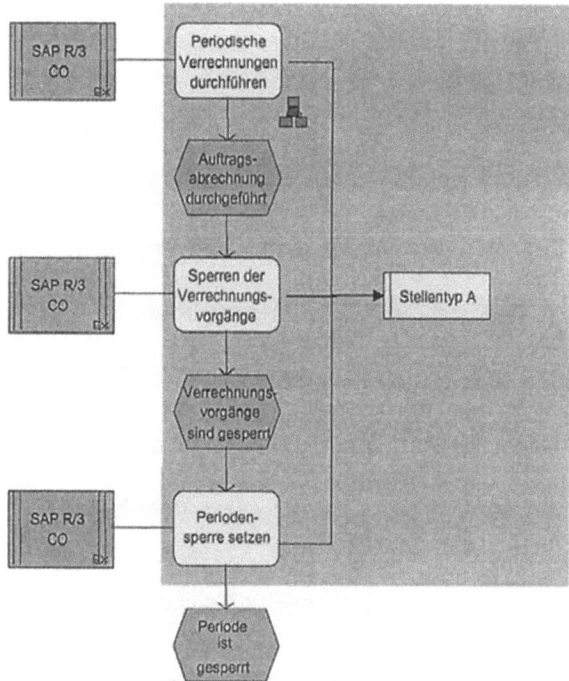

Abb. 7: Bündelung von Funktionen zur Definition von Stellentypen

Stellentyp:	Sachbearbeitung ZV KLR
Org.einheit:	Kosten- und Leistungsrechnung

Aufgaben	IT-Unterstützung	Qualifikation
■ Stammdaten, Zuordnungen und Gruppierungen pflegen ■ Einbindung in das Berichtswesen veranlassen ■ Leistungen und Kennzahlen pflegen ■ Umbuchungen/Verrechnungen/ Verteilungen durchführen ■ Kostenplanung ■ Auswertungen mittels Standard-Berichten ■ Periodenabschluss CO durchführen	■ SAP R/3 CO ■ Stammdaten: SAP R/3 FI-FM	■ Grundlagen SAP R/3 ■ SAP R/3 Modul CO sowie Stammdaten-Sicht FI-FM ■ Betriebswirtschaftliches Verständnis

Abb. 8: Stellentypendefinition

Zur Verwendung der Stellentypen auch für die Ableitung von Qualifikationsbedarfen wurden neben den SAP-bezogenen Aufgaben auch Informationen über die benötigten Qualifikationen ausgewiesen.

Alle definierten Inhalte der Stellentypen wurden den ARIS-Objekten „Stellentyp" als Attribute hinterlegt.

3.3.2.2 Gestaltung der Aufbauorganisation

Mit der Definition der Stellentypen wurde eine Grundlage für die Gestaltung der Aufbauorganisation geschaffen. Ziel der nachfolgenden Schritte war die Zuordnung von Stellentypen zu Organisationseinheiten derart, dass eine Aufbauorganisation entstand, in welcher die Geschäftsprozesse in effizienter Weise abgewickelt werden konnten. Die Definition von Organisationseinheiten und die Zuordnung von Stellentypen zu diesem Organisationseinheiten konnte dabei nicht nach einem bestimmten Algorithmus erfolgen. Vielmehr bedurfte es umfassender Abstimmungen mit dem Management und der Berücksichtigung unterschiedlichster Interessen in der Johann Wolfgang Goethe-Universität Frankfurt. Abb. 9 zeigt exemplarisch die Subsumierung von Stellentypen unter übergeordnete Organisationseinheiten.

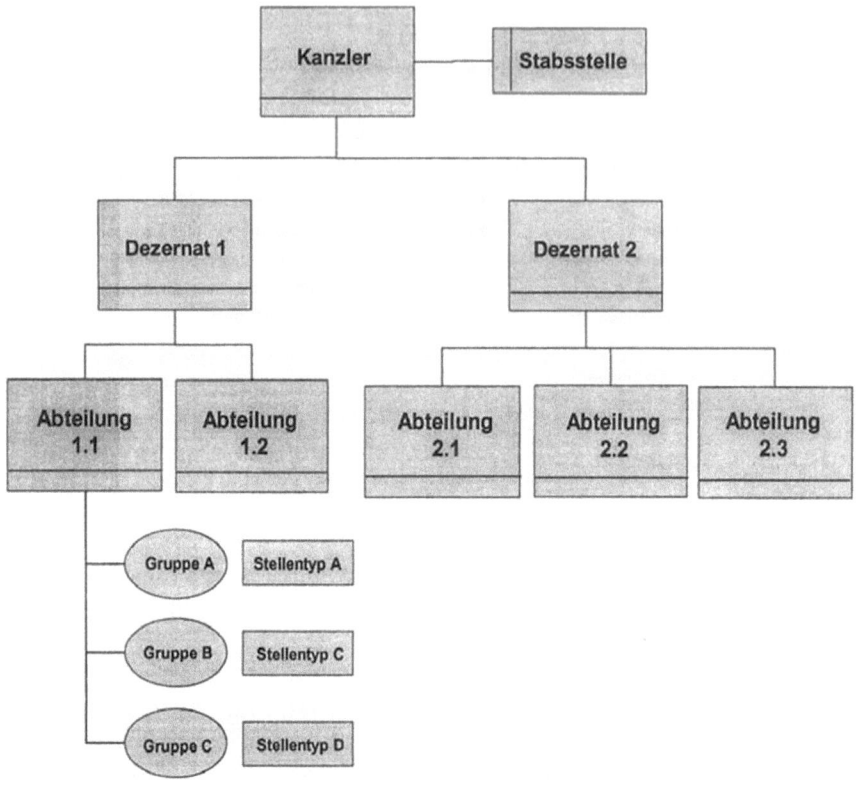

Abb. 9: Zuordnung von Stellentypen zu Organsiationseinheiten

Neben den Stellentypen wurden für die neu definierten organisatorischen Einheiten mit ihren Aufgabenfeldern exakt beschrieben und die bestehenden Prozessintegration transparent dargestellt.

3.3.2.3 Zuordnung von Mitarbeiterinnen und Mitarbeitern

Besondere Zielsetzung im Rahmen des Change Managements an der Johann Wolfgang Goethe-Universität Frankfurt war die optimale Zuordnung aller vorhandenen Mitarbeiterinnen und Mitarbeiter zu den neu geschaffenen Stellentypen und organisatorischen Einheiten. Dies wurde in zwei Schritten realisiert:

1. Erstellung einer „summarischen Wanderungsbilanz" zur ersten groben Abschätzung einer möglichen Stellenzuordnung:

   Für die „summarische Wanderungsbilanz" wurde zunächst eine grobe Abschätzung der Anzahl der benötigten Arbeitskräfte je Stellentyp vorgenommen. Diese basierte vor allem auf den Volumina durchzuführender Buchungen für jeden Stellentyp und der damit verbundenen zeitlichen

Beanspruchung. Die Validierung der Bemessung erfolgte mittels allgemeiner Kennzahlen für die durchschnittlichen Dauern von SAP-Buchungsprozessen. Abb. 10 zeigt den grundsätzlichen Entwicklungspfad für die Optimierung der mengenmäßigen personellen Besetzung im Überblick.

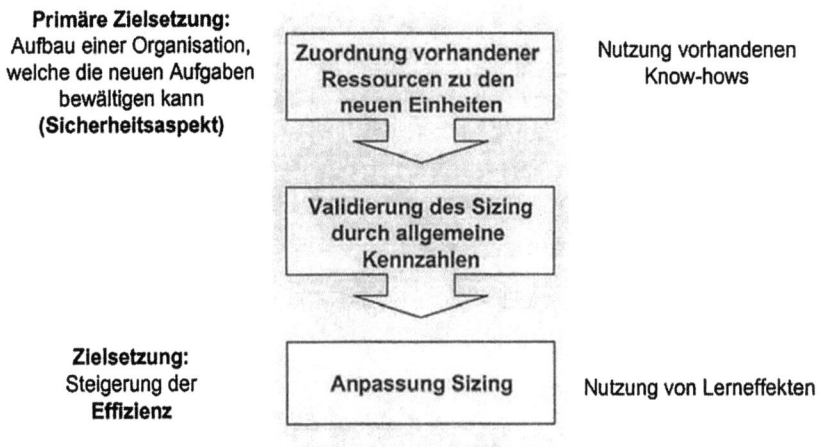

Abb. 10: Grundsätzlicher Sizingablauf

Für die Beantwortung der Frage, welche Mitarbeiterinnen und Mitarbeiter der Universität die zukünftigen Stellen besetzen sollten, wurde nach einer der zukünftigen Aufgabe möglichst ähnlichen, bestehenden Tätigkeit gesucht. Ein exemplarisches Beispiel einer solchen groben Zuordnung zeigt Abb. 11.

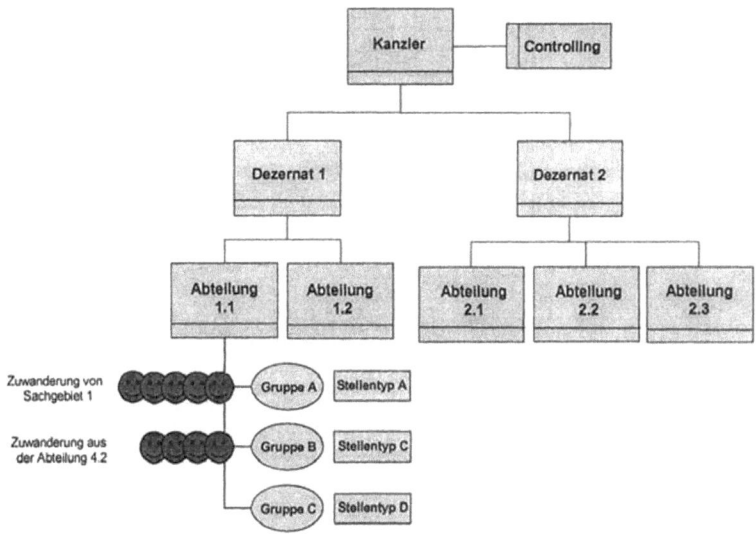

Abb. 11: Ergebnis „summarische Wanderungsbilanz"

Dabei wird die Anzahl der benötigten Personen in den organisatorischen Einheiten durch die Anzahl der dargestellten Köpfe ausgewiesen.

2. Erarbeitung einer „personenbezogenen Wanderungsbilanz" zur Zuordnung einzelner Mitarbeiterinnen und Mitarbeitern zu den Elementen der neuen Organisationsstruktur:

Zur Feststellung der Eignung für einen bestimmten Stellentypen wurden Einzelgespräche mit allen betroffenen Personen geführt, in denen insbesondere folgende Tatbestände erhoben wurden:

- Ausbildung/Know-how,
- bisherige berufliche Tätigkeiten,
- Entwicklungspotenziale,
- „persönliche Vorlieben",
- Eingruppierung.

Um eine möglichst hohe Akzeptanz für diese Zuordnungen zu bewirken, wurden die zukünftigen Aufgabenfelder und Tätigkeiten mit den betroffen Personen ausgiebig diskutiert. Dabei stellten die ARIS-Modelle der Soll-Geschäftsprozesse eine wirkungsvolle Visualisierungshilfe dar. Das Ergebnis dieses Vorganges ist exemplarisch in Abb. 12 visualisiert.

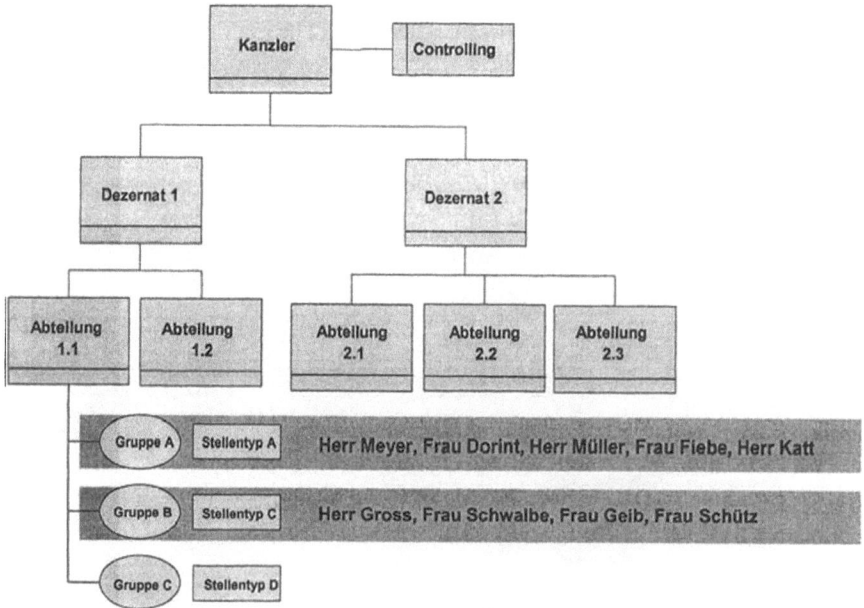

Abb. 12: Ergebnis „personenbezogene Wanderungsbilanz"

Die ARIS Methodik zur Unterstützung des Change Management

Die abschließende Zuordnung wurde mit allen Beteiligten intensiv abgestimmt.

3.3.2.4 Ableitung von Qualifizierungsbedarfen

Aus dem Vergleich zwischen den Anforderungsprofilen für die Stellentypen und den in den persönlichen Interviews erhobenen Qualifikationsständen bei den Mitarbeiterinnen und Mitarbeitern war es möglich, die personenbezogenen Qualifikationsbedarfe abzuleiten. Ein exemplarisches Beispiel zeigt Abb. 13.

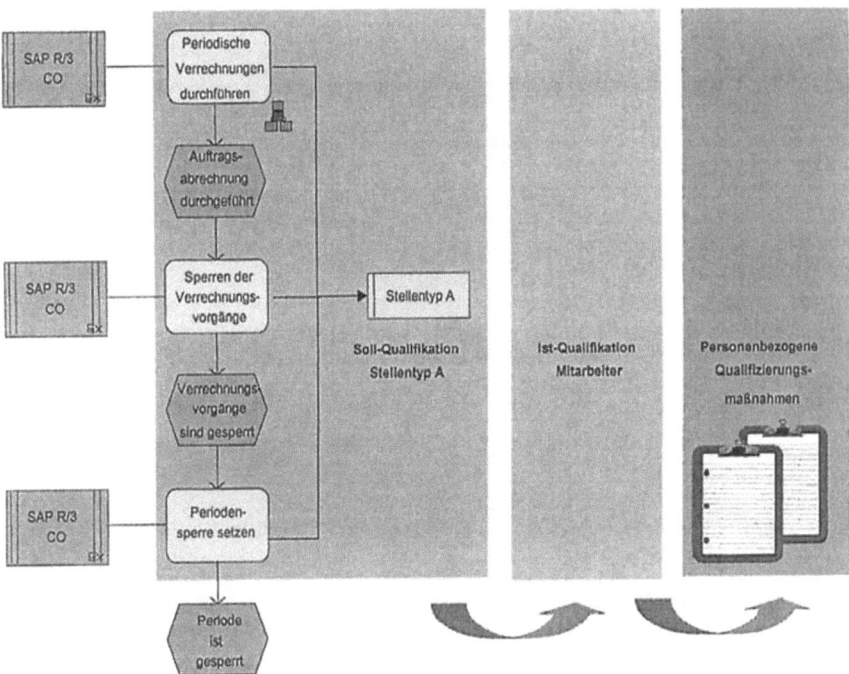

Abb. 13: Ableitung personenbezogener Qualifizierungsbedarfe

Neben den reinen SAP-bezogenen Schulungsmaßnahmen stellten betriebswirtschaftliche Qualifizierungen einen besonderen Schwerpunkt dar. In Einzelfällen wurden auch persönlichkeitsbildende Maßnahmen empfohlen.

3.3.2.5 Anpassung des Qualifizierungsangebotes

Sofern die festgestellten personenbezogenen Qualifizierungsbedarfe durch das bestehende Schulungsangebot abgedeckt werden konnten, erfolgte die Buchung der entsprechenden Qualifizierungsmaßnahmen für die Mitarbeiterinnen und Mitarbeiter. Für Qualifizierungsbedarfe, die im bestehenden Qualifizierungskonzept bis dahin nicht berücksichtigt waren, konnte das vorhandene Angebot entsprechend erweitert werden. Den allgemeinen Zusammenhang zeigt Abb. 14 in einem exemplarischen Beispiel.

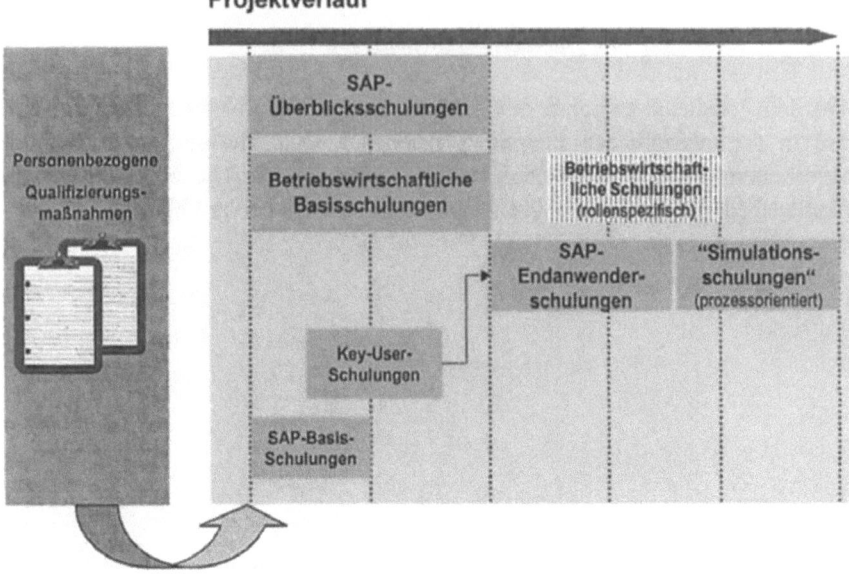

Abb. 14: Anpassung des Qualifizierungsangebotes

4. Zusammenfassung (Lessons learned)

Die Johann Wolfgang Goethe-Universität Frankfurt hat den Übergang in die neue „SAP-Welt" mit Bravour gemeistert. Als der Kanzler der Universität zur Produktivsetzung des SAP-Systems die initiale Buchung durchführte, konnte er sich auf ein qualifiziertes und motiviertes Team von Führungskräften und An-wendern verlassen, welche sowohl mit den Abläufen des SAP-Systems als auch mit den neuen betriebswirtschaftlichen Konzepten und Denkweisen hervor-ragend vertraut waren.

Hierfür hat der konsequent prozessorientierte Ansatz im Rahmen der Durchführung des Change Management seinen Beitrag geleistet. Die einführungsbegleitende Visualisierung der neu zu erlernenden Geschäftsprozesse mit dem ARIS Toolset hat den zukünftigen Anwendern anschaulich gemacht, was in sonst eher „technokratischen" Softwareeinführungen kaum thematisiert wird: Das Verständnis für die konkreten Arbeitsabläufe der zukünftigen User und deren Einbindung in stellen- und abteilungsübergreifende Zusammenhänge. Auf diese Weise konnte bei den betroffenen Mitarbeiterinnen und Mitarbeitern der Johann Wolfgang Goethe-Universität Frankfurt von Beginn an ein Verständnis für die neuen Geschäftsprozesse entwickelt werden und eine Sicherheit erlangt werden, die in einer hohen Motivation und in einem gesunden „Mut für das Neue" ihren Niederschlag fand.

Das Projekt hat zudem gezeigt, dass mit der konsequenten Nutzung einer ARIS-Datenbank weite Nutzenpotenziale im Rahmen eines Change Management-Prozesses erschlossen werden können. So bilden die Geschäftsprozessmodelle eine hervorragende Ausgangsbasis für die Beschreibung von Stellentypen, zur Entwicklung der Aufbauorganisation, der Zuordnung von Mitarbeitern und der Ableitung von Qualifizierungsbedarfen.

Als Wissensbasis richtig genutzt stellt die ARIS-Datenbank darüber hinaus nach Projektende eine hervorragende Grundlage für die Fortschreibung organisatorischer Änderungen und für den Wissenserwerb neuer Mitarbeiterinnen und Mitarbeiter dar.

Prozessmanagement mit ARIS bei der Immobilia AG

Gregor Greinke, Sascha Zinflou

SECO Consult, Universitätsstrasse 142, 44799 Bochum

Zusammenfassung:

In dem folgenden Beitrag wird ein mit dem Werkzeug ARIS unterstütztes Projekt bei der Immobilia AG[1] beschrieben. Im Zentrum stehen das Projektvorgehen und die Möglichkeiten die mit ARIS aufgenommene Prozessdokumentation auszuwerten und in die Konzeption und Implementierung eines zertifizierungsfähigen Qualitätsmanagements einzubringen.

Schlüsselworte: Prozessmanagement, QM-System, Prozessanalyse

---

[1] Name des Unternehmens wurde geändert.

1 Einleitung

Zielsetzung

Mit dem folgenden Beitrag *ARIS in der Praxis* wird ein mit dem Werkzeug ARIS unterstütztes Projekt bei einem Unternehmen der Immobilienbranche beschrieben. Es soll erläutert werden, wie auch mit einem vergleichsweise geringen Resourceneinsatz ein Qualitätsmanagementssystem aufgesetzt und bis in die Implementierungsphase begleitet werden kann.

Vorgestellt werden sollen als Hilfsmittel ein strukturiertes Vorgehensmodell und die umfangreiche Nutzung der für das Werkzeug ARIS verfügbaren Auswerte- und Publikationsmöglichkeiten, um für den Kunden auch nach kurzer Projektdauer bereits sichtbaren Nutzen zu schaffen und die Akzeptanz bei allen Projektbeteiligten sicherzustellen.

Leitgedanke dieses Beitrages ist wie auch bereits in dem hier zu beschreibenden Projekt, dass für den Kunden nicht Methodik und Softwarelösungen beim Prozessmanagement mit ARIS im Vordergrund stehen, sondern dass dies Werkzeuge sind, die die Berater mitbringen müssen.

Der Kunde: Immobilia AG

Der Kunde bietet sämtliche Leistungen eines professionellen Immobilienmanagements für Büro- und Gewerbeimmobilien. Das vom Kunden betreute Immobilienvermögen umfasst knapp 50 Mio. Quadratmeter Grundstücks- und etwa 20 Mio. Quadratmeter Gebäudefläche an rund 800 Standorten weltweit. Das Portfolio umfasst Büro-, Produktions- und Spezialimmobilien – ein Netzwerk hochintegrierter Gewerbeimmobilien. Die Dienstleistungen umfassen Portfolio Management, Immobilienentwicklung und -verwertung, Vermietung und Services sowie Entwicklung und Führung von Bauprojekten.

Die Berater: SECO Consult

Das Unternehmen SECO Consult ist seit 1996 als Dienstleister für Prozess- und Qualitätsmanagement tätig. Kerngeschäft der SECO Consult ist neben der Dokumentation, Analyse und Optimierung von Geschäftsprozessen, die prozessorientierte ISO-Zertifizierung sowie die Sollprozessimplementierung.

2 Ausgangssituation

Die Abteilung für Organisation und Informationstechnologie beauftragt im Rahmen einer eBusiness Initiative SECO Consult mit der Durchführung einer Ist-Aufnahme und Analyse der Geschäftsprozesse mit ARIS einschließlich der Abbildung der dortigen Anwendungssystemlandschaft. Auf den Ergebnissen der Modellierung soll in Zukunft ein Prozessmanagementsystem mit dem Ziel der Optimierung der Geschäftsprozesse und der prozessorientierten Gestaltung der Anwendungssystemlandschaft im Sinne des eBusiness Gedankens aufgesetzt werden. Das Projekt wird gemeinschaftlich durch SECO Consult und der Organisationsabteilung des Kunden geplant und durchgeführt.

Die Ausgangslage stellt sich so dar, dass

- viele Bereiche der Prozesswelt nur eine sehr geringe Stabilität der Prozesse aufweisen,
- die Aufbauorganisation und die damit verbundene Aufgaben- und Rollenverteilung und –abgrenzung nicht eindeutig definiert ist,
- es keine Abstimmung zwischen den organisationsübergreifenden Hauptprozessen und ihren Schnittstellen gibt,
- Aufgaben teilweise redundant durchgeführt werden,
- die Dokumentation der Anwendungssysteme und ihrer Schnittstellen in Excel und Worddateien stattfindet, deren Konsistenz nur mit hohem manuellen Aufwand sichergestellt werden kann,
- eine Messung der Prozesse im Hinblick auf Schwachstellen und *Key Performance Indicators* nicht möglich ist.

Ziel der Dokumentation ist es, die Prozessabläufe innerhalb der Organisation transparent zu machen, sie in einem nächsten Schritt zu optimieren, die Anwendungssytemlandschaft auf die Prozessanforderungen hin abzustimmen und das Prozessmanagementsystem als Basis für den Aufbau eines zertifizierungsfähigen Qualitätsmanagements verwenden zu können. Die in ARIS dokumentierten Prozesse werden allen Mitarbeitern im Intranet des Kunden zugänglich gemacht, um alle Beteiligten an einem "Kontinuierlichen Verbesserungsprozess (KVP)" teilhaben zu lassen..

Das Projekt wird durch die Auftraggeber auf einen Umfang von 100 Beratertagen begrenzt. Um dieser Begrenzung Rechnung tragen zu können, werden von der Geschäftsführung und den Leitern der Geschäfts- und Supporteinheiten neun Hauptprozesse definiert, die dokumentiert und analysiert werden sollen. Diese Prozesse sind:

1. Immobilienstrategie entwickeln
2. Interne und externe Vermietung durchführen
3. Externe Anmietung durchführen
4. Investitionen und Instandhaltung im Bestand abwickeln (managen)
5. Forecast und Planung erstellen
6. Abschluss- und Berichterstattung durchführen
7. Verwertung betreiben
8. Projektentwicklung und Kernsanierung managen
9. Services bereitstellen
10. Querschnittsprozesse

Im Zuge des Aufbaus eines Unternehmensprozessmodells (vgl. unten Abb. 1: Die Prozesswelt der Immobilia AG) sollen zunächst auf der Basis dieser Prozesse folgende Sachverhalte dokumentiert und analysiert werden: Organisationssachverhalte, Prozesssachverhalte, IT-Sachverhalte und Auswertungssachverhalte. Die Sachverhaltsstruktur wird vom Projektteam in einem eintägigen Workshop festgelegt und als Formulierung der wesentlichen Projektziele in das Konventionenhandbuch aufgenommen (vgl. unten Abb. 2: Clustermodell mit den wesentlichen Zielen der Dokumentation).

Das eigentliche Projektvorgehen wird in sechs Phasen geplant und durchgeführt: Projektdefinition und –installation, fachliche Einrichtung des Projektes, Modellierung der Prozesse, Analyse und Aufbereitung der Ergebnisse, Ausbildung und Coaching der Mitarbeiter im Projekt sowie *Rollout* des Projektes. Fünf der sechs Phasen dieser Vorgehensweise werden nun im einzelnen vorgestellt. Wir werden hier weitgehend darauf verzichten, die Phase der Prozessmodellierung gesondert vorzustellen. Auch wenn diese Phase den größten Aufwand gemessen in internen und externen Manntagen beansprucht, so hängt ihr Erfolg und ihr Nutzen ausschließlich von der Gestaltung der übrigen Phasen ab. Wir werden uns daher im Wesentlichen auf einen Exkurs zur Modellierung von Anwendungssystemlandschaften und deren Schnittstellen im Rahmen eines Prozessmodells beschränken, die in der Praxis bislang kaum als Stärke des ARIS Toolsets gesehen wurden.

Prozessmanagement mit ARIS bei der Immobilia AG

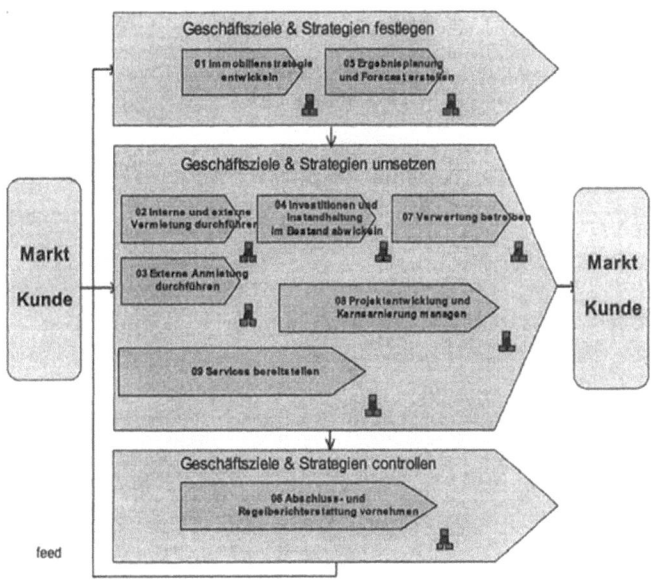

Abb. 1: Die Prozesswelt der Immobilia AG

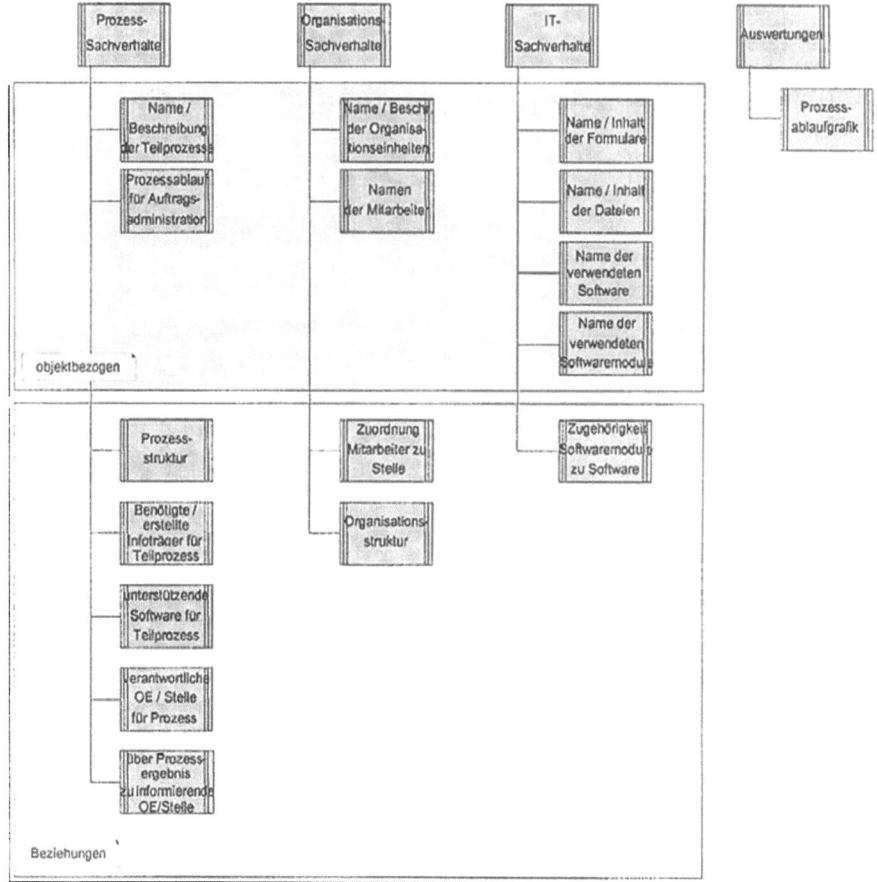

Abb. 2: Clustermodell mit den wesentlichen Zielen der Dokumentation

3 Das Projektvorgehen und die Ergebnisse

Projekt definieren und installieren

Mit der Aufnahme der eingangs beschriebenen Ausgangssituation und der Entwicklung der Sachverhalte für die Dokumentation ist bereits ein wesentlicher Teil der Projektdefinition geleistet. Auf der methodischen Seite fehlt noch die Entwicklung der Konventionen für die ARIS–Modellierung. Hierbei lassen sich die Berater von der Vorstellung leiten, dass Prozessmanagement eingeführt werden soll und nicht ARIS-Methodik. Die ARIS-Methodik wird erst vorgestellt, wenn die zu dokumentierenden Sachverhalte aufgenommen sind. Die Berater versuchen nicht, vorab eine Vorstellung der von ARIS unterstützten Beschreibungstechniken zu vermitteln, sondern für den von der Immobilia AG konkret formulierten Dokumentationsbedarf Lösungsstrategien anzubieten. Wo sie auf bereits akzeptierte graphische Darstellungsmethoden treffen, greifen sie diese auf. Dabei zeigt sich, dass es sinnvoll ist, vorgefundenen Beschreibungswelten in Bezug auf rein graphische Darstellungen (wie etwa Farben), sprachliche Benennung (IT-Verfahren statt Anwendungssystemtypen) und verschmerzbaren methodischen Abweichungen (Weglassen von Trivialereignissen) in hohem Maße aufgeschlossen zu sein und entgegenzukommen. Nur dadurch gewinnt man die Akzeptanz, um die für den Projekterfolg wichtige methodische Strenge an anderer Stelle durchzusetzen. Das Konventionenhandbuch spiegelt diese Vorgehensweise wider: Es hat einen Umfang von etwa 15 Seiten und wird auf die aufzunehmenden Sachverhalte abgestellt, so dass es nicht wie ein reduziertes ARIS–Lehrbuch wirkt, sondern den Projektbeteiligten als konkreter täglicher Leitfaden dienen kann.

Zusammensetzung des Projektes

Das Projekt setzt sich aus fünf Projektrollen zusammen. Die *Leitung* der Immobilia AG formuliert den Auftrag und sorgt für das Sponsoring des Projektes durch die Geschäftsführung der Immobilia AG. Gleichzeitig ist ein Mitarbeiter der Immobilia AG in die administrativen Tätigkeiten, d. h. in die Verwaltung der ARIS–Datenbank und die Auswertung und Publikation der Ergebnisse, einbezogen, um auch bei der Immobilia AG das Know-How für eine kontinuierliche weitere Anwendung der entwickelten Werkzeuge über das Projekt hinaus aufzubauen.

Die *externen Berater* der Firma SECO haben die Aufgabe die Prozessdokumentation in Absprache mit der Immobilia AG methodisch zu führen und umzusetzen sowie bei der Modellierung unterstützend tätig zu werden. Gleichzeitig sind sie als *Administratoren* für alle ARIS-seitigen Verwaltungstätigkeiten an ARIS-Datenbank und Software-Server zuständig. Sie liefern die Auswertungs- und Publikationstools, passen diese inhaltlich an die Erfordernisse des Projektes und formal dem Immobilia AG Intranet-*Styleguide* an und führen die Auswertungen und die Publikation durch. Auch entfallen große Teile der methodischen Qualitäts- und Konsistenzsicherung in das Aufgabenfeld der Administratoren. Schulung der Mitarbeiter in der Modellierung und methodische Qualitätssicherung werden dabei als iterativer Prozess aufgefasst. Die Mitarbeiter sollen sicher sein, im Falle methodischer Schwierigkeiten nicht auf sich selbst gestellt zu sein.

Den *Prozessautoren* kommt bei der Geschäftsprozessmodellierung in ARIS eine Schlüsselrolle zu. Sie müssen den Prozess-Modellierern in den Fachabteilungen die Entwicklungsumgebung zur Geschäftsprozessmodellierung in den Projekten zur Verfügung stellen, sowie die methodische Abnahme der Projektergebnisse durchführen (Qualitäts- und Konsistenzsicherung). Dabei übernehmen sie mehr und mehr Aufgaben der Administratoren, so dass der zentrale Administrationsaufwand trotz einer wachsenden Anzahl von Projektbeteiligten überschaubar bleibt.

Die *Prozess-Modellierer* sind Standardbenutzer einer einzelnen Datenbank, die für die Modellierung einzelner Teil-(prozesse) innerhalb ihrer Fachabteilung verantwortlich sind.

Natürlich kommt auch ein iteratives Modell nicht ohne die Schulung der Projektbeteiligten aus. Dabei werden in der Breite jedoch nur die grundlegenden Kenntnisse für die Modellierung mit ARIS basierend auf den festgelegten Immobilia AG – Konventionen geschult. Im Verlauf des Projektes werden bei gegebenenfalls bestehendem Bedarf vertiefende Kenntnisse etwa in Bezug auf Auswertungen und Reports geschult. Wichtiger Schwerpunkt in den Schulungen ist immer auch, das Prozessverständnis losgelöst vom konkreten Werkzeug zu schulen.

Fachliche Einrichtung des Projektes

Projektkommunikationsplattform

Um die Akzeptanz für die Prozessdokumentation herzustellen, bedarf es auch einer projektinternen Kommunikationsstrategie. Zentral ist hier die schnelle Verfügbarkeit der Ergebnisse. Es wird daher die technische Plattform geschaffen um die Tagesergebnisse der Modellierung allen Projektbeteiligten mittels Intranet zur Verfügung zu stellen. Bei der projektinternen Intranetveröffentlichung werden wichtige Anregungen für die spätere unternehmensweite Publikation gesammelt. Für die Webpublikation der Prozesse wird ein Feedbacksystem aufgesetzt. Es werden unterschiedliche Empfängerkreise für die Feedbacks definiert. Per Attributkürzel werden die Modelle einer Empfängerliste zugeordnet. Bei der Gestaltung der Empfängerlisten wird darauf geachtet, dass methodische, technische und fachliche Ansprechpartner sowie die zuständigen Führungskräfte ("Hauptprozessowner") einbezogen werden. Um die Transparenz zu erhöhen, werden die gegebenen Kommentare und die Reaktionen zudem in einem Forensystem allen Projektbeteiligten zugänglich gemacht.

Aufbau der Stammdaten

Vor Beginn der eigentlichen Modellierung werden die als Stammdaten die Organisationselemente im Sinne von Rollen (z. B. Projekteur, Auftragsmanager), die Informationsträger (Dokumente und Dateien wie Mietvertrag, Zeichnung, e-mail) und die Anwendungssysteme (z. B.: SAP-System, CAD-System, CAFM-System) gesammelt und strukturiert. Hier wird vorab eine Abdeckung von etwa 80 % der Stammdaten angestrebt und auch erreicht. Ziel ist es, Inkonsistenzen durch das mehrfache Anlegen gleicher Stammdaten mit unterschiedlicher Benennung zu minimieren. Ein höherer Abdeckungsgrad ist zwar erstrebenswert, lässt sich nur mit einem schwer vertretbaren Aufwand erreichen, da die Fachabteilungen nicht über Gebühr mit der Stammdatensammlung in Anspruch genommen werden sollen. Mit den Stammdaten wird als Prozessüberbau die Wertschöpfungskette aufgenommen, die auf hoher organisatorischer Ebene abgestimmt wird.

Prozessmodellierung

Onlinemodellierung und –review, schnelle Publikation der Ergebnisse

Die Interviews zur Aufnahme der Prozesse werden unter Zuhilfenahme des ARIS-Tools durchgeführt. Der Prozessautor modelliert die Prozesse sichtbar für den Interviepartner. Vorteile ergeben sich dabei in zeitlicher und qualitativer Hinsicht: Zum einen muss der Prozess nicht zweifach dokumentiert werden, zum anderen kann der Prozessautor sofort einlenken, wenn die Darstellung aus methodischer Sicht fehlerhaft ist. Die Modellierung und das erste Review werden somit in einer Interviewsitzung durchgeführt. Gleichzeitig werden im Interview bereits formulierte Schwachstellen und Verbesserungspotenziale in die Attribute der zugehörigen Funktion aufgenommen. Damit wird vermieden, dass Berater und Führungskräfte beim späteren Redesign nicht genau wissen, an welchen Stellen Verbesserungspotenziale vorliegen und im Redesignprozess den Fachabteilungen die gleichen Fragen stellen müssen, wie schon im Rahmen der Prozessaufnahme. Dies könnte eine Möglichkeit sein, der häufig auftretenden Projektmüdigkeit in den Fachabteilungen vorzubeugen.

Die Qualitätssicherung der modellierten Prozesse findet täglich statt. Dies beinhaltet die Überprüfung der methodischen Richtigkeit und der Übereinstimmung mit den Konventionen. Gleichzeitig werden, falls erforderlich, Rechtschreibung und graphisches Layout korrigiert. Nach Konsolidierung der Datenbank, werden die Tagesergebnisse im Intranet der Immobilia AG verfügbar gemacht.

Exkurs: Modellierung von AWS-Landschaften und Schnittstellen

Eine besondere Anforderung im Projekt ist die Modellierung der Anwendungssystemlandschaft und der Schnittstellen zwischen Anwendungssystemen sowie deren Verknüpfung mit dem Prozessmodell. Wie eingangs beschrieben findet diese Dokumentation bislang in Excel- und Word-Dokumenten statt. Die Nachteile sind offensichtlich – ein solches Dokumentationssystem ist nur mühselig pflegbar, anfällig für Inkonsistenzen und bietet keine Möglichkeiten der Auswertung. Ein Teil der bisherigen Dokumentation wird durch die neue Prozessaufnahme abgedeckt: Die Anwendungssysteme sind im ARIS als Objekte modelliert. Dennoch fehlen wichtige Aspekte der bisherigen Dokumentation: Zu jedem Anwendungssystem wurde bisher ein Verfahrens-Steckbrief (in Word) gepflegt und zu jeder Schnittstelle zwischen Anwendungssystemen existiert eine in Excel gepflegte Schnittstellenbeschreibung, die zu jedem Datenfeld dieser Schnittstelle einen Satz von Informationen (Datentyp, Beschreibung, Fremdschlüssel, etc) beinhaltet. Diese Informationen gilt es jetzt in das ARIS-Modell konsistent zu integrieren.

Natürlich bietet die umfangreiche ARIS-Methodik geeignete Modell- und Objekttypen für diese Fragestellung, allerdings würde dies ein eigenes Modell für jede Schnittstelle erfordern und ein eigenes Objekt für jedes Feld einer Schnittstelle. Dieses methodische Vorgehen ist jedoch in dieser konkreten Projektsituation nicht sinnvoll, denn das Erstellen eines eigenen Modells gegenüber dem Ausfüllen eines Excel-Sheets und das Anlegen und die Attributierung eines Objektes gegenüber dem Pflegen einer Zeile in Excel, stellt bei der Vielzahl der Anwendungssystemschnittstellen bei der Immobilia AG einen erheblichen Mehraufwand dar, dem vermutlich kein zusätzlicher Nutzen gegenüber steht. Daher erscheint es sinnvoll, ARIS an dieser Stelle vom Anspruch des ganzheitlichen Dokumentationswerkzeuges zurücktreten zu lassen.

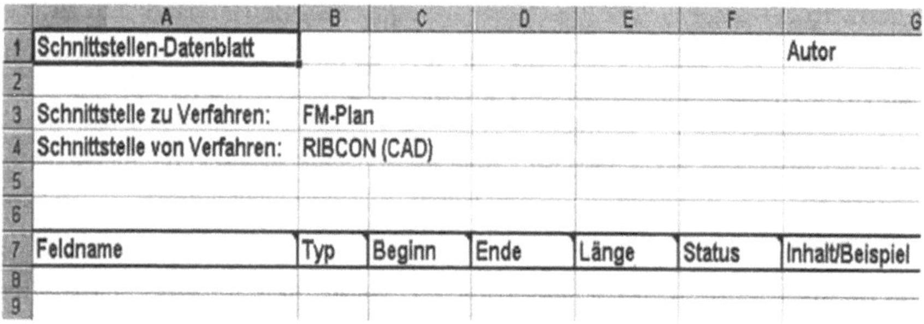

A	B	C	D	E	F	G
Schnittstellen-Datenblatt					Autor	
Schnittstelle zu Verfahren:	FM-Plan					
Schnittstelle von Verfahren:	RIBCON (CAD)					
Feldname	Typ	Beginn	Ende	Länge	Status	Inhalt/Beispiel

Abb. 3: Das generierte Excel-Sheet für die Schnittstellenpflege

Die Lösung für dieses Problem bietet eine für dieses Projekt entwickelte Schnittstelle, die an den Process-Generator erinnern mag. Die Schnittstellen zwischen Anwendungssystemen werden als Objekte in ARIS angelegt. Die Feldinformationen werden in Excel gepflegt und per Report nach ARIS übernommen. Ist die Dokumentation dieser Schnittstelle anzupassen, so wird die zugehörige Excel-Datei aus ARIS generiert. Das Verwalten der Schnittstellendokumente entfällt.

Übrig bleibt die Frage, welche Informationen über die Anwendungssystem- und Schnittstellenwelt visualisiert werden sollen. Neben den Auswirkungen auf den Implementierungsaufwand der Schnittstelle (der hier konkret in der Größenordnung von einer Mannwoche liegt), spielt vor allem die Überlegung eine Rolle, welche Darstellungen denn nachgefragt werden. Man entscheidet sich für eine lokale und eine globale Darstellung. Zu jedem Anwendungssystem wird seine

Schnittstellenumgebung als ARIS-Modell visualisiert, d. h.. die eingehenden und ausgehenden Schnittstellen mit den Quell- und Zielsystemen. Außerdem gibt es eine globale Schnittstellenübersicht, in der alle Anwendungssysteme der Immobilia AG auftauchen, wobei die durch Schnittstellen verbundenen Anwendungssysteme in diesem Modell durch Kanten verbunden sind. Um das Übersichtsmodell möglichst nah an die bisherige Darstellung anlehnen zu können, entscheidet man sich für eine manuelle Erzeugung dieses Modells. Allerdings bietet die implementierte Schnittstelle Reports zur Konsistenzprüfung, die dem Anwender konkrete Handlungsanweisungen geben, wie ein inkonsistentes globales Schnittstellenmodell zu korrigieren ist.

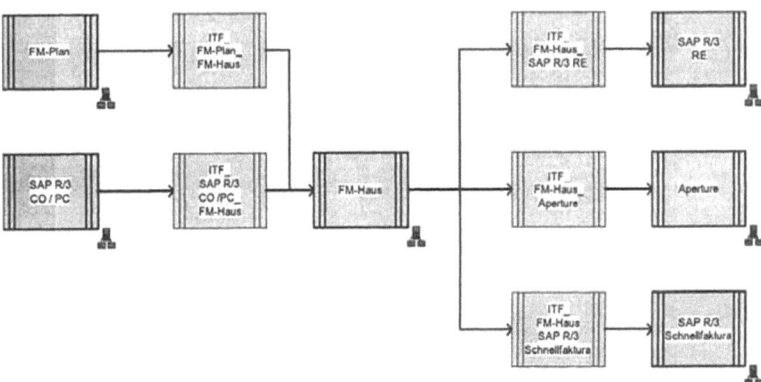

Abb. 4: Schnittstellenumgebung eines Anwendungssystems

Die Informationen, die nicht in ARIS-Modellen dargestellt werden, sind in für den Anwender nicht sichtbaren Attributen gespeichert und werden für die Publikation und Auswertung durch Reports entsprechend aufbereitet. Im Ergebnis hat eine Integration von Prozessmodellierung und AWS-Dokumentation stattgefunden, die beiden Beteiligten zusätzlichen Nutzen anbieten kann und eine reale Vereinfachung in der täglichen Arbeit darstellt. Hier zeigt sich, dass Beratung nur dann erfolgreich sein kann, wenn vorgefundenes Werkzeug nicht als gegeben hingenommen wird, sondern sich aus der konkreten Projektsituation ergebende weitere Anforderungen formuliert und auch umgesetzt werden.

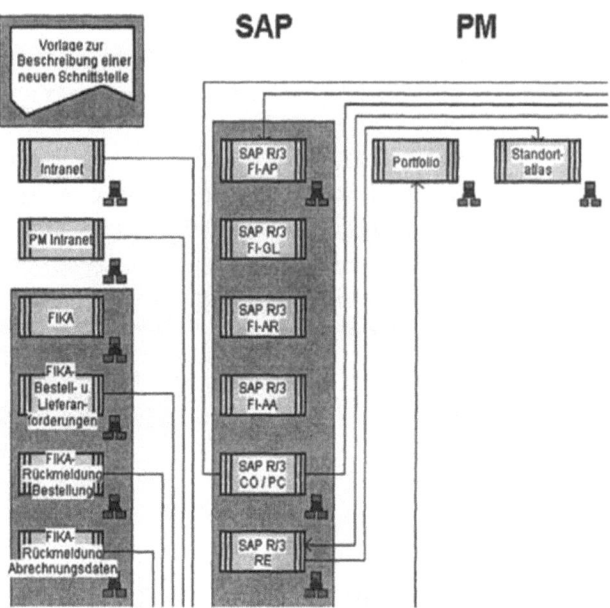

Abb. 5: Kleiner Auszug aus dem globalen Schnittstellenmodell

	A	B	AL	AM	AN	AO	AP	AQ	AR	AS	AT
1		Gruppen\Rollen	International			FC					R(
2			Intern. (L)	Intern. (MA)	RG RW (L)	FC (L)	FC A (L)	FC A (MA)	FC P (L)	FC P (MA)	RC (L)
59	50	PN05//Wipla Development & Sales erstellen//PN:DS (L)				a, s		a, m	a, m	a	
60	60	PN05//Wipla Ausland erstellen//PO:FC A (MA)	s	a	m	s		a, m	a, m	a	
61	70	PN05//Plan-Ergebnisrechnung Teilkonzern SRE erstellen//PO:FC P(L)				e			s	a	
62	80	PN05//Plan-Bilanz u. -Kapitalflussrechnung Teilkonzern SRE erstellen//PO:FC P (L)				e			s	a	
63	90	PN05//Wipla SRE Welt freigeben//PO:GF				s			e		
64		PN05//Monatlichen Forecast SRE Welt erstellen//PO:FC P (L)				s			a	a	
65		**06 Abschluss- und Regelberichterstattung vornehmen**									
66	1	PN06//Lfd. Buchführung je Gesellschaft Inland//PO: AS4 (L)						a			
67	2	PN06//Vorbereitende Arbeiten Monatsabschluss Inland//PO:FC A (L)				i	e	a, i			
68	3	PN06//Durchführung Monatsabschluss Inland//PO:									
69	4	PN06//ESPRIT Versorgung MR Welt//PO: FC P (L)								a, m	
70	5	PN06//ESPRIT Versorgung LC Welt//PO: AS4 (L)									
71	6	PN06//Erstellung Berichterstattung//PO:				s		a	e	a	

Abb. 6: Auszug aus der Rollenmatrix

Analyse der Prozesse und Aufbereitung der Ergebnisse

Auf die Unterstützung der Prozessanalyse durch technische Hilfsmittel wird in diesem Projekt von Anfang an sehr viel Wert gelegt. Mit Hilfe der ARIS Reporting Engine werden Auswertungen für die modellierten Prozesse entwickelt, beziehungsweise bestehende Auswertungen an die inhaltlichen Erfordernisse angepasst (ARIS–Reports). Dabei wird ein Teil dieser Auswertungen von Anfang an in unterschiedlichen Granularitätsstufen konzipiert, um die Ergebnisse zielgruppenspezifisch aufbereitet präsentieren zu können. So werden diese Auswertungen zwar nach den gleichen Kriterien durchgeführt, die Reportergebnisse werden jedoch unterschiedlich stark zusammengefasst. Während Führungskräfte stark aggregierte Datenaufbereitungen nachfragen (z. B. Wertschöpfungsketten), wird auf der operativen Ebene ein höherer Detaillierungsgrad (z. B. EPKs) verlangt. Bei allen Auswertungen wird auf eine ansprechende graphische Darstellung —sowohl auf dem Bildschirm als auch im Ausdruck - Wert gelegt. Zusätzlich werden Auswertungen erstellt, mit denen die in ARIS erstellten Prozessmodelle in andere von der Immobilia AG bereits akzeptierte oder im Projekt nachgefragte Darstellungsformen transformiert werden (z. B.: Tabellarische Darstellung der Funktionen, Prozesshandbücher, Verfahrensanweisungen). Insbesondere die Reports, die bereits vorgefundene Darstellungen in exakt dem gewohnten Layout aus den ARIS–Modellen ableiten, sorgen dabei für eine wachsende Akzeptanz für ARIS als zentrales Dokumentationswerkzeug des Prozessmanagements.

Rollenmatrizen

Um für Klarheit in der organisatorischen Aufbaustruktur, der Aufgabenzuordnung und der Aufgabenabgrenzung zu sorgen, werden so genannte Rollenmatrizen reportiert. Dabei werden einfach die einer Funktion zugeordneten Rollen nach der Art ihrer Mitwirkung analysiert. Unterschieden wird nach ausführenden, mitwirkenden und zu informierenden Rollen. Die Entscheidungsträger werden ausdifferenziert nach Rollen, die lediglich zustimmen müssen und Rollen die über einen Prozessschritt zu entscheiden haben. Letztere sind Rollen, die in kritischen Fällen die letzte Entscheidungsinstanz darstellen.

Nun wird eine Matrix zwischen den Rollen und den Funktionen aufgebaut und die entsprechenden Beziehungen durch Kürzel in diese Matrix eingetragen (vgl. Abb. 6: Auszug aus der Rollenmatrix). Diese Information wird nun zunächst auf Prozessebene und auf Gruppenebene aggregiert. Schließlich werden die Rollen auch nach organisatorischer Zugehörigkeit zusammengefasst. Diese Matrizen in ihren unterschiedlichen Zusammenfassungsgraden werden durch einen einzigen Report erzeugt. Mit der am stärksten aggregierten Matrix wird auf hoher organisatorischer Ebene mit der Abstimmung der Zuständigkeiten begonnen.

Scheinen die aggregierten Daten den Beteiligten nicht plausibel, so können die unterliegenden Aggregationsstufen zur Klärung herangezogen werden. Sobald die Abstimmung auf oberster Aggregationsstufe stattgefunden hat, werden die Auswirkungen auf die unterliegende Aggregationsstufe untersucht und diese Matrizen mit den entsprechenden Teilverantwortlichen abgestimmt. Schließlich wird dies bis auf die Ebene der Zuständigkeiten für einzelne Funktionen heruntergebrochen und in der ARIS-Modellierung nachvollzogen.

Durch dieses Vorgehen gelingt es, die Unklarheiten in der Aufgabenverteilung und Aufgabenabgrenzung zu beseitigen. Zusätzlich werden hier bereits redundante Funktionsausführungen aufgedeckt.

Ein ähnliches Vorgehen wird für die Anwendungssysteme gewählt, so dass auf unterschiedlichen Detaillierungsstufen dargestellt wird, welche Geschäftsprozesse von welchen Anwendungssystemen unterstützt werden und insbesondere auch welche Bereiche keinen oder nur einen sehr geringen DV – Unterstützungsgrad aufweisen.

Schwachstellenanalyse

Die Schwachstellen und Verbesserungspotenziale werden bei der Modellierung in ein gesondertes Attribut aufgenommen. Dies ist für das Vorgehen der Modellierung unter anderem deshalb von Vorteil, weil die Information damit aufgenommen und für den Moment der Prozessaufnahme nicht mehr in der Diskussion ist. Das heißt, dass bei der Modellierung Fragestellungen wie mögliche Maßnahmen, Zuständigkeit, Kosten und Einsparpotenziale nicht erörtert werden.

Dies geschieht erst im Rahmen der Schwachstellenanalyse. Die Funktionen, zu denen Schwachstellen aufgenommen worden sind, werden gefiltert und tabellarisch mit zugeodneten Rollen, Systemen und Dokumenten ausgegeben.

Zu diesen aus ARIS stammenden Daten werden zu jedem Verbesserungspotenzial Einsparmöglichkeiten, mögliche Maßnahmen, deren Kosten, Zuständigkeit und letztlich die Priorität erfasst. Die so erweiterterten Tabellen können dann als Vorlage für eine Maßnahmenentwicklung dienen (vgl. Abb. 7: Analyse der Verbesserungspotenziale).

Zwei spezielle Formen von Maßnahmen werden dabei nochmals durch gesonderte Reports unterstützt. Dies sind die Maßnahmen, die die Lenkung der Dokumente und die Gestaltung von Anwendungssystemen betreffen. Hier kann ein Dokument oder ein IT-Verfahren, von dessen Neugestaltung man sich Einsparpotenziale verspricht analysiert werden. Es werden dann die Funktionen ausgewertet, in denen das Dokument oder das Anwendungssystem vorkommt. So kann die Schwachstellenanalyse die Bewertung bereits avisierter Projekte etwa im Bereich der Anwendungssystementwicklung unterstützen. Auf eine Analyse von Verbesserungspotenzialen nach Organisationseinheit oder gar Verbesserungspotenzialen nach Rolle wird bewusst verzichtet.

Name der Funktion	Name des Prozesses	Ausführend	Beteiligt
Maßnahmen controllen & abnehmen	PN04//Instandhaltungs-/ Investitionsmaßnahmen durchführen / controllen//PO:LSC	BC SC	Lieferant

Input	Output	Systeme	Verbesserungs-potenziale
Leistungsverzeichnis Abnahmeprotokoll	Abnahmeprotokoll	SAP R/3 PS SAP R/3 IM	Das Abnahme-protokoll ist zurzeit nicht standardisiert. Dies ist absolut notwendig für die Gewährleistungs-verfolgung.

Abb. 7: Analyse der Verbesserungspotenziale

01.Immobilien-strategie entwickeln	Funktion	Key Performance Indicator
	PN01//Strategische Analyse//PO:PMA (L)//R1	-Datenqualität -Qualität und Erfahrung des Mitarbeiters
	PN01//Immobilienmarkt erfassen//PO:PMA (L)//R1	-Datenqualität
	PN01//Strategische Vorgaben bewerten (Bestand & Projekt)//PO:PMA (L) bzw PME (L)//R1	-Analyseverfahren -Mitarbeiter-Know-How -Verfügbarkeit der Daten -Qualität der Daten
	PN01//Projekte und Bestände controllen (Key Data Controlling)//PO:PM (L)//R1	-Qualität Key Data Programming

Abb. 8: Auswertung der Key Performance Indicators

Key Performance Indicators und QS-Standards

Zu jedem Prozess werden *Key Performance Indicators* aufgenommen, das heißt Kennzahlen, die für die Qualität des Prozesses entscheidend sind. Die Auswertung dieser Kennzahlen soll als Grundlage für eine spätere Messung im Rahmen des kontinuierlichen Prozesscontrollings dienen. Aus diesen auf Modellebene definierten Key Performance Indicators werden in einem weiteren Schritt messbare QS-Standards definiert, die auf der Ebene der einzelnen Funktionen zugeordnet werden. Dabei werden innerhalb der Prozesse jeweils die Funktionen oder Ereignisse markiert, an denen die Messung dieser QS-Standards beginnen soll und diejenige Funktionen und Ereignisse, an denen sie endet. Per Report wird dann ausgewertet welche Funktionen zwischen Start- und Endpunkten für die Erreichung der QS-Standards relevant sind. Diese Auswertungen dienen als direkte Vorlage für eine spätere Messung.

Prozessmanagement mit ARIS bei der Immobilia AG

	Pflege	Attribut	Inhalt
Attribute	M	Name (1)	Bei Modellen, die einem Objekt hinterlegt sind, entspricht der Modellname dem Objektname. Übersichtsmodell – Modelle der obersten Ebene einer Hierarchie – erhaltenden Zusatz „Übersicht"
	M	Verfasser (46)	Name und Telefonnummer des Interviewpartners
	M	Key Performance Indicator	Beschreibung der quantitativen und qualitativen Treiber des Prozesses (Beschwerdequote, Gesetzliche Anforderungen etc.)
	M	Process Owner	Prozessverantwortlicher
	M	Modellstatus / Status	Zeigt an ob ein Modell in Bearbeitung oder freigegeben ist.
Attribute	K	Schwachstelle / Verberbesserungspotenzial	Schwachstellen und Verbesserungen die bei der Ist-Modellierung auffallen, können hier eingetragen werden
	K	Beschreibung/Definition (9)	Beschreibung für welche Sachverhaltsdarstellung das Modell verwendet wird
	K	LNC-Titel (1224)	Parameter für Zuordnung der Modelle im Web (z.B. p für Prozesse, o für Organisation)
Pflege	M	Muss-Attribut	Attributpflege muß erfolgen. (Attribut wird zur Administration benötigt.)
	K	Kann-Attribut	Attributpflege kann erfolgen.

Abb. 9: Auszug aus der für Prozessmodelle definierten Attributierung

Reportname	Reportinhalt
Objektreports	
CreateExcelSheet.rso	Das Skript erstellt zu allen ausgewählten Schnittstellen zwischen Anwendungssystemtypen Excel-Sheets in einer Excel-Datei. Die Excel-Sheets können gepflegt und anschließend mit einem anderen Skript (ReadExcelSheets.rso) nach ARIS zurückgeschrieben werden.
Funktionsreport.rso	Report für die Schwachstellenanalyse. Dieser Report wertet Funktionen, zu den Funktionen aufgenommene Schwachstellen, sowie beteiligte Rollen und Systeme aus. **Die Objekte (Funktionen) und Tabellen (Schwachstellen) werden per Suche vorselektiert**
AWSReport.rso	Report für die Schwachstellenanalyse mit Fokus auf Anwendungssystemen. Dieser Report wertet AWS, Nutzer der AWS in Prozessen, unterstützte Funktionen, zu diesen aufgenommeine Schwachstellen, sowie beteiligte Rollen und Systeme aus.
AWS_in_Prozessen.rso	Dieser Report listet die Anwendungssystem und die dazugehörigen Prozesse auf.
InfoReport.rso	Report für die Schwachstellenanalyse mit Fokus auf Informationsträgern. Dieser Report wertet Infoträger, Nutzer der Infoträger in Prozessen, Funktionen, die die Infoträger erzeugen, lesen und modifizieren, zu diesen aufgenommene Schwachstellen, sowie beteiligte Rollen und Systeme aus.
IT-Verfahren_in_ Prozessen_rso	Dieser Report listet zu den gewählten IT-Verfahren die gepflegten Attribute, die Nutzer der IT-Verfahren in Prozessen und die unterstützten Funktionen in Prozessen und zu diesen weitere unterstützende Systeme auf.
...	...

Abb. 10: Auszug aus dem für dieses Projekt verwendeten Reportkatalog

Rollout

Mit der Freigabe der modellierten Prozesse im Dezember 2001 durch die Hauptprozessowner und die Geschäftsführung der Immobilia AG wird ein wichtiger Meilenstein auf dem Weg zu einem kontinuierlichem Prozess- und Qualitätsmanagement gelegt. Im folgendem Kapitel werden nun die weiteren Schritte aufgezeigt, wie das bestehende System innerhalb der Immobilia AG etabliert und weiterentwickelt werden kann. In der Vergangenheit wurde in vielen Unternehmen immer wieder der Fehler gemacht, dass die Dokumentation der Geschäftsprozesse zur „Schrankware" wurde und der Nutzen für den Betroffenen nicht klar genug zur Geltung kam. In den Gesprächen mit den Mitarbeitern, den Hauptprozessownern und der Geschäftsführung der Immobilia AG wird eindeutig festgestellt, dass eine Fortsetzung der Aktivitäten im Rahmen eines Prozess- und Qualitätsmanagements nur dann Sinn macht, wenn ein dauerhaftes Prozesscontrolling etabliert wird. Hier kommt immer wieder der Slogan „Miss es oder vergiss es" zum Tragen. Zudem wurde vereinbart ein Qualitätsrahmenwerk zu schaffen, das für alle Mitarbeiter greifbar und verständlich ist, um die so oft vorkommende Aversion ggü. "bürokratischen Qualitätsmanagementsystemen" auf ein Minimum zu reduzieren. Komplexe dogmatische Systeme wie die neue ISO-Norm 9000:2000 oder das EFQM-Modell (European Foundation for Quality Management) etc. werden in Bezug auf ihre Inhalte bei der weiteren Vorgehensweise zwar berücksichtigt, stehen aber nicht an erster Stelle der Überlegungen für die weitere Vorgehensweise.

Das nachfolgende Übersichtsmodell zeigt, wie das Prozess- und Qualitätsmanagementsystem idealtypisch implementiert wird.

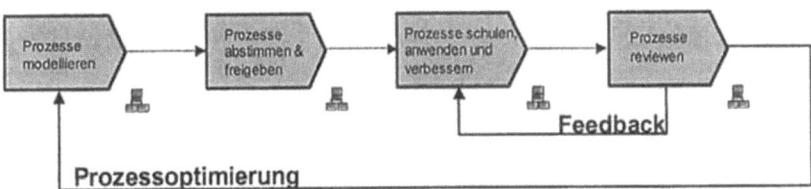

Abb. 11: Prozess- und Qualitätsmanagementsystem bei der Immobilia AG

Um alle Projektbeteiligten (Geschäftsführung, Hauptprozessowner und Mitarbeiter) für die weitere Vorgehensweise gewinnen und motivieren zu können wird Anfang Januar 2002 ein Workshop mit folgenden Fragestellungen durchgeführt:

- Wie hängen Qualitäts- und Prozessmanagement zusammen?
- Wozu ein Qualitätsmanagementsystem?
- Wie könnte ein QM-System für die Immobilia AG aussehen?

Das Qualitäts- und Prozessmanagementsystem soll in Zukunft innerhalb der Immobilia AG zu einer etablierten Gestaltungs- und Controlling-Methode werden, um

- Effektivität („die richtigen Dinge tun") und
- Effizienz („die Dinge richtig tun")

in unterschiedlichen Einsatzgebieten des Unternehmens (z. B. Prozessmanagement, Projektmanagement) messen zu können. Der interne und externe Kunde soll dabei im Mittelpunkt des Interesses (=des Prozess-Outputs) stehen.

Der Regelkreis des verabschiedeten Qualitätsmanagementsystems der Immobilia AG ist in der folgenden Abbildung dargestellt.

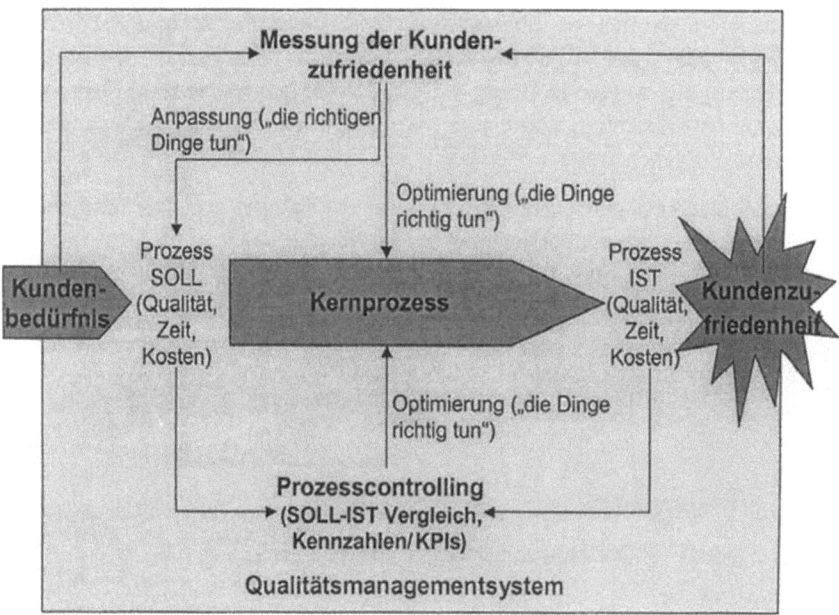

Abb. 12: Regelkreis für das Qualitätsmanagementsystem

Die Integration von Prozess- und Qualitätsmanagement soll bzw. ist bereits mit einem 12-Punkteprogramm in die Umsetzung gestartet:

1. *Qualitätsorganisation entscheiden und einführen*
2. *Schulung der Qualitätsbeauftragten in Prozess- und QM-Methodik*

3. Prozess- und QM-Marketing betreiben
4. Prozesse schulen
5. Feedback zu Prozessen einfordern
6. Feedback analysieren
7. Für die Prozess-Inputs/ -Outputs quantitative und qualitative Kennzahlen (KPIs) erarbeiten und verabschieden
8. *Für die Messung der Kundenzufriedenheit Methoden und Mittel erarbeiten und verabschieden*
9. Prozess-Inputs/ -Outputs messen
10. *Kundenzufriedenheit messen*
11. *Benchmarking*
12. Prozesse und/ oder Prozessziele nach Analyse anpassen

Die hier kursiv und fett markierten Punkte sind für den Teil Qualitätsmanagementsystem noch einzuführen, die Einführung der übrigen Punkte ist bereits im Rahmen der Einführung des Prozessmanagements beschlossen und begonnen worden. Wichtig ist dabei die Erkenntnis, dass Prozess- und Qualitätsmanagement die beiden "Seiten der gleichen Medaille" sind.

4 Worauf es ankommt

Jedes Projekt lebt von den Beteiligten aber auch von den Werkzeugen mit der die Aufgabenstellung angegangen wird. Der Spruch "schlechtes Werkzeug schlechte Arbeit, gutes Werkzeug gute Arbeit, sehr gutes Werkzeug fast gar keine Arbeit", mag ein wenig abgedroschen klingen, kann aber auch auf das beschriebene Projekt jederzeit bezogen werden.

Mit der klaren Sprache und Methodik die ARIS bereitstellt wurde eine Transparenz und Eindeutigkeit in den Abläufen vermittelt die bis dato im Unternehmen nicht vorhanden war. ARIS lieferte zudem die Möglichkeit komplexe Sachverhalte zusammenhängend darzustellen ohne den Überblick über die Prozesslandschaft zu verlieren. Das Argument „erst kommen die bunten Bilder und was kommt dann" wurde durch die umfangreichen Auswertungsmöglichkeiten von ARIS hinsichtlich der geforderten Auswertungssachverhalte eindeutig widerlegt. Im genannten Projekt wurden ca. 80 Schwachstellen und Verbesserungspotenziale aufgezeigt, mit deren Behebung bzw. Umsetzung bereits begonnen wurde. Hier sind Einsparpotenziale zu erwarten, die weit über den Projektkosten liegen dürften. Trotzdem wäre es ein wenig fahrlässig zu sagen, der Erfolg im Projekt ist ausschließlich auf das Werkzeug zurückzuführen. Müsste man dies quantifizieren würde der Anteil wahrscheinlich unter 50% liegen. Es hat sich in der Vergangenheit vielmehr herausgestellt, dass Machbarkeit, Pflegbarkeit, Anwenderfreundlichkeit und Dauerhaftigkeit für ein Prozess- und Qualitätsmanagement mindestens die gleiche Gewichtung haben dürften.

Die Unternehmenskultur darf auch nicht unterschätzt werden, da hier insbesondere auch die Erfahrungen aus der Vergangenheit immer wieder zum Tragen kommen. Zum Abschluss dieses Artikels kommen wir nun zu den Menschen. Ohne das Engagement aller Beteiligten, der Unterstützung durch die Geschäftsführung der Immobilia AG und den partnerschaftlichen Umgang zwischen Immobilia AG-Mitarbeiten und Consultants wäre ein so schneller Erfolg nicht möglich gewesen.

Der Einsatz des ARIS Toolsets innerhalb der Peugeot Deutschland GmbH - Definition und Umsetzung der B2C-Prozesse im Internet

Amaury de Bourmont

Peugeot Deutschland GmbH

Christoph Huwig

IDS Scheer AG

Zusammenfassung:

Die zunehmende Umstrukturierungswelle im Automobilhandel macht eine Analyse und Optimierung der betroffenen Prozesse notwendig. Die Definition, die Dokumentation und die Umsetzung der B2C-Prozesse in IuK-Technologie setzen den gezielten Einsatz von Methoden und Werkzeugen voraus. Innerhalb des im Folgenden beschriebenen Projektes der Peugeot Deutschland GmbH wurde von Beginn an auf die durchgängige Dokumentation der Prozesse mit dem ARIS Toolset gesetzt. Die Erfahrungen mit dem Tool innerhalb der Modellierungsphase und der Nutzen des Tool-Einsatzes für die spätere Umsetzung der Prozesse in kundenindividuelle Entwicklungen sowie deren Einführungen innerhalb der Filiale sind in dem folgenden Artikel aufgeführt.

Schlüsselwörter:

ARIS Toolset, Ballungsgebiet, B2C-Prozesse, Customer-Life-Cycle, Customer Relationship Management (CRM) erweiterte ereignisgesteuerte Prozesskette (eEPK), Filialen, Geschäftsprozesse, Internet, IuK-Technologie, Kerngeschäftsprozesse, Optimierung, Peugeot Deutschland GmbH, Pilot, Prozessdokumentation, Prozessorientierung, Roll-Out, Umstrukturierung, Wertschöpfungskettendiagramm (WKD), World Wide Web

1 Ausgangssituation und Zielsetzung

Die Peugeot Deutschland GmbH (PDG) mit Sitz in Saarbrücken zählt seit Jahren zu den bedeutensden Fahrzeugimporteuren in Deutschland. Die Sicherung des Wettbewerbsvorteils setzt sowohl innerhalb der Organisation, als auch im direkten Kundenkontakt schnelle und effiziente Prozesse voraus.

Vor diesem Hintergrund wurde 1997 das Projekt "Heute 2005" gestartet. Dieses Projekt beschäftigt sich unter anderem mit der Umstrukturierung des Händlernetzes in den Ballungsgebieten. In diesen übernimmt die Peugeot Deutschland GmbH mit eigenen Filialen und Standorten den Markt. Zwischenzeitlich wurden bereits 16 Filialen der Peugeot Deutschland GmbH deutschlandweit gegründet. Jede Filiale verfügt über mehrere Standorte in einem Ballungsgebiet, die in allen Geschäftsprozessen übergreifend zusammenarbeiten. Diese Art der Zusammenarbeit stellt hohe Anforderungen an die Organisation, die Prozessgestaltung und den zeitnahen Datenaustausch.

Hier spielt das Thema Internet und dessen Einflussnahme auf die Geschäftsprozesse des Unternehmens eine große und bedeutende Rolle. Das Internet, von seiner ursprünglichen Idee her ein kundenorientiertes und individualisiertes Portal zur Präsentation des Unternehmens und seiner Produkte, wurde zum Content des Projektes. Der Fokus lag auf der Gestaltung und Optimierung der "internetfähigen" Prozesse.

Aber was bedeutet eine solche Offenheit für das World Wide Web für eine Unternehmung im Automobilsektor und welche Auswirkungen hat diese Initiative auf die Geschäftsprozesse ?

Besonderes Augenmerk wurde im Verlauf des Projektes auf die generelle Prozessgestaltung innerhalb der Organisation, auf das spezielle Prozessdesign im Umfeld des B2C und die entsprechende gegenseitige Beeinflussung der Prozesse gelegt. Diese im ARIS Toolset abgebildeten B2C-Prozesse dienten als Basis für die späteren kundenindividuellen Internet-Entwicklungen.

Durch die Vernetzung der B2C-Prozesse mit den internen Prozessen von Peugeot und deren Integration in die IT-Systeme wurde im Projekt eine Lösung entwickelt, welche den hohen Ansprüchen der Peugeot Deutschland GmbH gerecht wurde.

Zieltermin für die Implementierung der Prozesse und die Präsentation des Internetauftritts war die Eröffnung des neuen Standortes der Peugeot Niederrhein GmbH in Neuss.

Die bisherigen Ergebnisse des Projektes sind unter *www.peugeot-niederrhein.de* zu sehen.

ns in den Ballungsgebieten" trat die Peugeot Deutschland GmbH im Oktober 2000 an die Business Unit Automotive der IDS Scheer AG heran. Die Betreuung der Thematik wurde innerhalb des Beratungshauses von den Practices Automotive übernommen. Zusätzlich wurde das Automotive-Team durch Berater aus dem Core Service Customer Relationsship Management (CRM) unterstützt. Somit stand für das Projekt ein gemischtes Team mit branchen- und fachspezifischem Know-How zur Verfügung.

2 Vorgehensweise im Projekt

Mit der Aufgabenstellung "Definition, Realisierung und Einführung der B2C-Prozesse in den Ballungsgebieten" trat die Peugeot Deutschland GmbH im Oktober 2000 an die Business Unit Automotive der IDS Scheer AG heran. Die Betreuung der Thematik wurde innerhalb des Beratungshauses von den Practices Automotive übernommen. Zusätzlich wurde das Automotive-Team durch Berater aus dem Core Service Customer Relationsship Management (CRM) unterstützt. Somit stand für das Projekt ein gemischtes Team mit branchen- und fachspezifischem Know-How zur Verfügung.

In den folgenden Meetings wurden die Projektorganisation und das weitere Vorgehen definiert. Vor dem Hintergrund der strategischen Bedeutung des Projektes für die Peugeot Deutschland GmbH wurde eine hochkarätige Projektbesetzung angestrebt und etabliert.

2.1 Projektorganisation

Ein derartiges Projekt musste von Beginn an einen hohen Stellenwert und die absolute Unterstützung durch das Top-Management erfahren. Im Sinne eines effektiven Projektmanagements wurden sowohl die durchgängige Besetzung, als auch das erforderliche Fach- und Prozess-Know-How bereitgestellt.

Das Management stellte sicher, dass die Mitarbeiter, die die geforderten Voraussetzungen erfüllten, in ausreichendem Maße für das Projekt zur Verfügung standen.

Für die Durchführung des Projektes entschied man sich von Beginn an für die in der Abbildung (Abb. 1) dargestellte dreistufige Projektorganisation, bestehend aus dem Lenkungsausschuss, der Projektleitung und den operativen Teams.

In dieser Organisationsstruktur stellte der Lenkungsausschuss das höchste Entscheidungsgremium dar. Über diesen wurden die zentralen Entscheidungen und die strategische Ausrichtung neuer Themen entscheidend gesteuert und beeinflusst. Das Gremium bestand aus den Direktoren der eingebundenen Bereiche (Direktion eigenes Netz, Direktion Marketing und der Direktion Personal & EDV) der Peugeot Deutschland GmbH, einem entsprechenden Pendant der IDS Scheer AG und der operativen Projektleitung.

Diese Besetzung sicherte die kurzen Zugriffswege sowohl innerhalb der Peugeot Deutschland GmbH als auch innerhalb des Beratungshauses zu. Der Lenkungsausschuss traf sich zu seinen Sitzungen in regelmäßigen Abständen oder wurde kurzfristig zu wichtigen Punkten einberufen.

Die zweite Ebene der Projektorganisation bildete die operative Projektleitung. Diese bestand aus je einem Vertreter der Peugeot Deutschland GmbH und der IDS

Scheer AG. Die Projektleitung war innerhalb des Projektes sowohl für die Organisation, als auch für die Koordination aller prozessübergreifender Aktivitäten verantwortlich.

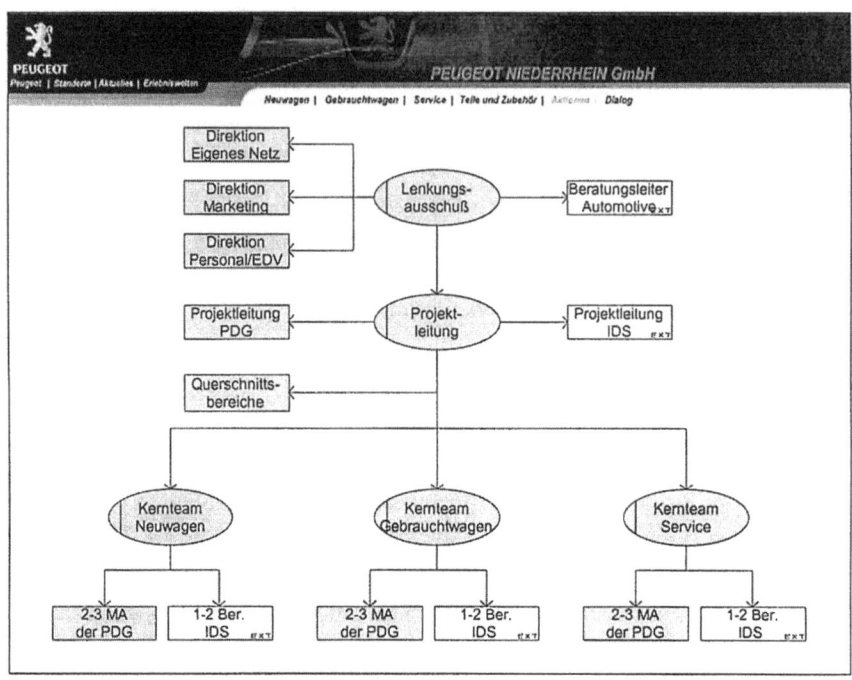

Abb. 1: Projektorganigramm

Die dritte Ebene der Projektorganisation bildeten die prozessorientiert aufgestellten Kernteams. Diese Kernteams bestanden aus den fest definierten Vertretern der involvierten Fachabteilungen und den entsprechenden Beratern der IDS Scheer AG. Die Aufgaben der Kernteams waren sowohl die Erhebung und Analyse der Ist-Prozesse, als auch die Definition und Dokumentation der Soll-Prozesse. Die definierten Kernteams wurden sporadisch zu bestimmten Themen mit Mitarbeitern aus anderen Fachabteilungen ergänzt.

In jedem Kernteam war, bedingt durch die spätere Umsetzung bzw. Integration der Soll-Prozesse in IuK-Technologie, ein ständiger Vertreter der IT/EDV Abteilung der Peugeot Deutschland GmbH vertreten.

Querschnittsbereiche, wie beispielsweise das Finanzwesen, das Personalwesen, die Marketingabteilung und die Rechtsabteilung, unterstützten diese prozessorientierte Projektorganisation.

Für die endgültige Umsetzung der Prozesse in IuK-Technologien wurde das o. g. Projektteam um ein Entwicklungsteam ergänzt, welches für die kundenindivi-

Definition und Umsetzung der B2C-Prozesse im Internet

duellen Entwicklungen aber auch für die Schnittstellen zu den Backendsystemen verantwortlich war.

Die hierdurch entstandene Matrixstruktur, mit ihrer Aufgaben- und Verantwortlichkeitsverteilung, war aus heutiger Sicht eine sehr gute Ausgangssituation für dieses Projekt.

2.2 Phasenorientierte Umsetzung

Neben der gut strukturierten und positionierten Projektorganisation waren in dem Projekt zur Neuausrichtung der Prozesse das Vorgehensmodell und das eingesetzte Werkzeug von besonderer Bedeutung. Im Rahmen des Vorgehensmodells wurde auf die bewährte Phasenorientierung mit den folgenden Phasen zurückgegriffen.

- Projektvorphase
- Phase 1 – Soll-Konzeption
- Phase 2 – Umsetzung, Integration und Optimierung
- Phase 3 – Roll-Out

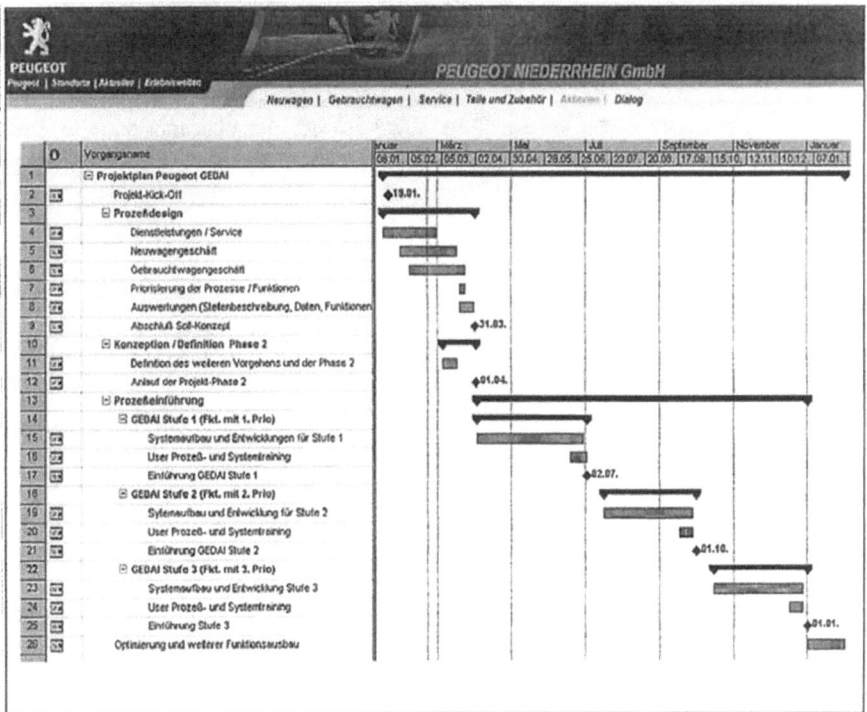

Abb. 2: Der Projektplan

Die unterschiedlichen Phasen des Projektes wurden durchgängig mit den entsprechenden Werkzeugen zur Dokumentation unterstützt. Neben den Microsoft Office Produkten kam das ARIS Toolset zur datenbankgestützten Modellierung der B2C-Prozesse der Peugeot Deutschland GmbH zum Einsatz.

2.2.1 Projektvorphase

Um im ersten Schritt das Thema zu konkretisieren und die entsprechende projektbezogene Abgrenzung vorzunehmen, wurde das Projekt mit einer sechswöchigen Projektvorphase gestartet. In dieser Projektvorphase fand zunächst eine Bestandsaufnahme und Zieldefinition statt. Die hierbei gewonnenen Informationen wurden zur Erstellung des Projektauftrages, der Erarbeitung und Verabschiedung des Zeit- und Budgetplanes aber auch für das Recruiting von Projektmitarbeitern innerhalb des Unternehmens verwendet.

Die Überlegungen der Peugeot Deutschland GmbH zur B2C-Strategie und der Prozessgestaltung wurden in dieser Vorphase diskutiert und im Team verifiziert. Besonderes Augenmerk lag hierbei auf der Umsetzbarkeit der Peugeot Prozesse in IuK-Technologie. Zur Dokumentation der erarbeiteten Ergebnisse wurde bereits in dieser frühen Projektphase das ARIS Toolset auf der Ebene von Wertschöpfungsketten eingesetzt. Weiterführende Dokumentationen erfolgten in den Office Produkten. Diese wurden, zur Ausgestaltung der durchgängigen und prozessorientierten Dokumentation, zusätzlich mit den entsprechenden ARIS-Modellen verlinkt.

Zum Projekt-Kick-Off im Januar 2001 stand sowohl der phasenorientierte Zeitplan, die Projektbesetzung, die Projektkonventionen als auch das notwendige Equipment für das Projektteam zur Verfügung.

2.2.2 Phase 1 – Soll-Konzeption

Die erste Phase des Projektes startete im Anschluss an den Kick-Off im Januar 2001. Die Dauer dieser Phase wurde mit drei Monaten veranschlagt.

Inhalte der Phase 1:

- Analyse und Konzeption der Soll-Prozesse
- Erstellung der Prozessdokumentation / Prozesshandbuch
- Priorisierung der Soll-Prozesse für die Umsetzung

Um diese Projektphase von Beginn an auf den richtigen Weg zu bringen, wurden alle Projektmitglieder direkt in den ersten Tagen des Projektes durch unterschiedliche Schulungsmaßnahmen im Umfeld des ARIS Toolsets, der eingesetzten Methodik, der definierten Konventionen und der prozessorientierten Vorgehensweise auf den erforderlichen Wissensstand gebracht.

Definition und Umsetzung der B2C-Prozesse im Internet

Bereits aus der Projektvorphase war die grobe Richtung für die Phase 1 definiert, so dass die Arbeiten der einzelnen Teams sehr schnell aufgenommen werden konnten. Die Wertschöpfungskettendiagramme bildeten die Guideline und wurden im Zuge dieser ersten Projektphase Schritt für Schritt in Form von erweiterten ereignisgesteuerten Prozessketten (eEPK) innerhalb der Kernteams definiert, analysiert und dokumentiert.

In den Kernteammeetings wurden die Kerngeschäftsprozesse diskutiert und schrittweise verfeinert. Die Dokumentation dieser Ergebnisse erfolgte in einem dreistufigen Ebenenkonzept. Die erste Ebene der Prozessmodellierung erfolgte in Form eines Wertschöpfungskettendiagramms (WKD). In diesen WKD wurden nur die für die weitere Betrachtung relevanten Bereiche aufgeführt.

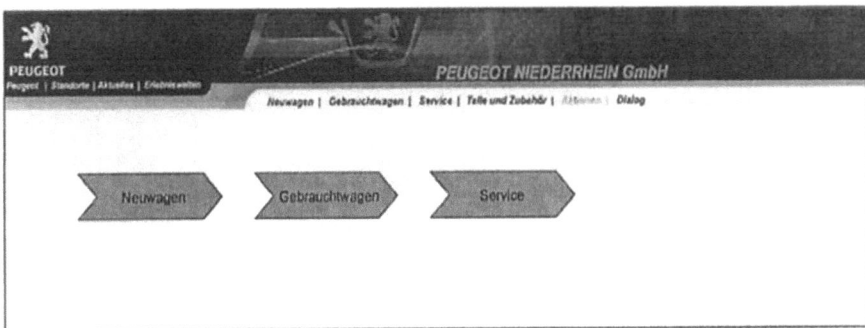

Abb. 3: Wertschöpfungskettendiagramm (WKD) auf der Ebene 1 der betrachteten Kerngeschäftsprozesse

Auf der zweiten Modellierungsebene wurden die Kerngeschäftsprozesse Neuwagen, Gebrauchtwagen und Service in einer detaillierteren Form ebenfalls in der Darstellungsform WKD beschrieben.

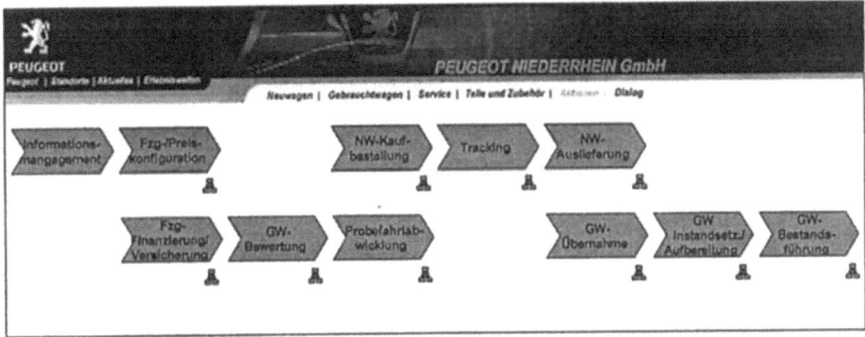

Abb. 4: Wertschöpfungskettendiagramm (WKD) auf der Ebene 2 für den Kerngeschäftsprozess Neuwagen

In diesem Modell repräsentierte jedes einzelne Wertschöpfungskettenelement wiederum einen untergeordneten Prozess, d. h.. das WKD-Element "Probefahrtabwicklung" wurde durch einen Detailprozess beschrieben. Für die Beschreibung dieser dritten Modellierungsebene fand der Modelltyp der erweiterten ereignisgesteuerten Prozesskette (eEPK) Verwendung.

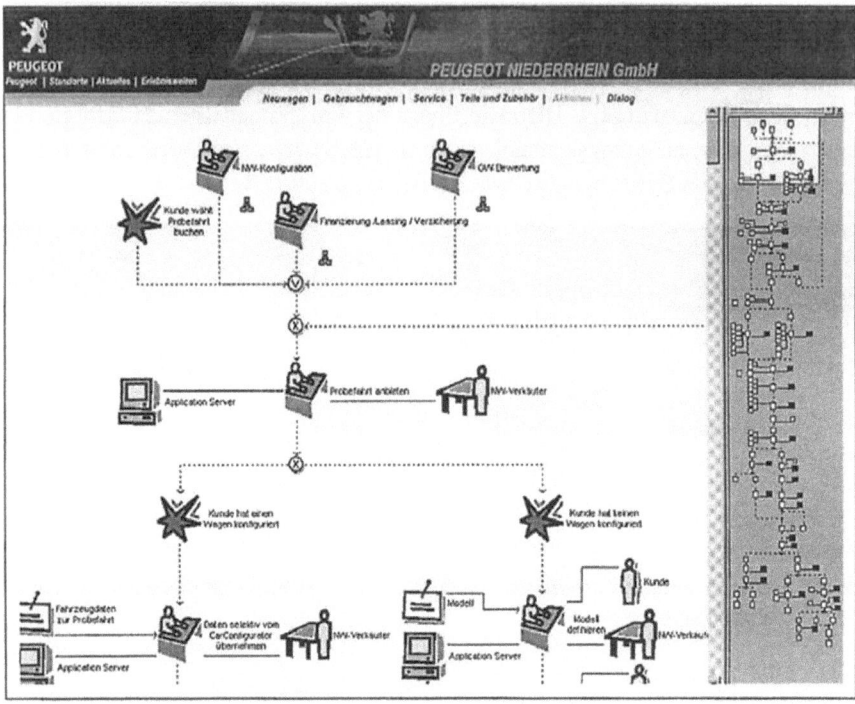

Abb. 5: Ereignisgesteuerte Prozesskette (EPK) auf der Ebene 3 für den Prozess Probefahrtabwicklung in der Darstellung Office Prozess

Diese Modellvariante eignete sich unserer Ansicht nach sehr gut zur Darstellung der detaillierten Prozessbeschreibungen. Durch den Einsatz von grafischen Elementen, wie beispielsweise Ereignissen, Funktionen, Organisationseinheiten und hardwaretechnischen Hilfsmitteln (Ordner, Telefon, Fax, ...) konnten unsere komplexen Abläufe auf verständliche Art und Weise beschrieben werden.

Wichtig war, vor dem Beginn der dezentralen Modellierung, die Definition von projektspezifischen Konventionen, die im ARIS Toolset mit Hilfe der Filtertechnologie umgesetzt wurden. Mit Hilfe dieses Methodenfilters wurde die Modell- und Objektauswahl auf die für unser Projekt erforderliche Anzahl eingeschränkt.

Definition und Umsetzung der B2C-Prozesse im Internet

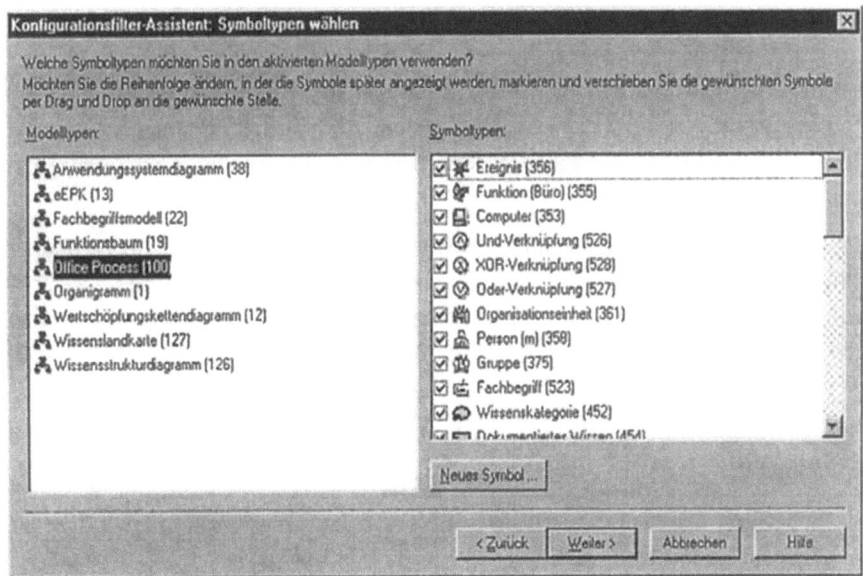

Abb. 6: Auszug aus der Konfiguration des Methodenfilters

Unter Verwendung des o. g. Methodenfilters und der Einhaltung der Konventionen wurden in den folgenden Arbeitskreisen die unterschiedlichen Prozessmodelle von den Kernteams erarbeitet und entsprechend im ARIS Toolset modelliert. Die Konventionen wurden in Form eines Handbuches bereitgestellt und dienten der einheitlichen Dokumentation, so dass dezentral erarbeitete Ergebnisse gleiches Layout besaßen und vergleichbar waren.

Innerhalb der detaillierten Prozessmodellierung auf der dritten Ebene wurden sehr schnell Synergien innerhalb der unterschiedlichen Kerngeschäftsprozesse deutlich. In diesen Fällen übergaben sich die Teams untereinander die ereignisgesteuerten Prozessketten, z. B. dem Kerngeschäftsprozess "Neuwagen" dem Kernteam "Gebrauchtwagen", zur Anpassung bzw. Ergänzung, so dass am Ende Kerngeschäftsprozesse mit dem größten gemeinsamen Nenner vorlagen.

Auf der Basis dieser Dokumentation und der vorliegenden Spezifikationen wurden gemeinsam mit dem Kernteam und dem Lenkungsausschuss die Prioritäten für die Entwicklungen und deren Implementierung vergeben.

Termingerecht lagen die Ergebnisse der ersten Phase, wie in der folgenden Aufzählung beschrieben, vor:

- Soll-Prozesse in der Form von ARIS-Modellen
- Prozesshandbuch mit Erläuterungen
- detaillierte Spezifikationen
- definierte und fixierte Prioritätenliste

2.2.3 Phase 2 – Umsetzung, Integration und Optimierung

Die zweite Phase des Projektes fokussierte sich auf die Umsetzung der Prozesse mit der Priorität 1 in IuK-Technologie, deren Aufbau und der Implementierung innerhalb der Filiale der Peugeot Niederrhein GmbH an den Standorten Düsseldorf und Neuss.

Für diese Phase wurde eine Laufzeit von neun Monaten (April 2001 bis Dezember 2001) festgelegt. Zusätzlich unterteilten wir diese Phase in kleinere Zwischenschritte. Jeder dieser Zwischenschritte unterteilte sich in Meilensteine, so dass eine ausreichende Transparenz des Projektfortschrittes und die Möglichkeit für Quick Wins gegeben war.

Für den ersten Zwischenschritt (April 2001 bis Juni 2001) standen drei Themen im Mittelpunkt:

- Schaffung der hardwaretechnischen Voraussetzungen an den Standorten der Peugeot Niederrhein GmbH
- Umsetzung und Implementierung der Soll-Prozesse mit der Priorität 1
- Kontinuierliche Erweiterung und Aktualisierung der Prozesse

Die Schaffung der hardwaretechnischen Voraussetzungen innerhalb der Filiale der Peugeot Niederrhein GmbH und deren Standorte wurde von dem Team IT/EDV geplant, organisiert und umgesetzt. Das ausgearbeitete Konzept umfasste neben den grundlegenden Hardwareanschaffungen, wie den notwendigen Datenbank- und Applikationsservern, den I-Gates zum Aufbau der abgesicherten Kommunikation der Standorte untereinander und den relevanten Softwarepaketen auch die entsprechende Zugangs- und Berechtigungssteuerung.

Nicht nur die Voraussetzungen für die Mitarbeiter mussten geschaffen werden, auch für Kunden mussten Computerplätze in den Standorten zur Verfügung gestellt werden. Zur besonderen Akzentuierung der neuen Lösung wurden in den unterschiedlichen Standorten Kommunikationsinseln aufgebaut, die dem Kunden unterschiedliche Möglichkeiten der Informationsbeschaffung bereitstellten. Auf diesen Inseln wird dem Kunden die Möglichkeit geboten, sich mit Hilfe von Videofilmen oder auch mit dem Internet sowohl über die Marke Peugeot als auch über einzelne Produkte zu informieren. Die Terminals geben Ihm weiterhin die Chance, das komplette Leistungsportfolio von *www.peugeot-niederrhein.de* direkt vor Ort zu nutzen und damit ein erweitertes Informationsangebot in Anspruch zu nehmen.

Definition und Umsetzung der B2C-Prozesse im Internet 129

Abb. 7: Die Kommunikationsinsel am Standort Neuss

Neben der konzeptionellen Arbeit stand auch die Umsetzung der Prozessmodelle in Programmcode an. Auf der Basis der ARIS-Prozesse wurden die Fachkonzepte für die Programmierungen erarbeitet. Hierbei stand die Prozessorientierung und die Bedienerfreundlichkeit der späteren Internetanwendungen im Mittelpunkt.

Am Beispiel des Tools zur Online Buchung einer Probefahrt soll das Zusammenspiel der Prozessmodelle und der Programmentwicklung verdeutlicht werden.

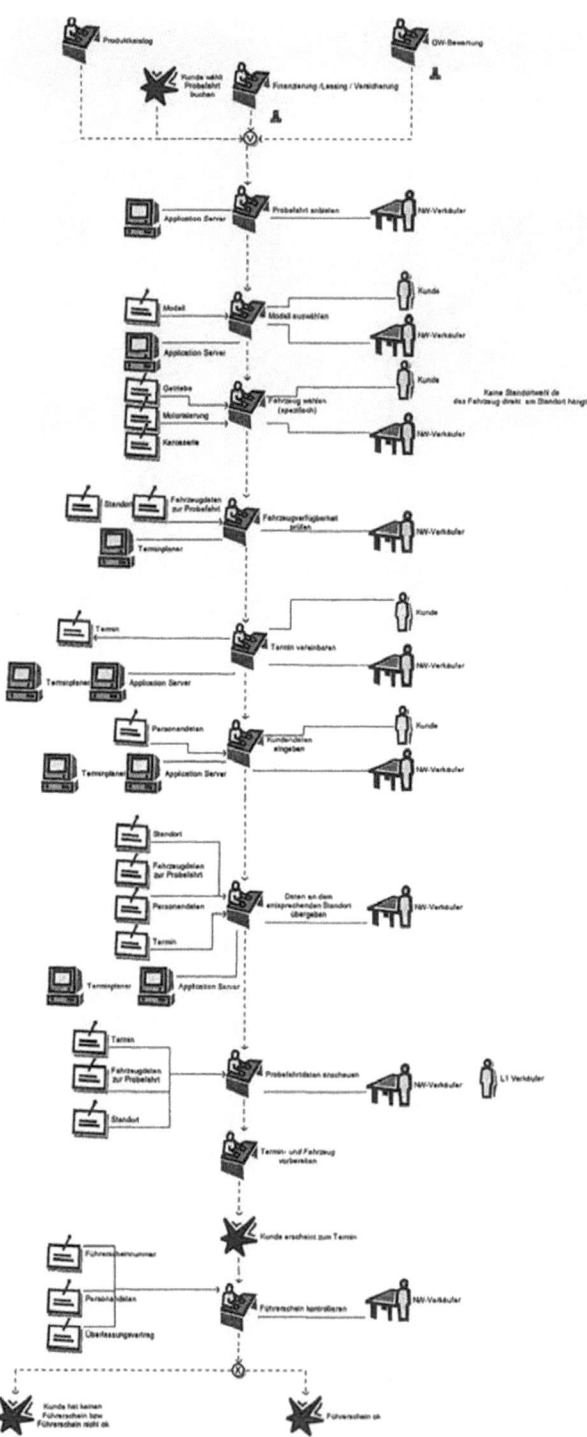

Abb. 8a: Auszug aus dem Prozessmodell Probefahrtabwicklung; Fortsetzung auf Seite 131

Definition und Umsetzung der B2C-Prozesse im Internet

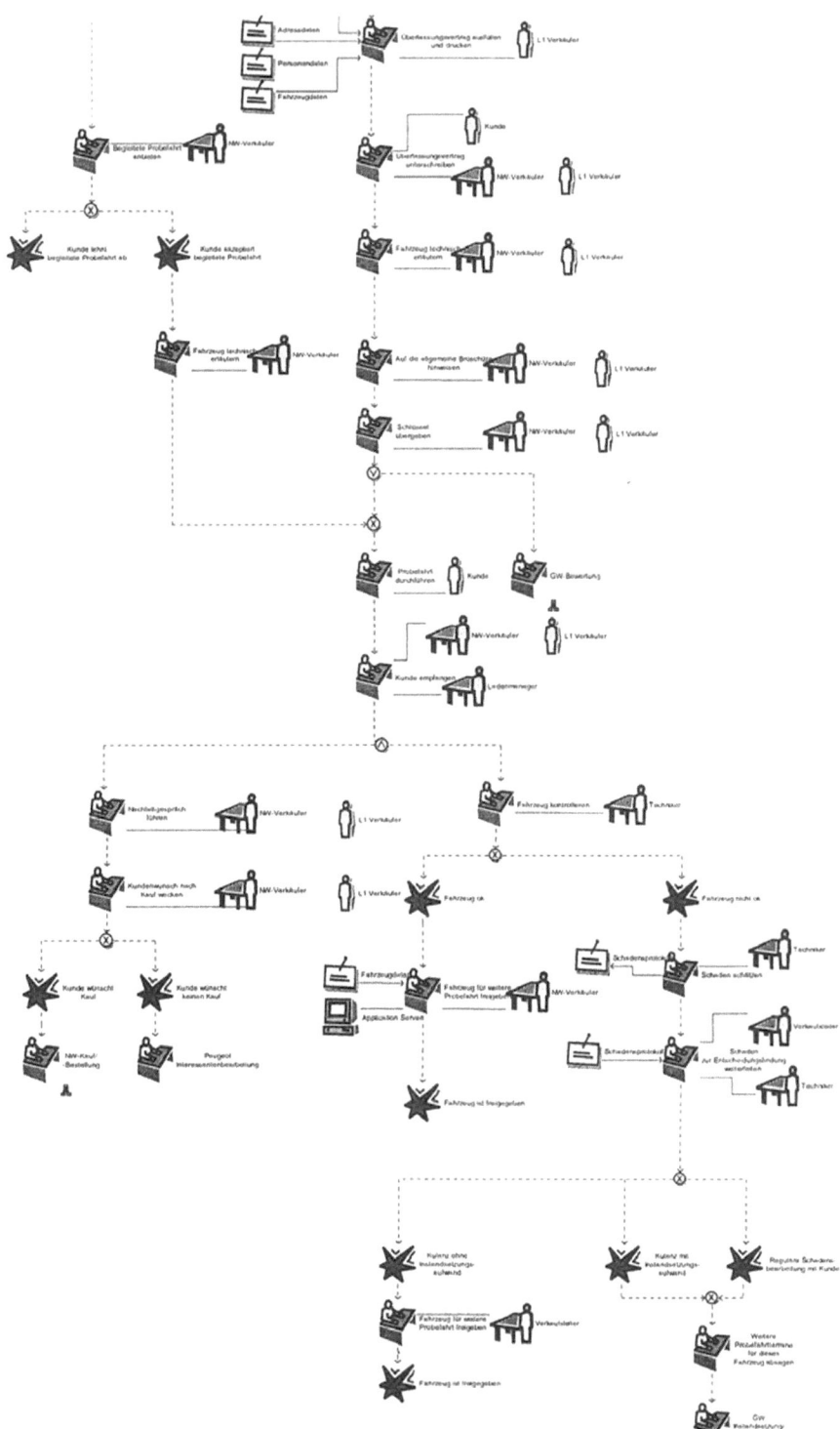

Abb. 8b: Auszug aus dem Prozessmodell Probefahrtabwicklung; Fortsetzung von Seite 130

Das vorliegende Prozessmodell beschreibt beispielhaft auf welchen Wegen ein externer Besucher auf die Seite der Probefahrtbuchung gelangen kann. Welche Funktionen er im Verlauf des Prozesses benötigt und über welche Schnittstellen er einen weiteren Prozess starten oder diesen verlassen kann. Die Wege stellen in der späteren Internetanwendung die einzelnen Links für die Navigation innerhalb der Prozesse und deren Teilprozessen dar.

Ein Kunde betritt *www.peugeot-niederrhein.de* und informiert sich innerhalb der allgemeinen Produktinformationen über ein spezifisches Modell, beispielsweise den Peugeot 206 CC. Er navigiert durch die unterschiedlichen Seiten der Produktbeschreibung, durch den Fahrzeugkonfigurator und erhält auf diesem Weg sein favorisiertes Fahrzeug. Sein Prozess "Suche nach einem neuen Fahrzeug" ist an dieser Stelle nicht beendet, sondern er startet eine Prozess-Schnittstelle einen weiteren Prozess. Mögliche Folgefunktionen sind an dieser Stelle der direkte Kontakt zu einem Verkaufsberater mittels des Call-Me-Back-Button oder E-Mail oder die Online-Reservierung einer Probefahrt.

Im vorliegenden Fall wählt der Besucher den Link zur Online Buchung einer Probefahrt und gelangt unverzüglich zu diesem Teilprozess. Prozessorientierung im E-Business bedeutet nicht ein Zusammenführen externer Anfragen mit internen Prozessen, sondern verlangt vielmehr den Multi-Channel-Gedanken im Datenaustausch von intern nach extern und umgekehrt.

Ein einfacher Link auf die Startseite des Buchungs-Tools ist also nicht ausreichend. Vielmehr müssen die bereits gesammelten Informationen über die Wünsche des Kunden berücksichtigt werden. Im vorliegenden Fall bedeutet dies, dass der Kunde, nicht auf die Startseite der Probefahrtbuchung geführt wird, sondern direkt auf die Auswahl der vorhandenen Poolfahrzeuge des Peugeot 206 CC gelinkt werden muss.

Auf dieser Seite hat der Kunde nicht nur die Möglichkeit zwischen unterschiedlichen Ausstattungs- und Motorvarianten des 206 CC zu wählen, sondern kann sich auch für den Standort in seiner Nähe entscheiden.

Definition und Umsetzung der B2C-Prozesse im Internet 133

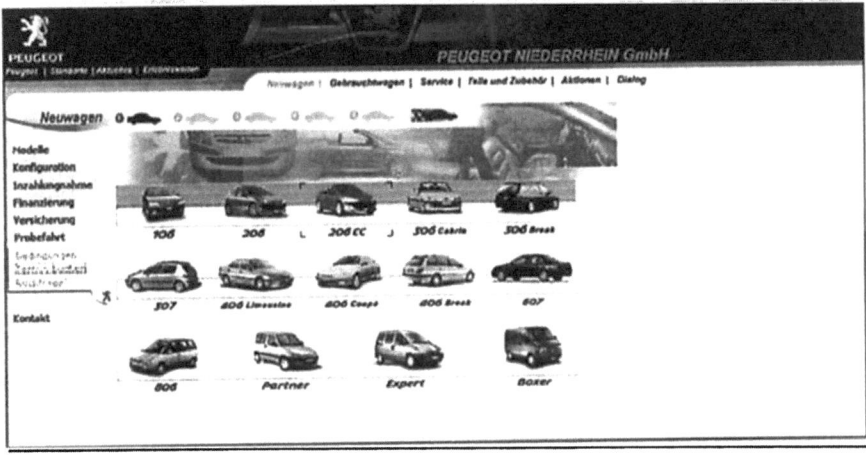

Abb. 9: Die Fahrzeugauswahl im Internet

Nach der Auswahl der Fahrzeugvariante und des Standortes erfolgt die Auswahl des Tages und der Uhrzeit. Dem Kunden werden in der Tagesansicht nur die Tage angeboten, welche dispositiv zum Zeitpunkt seiner Anfrage für eine Probefahrt noch zur Verfügung stehen. Er wählt den entsprechenden Tag aus, gelangt auf die Übersicht der noch freien Zeiten und kann hier seinen Wunschtermin für die Probefahrt auswählen.

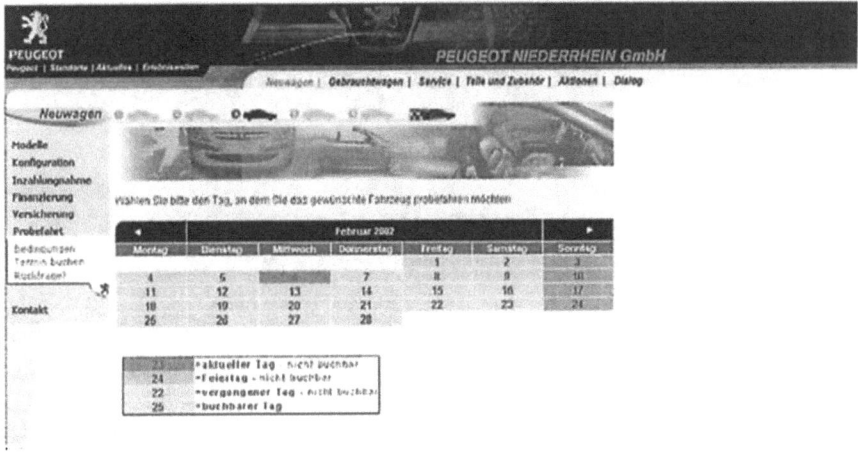

Abb. 10: Die Online-Terminbuchung

Entsprechend der Vorgabe des Soll-Prozesses steht an dieser Stelle die Personalisierung des Besuchers an. Damit wird der gewählte Termin eindeutig einem Kunden mit seinen personenbezogenen Daten, wie beispielsweise dem Vor- und Nachnamen, der Anschrift, der Telefonnummer und seiner E-Mailadresse, zugeordnet. Zum Abschluss der Buchung erhält der Kunde eine schriftliche Bestätigung, welche die wichtigsten Informationen zu seiner Probefahrtbuchung zusammenfasst.

Der beschriebene Prozess wurde gemeinsam mit anderen Prozessen, wie z. B. der Online Buchung von Wartungs- und Serviceterminen oder der Suche eines Gebrauchtfahrzeuges, im Juni 2001 im Ballungsgebiet Niederrhein implementiert und in die internen Abläufe der Standorte integriert.

Nach einigen Wochen des operativen Einsatzes der unterschiedlichen Lösungen wurden diverse Optimierungspotenziale sichtbar. Anforderungen, die sowohl Anpassungen der Prozesse zum Kunden als auch innerhalb der Organisation Niederrhein, aber auch Änderungen an den Tools notwendig machten. Diese Änderungen wurden im Sinne eines kontinuierlichen Verbesserungsprozesses zunächst in das Prozessmodell integriert und bewertet. Im Anschluss an die Bewertung und der anschließenden Freigabe für die Umsetzung wurden die entsprechenden Änderungen in den Tools realisiert.

Die jeweiligen ARIS-Modelle waren in diesem Zusammenhang eine wichtige Grundlage für die Dokumentation, die Bewertung der Auswirkungen und die Entscheidungsfindung zur Tooländerung.

Im Rahmen der o. g. Optimierungen wurden in diesem zweiten Schritt diverse Änderungen an den Prozessen und den entsprechenden Tools konzipiert, implementiert und eingeführt. Innerhalb des Tools zur Probefahrtbuchung wurde ein weiterer Schritt innerhalb des Prozesses automatisiert. Die Integration des Formulars für den "Überlassungsvertrag" in das Tool und die automatisierte Befüllung der einzelnen Felder machte eine Reduzierung des internen Aufwandes möglich.

Durch die strikte Einhaltung der Grundsätze "Datenerfassung direkt am Ort der Entstehung" und "Durchgängige Nutzung dieser Daten im Gesamtprozess" wurde sowohl dem Kunden als auch dem Standort ein erheblicher Mehrwert geschaffen.

Nicht nur die externen B2C-Prozesse wurden in dieser Optimierungsphase beleuchtet, auch die internen Prozesse und deren Integration standen auf dem Prüfstand. Bedingt durch die guten Erfahrungen mit dem Tool wurde eine erweiterte Version des Buchungs-Tools für die Erzeugung und Verwaltung von internen Terminen gefordert. Dieses Tool sollte sowohl die Anforderungen an die Administration der Fahrzeuge, als auch die gesamte Abwicklung aller Buchungen zu Probefahrten vor Ort erfüllen.

Vor diesem Hintergrund entstand ein internes Tool, welches sowohl die Möglichkeiten der standortspezifischen Buchung als auch der standortübergreifenden Buchung möglich machte. Diese neue Dimension der Zusammenarbeit stellte wiederum neue Anforderungen an die Organisation und das zugrundeliegende Prozessmodell.

Definition und Umsetzung der B2C-Prozesse im Internet

Im Bereich Neuwagen entstand ein Tool zur Bedarfsanalyse. Im Fokus stehen die Kunden, die nicht mit der Produktpalette von Peugeot vertraut sind und nach einem Fahrzeug suchen. Innerhalb der Bedarfsermittlung beantwortet der Besucher sieben Fragen durch die Auswahl von Fotos, die beispielsweise auf sein familiäres Umfeld, seine Lebenswelt und seine finanziellen Möglichkeiten abzielen.

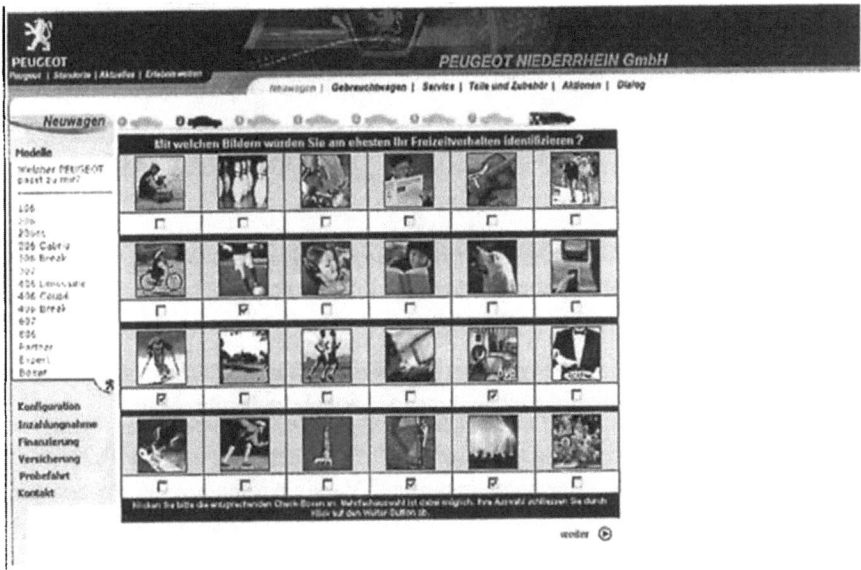

Abb. 11: Auszug aus dem Fragenkatalog zur Bedarfsanalyse

Anhand der grafisch orientierten Antworten wird im Hintergrund eine Bewertung der einzelnen Fahrzeuge aus der Produktpalette vorgenommen. Am Ende des Prozesses werden dem Kunden vier Modelle aus dem Produktportfolio angeboten.

Im Bereich Gebrauchtwagen wurde eine Suchmaschine entwickelt, die ohne Schleife über die Maske der Selektionskriterien, beispielsweise die Suche nach alternativen Marken oder Modellen ermöglicht. Die GW-Suche unter *www.peugeot-niederrhein.de* bietet dem Kunden direkt auf der Trefferliste die Möglichkeit, das System nach diversen Alternativen suchen zu lassen und ihm entsprechende Variationen im Hersteller, in der Modell- oder der Ausstattungsvariante anzubieten.

Innerhalb der Lösungen rund um den Kundenservice wurden ein Online-Shop und die Peugeot-Boutique sowohl in den Internetauftritt als auch in die internen Abläufe integriert.

In allen Fällen der Weiterentwicklungen stand die Prozessmodellierung und deren weitere Nutzung innerhalb der Qualifizierungsmaßnahmen im Vordergrund.

Der dritte Zwischenschritt bildete den Abschluss der zweiten Phase. In diesem Schritt, der von Oktober 2001 bis zum Dezember 2001 durchgeführt wurde, stand die Integration einer weiteren neuen Lösung im Mittelpunkt. Wie im Bereich der Probefahrt führten auch hier die guten Erfahrungen aus der Internetnutzung zur Ausweitung des Tools auf die Erfassung und die Verwaltung von vor Ort gebuchten Serviceterminen. Das hierfür konzipierte und realisierte Tool wurde Mitte Februar 2002 in den Standorten der Filiale Düsseldorf produktiv gestartet.

2.2.4 Phase 3 – Roll-Out in andere Filialen in Deutschland

Das positive Feedback unserer Kunden und Mitarbeiter der Peugeot Niederrhein GmbH setzte für das Jahr 2002 den deutschlandweiten Roll-Out der Lösung *www.peugeot-niederrhein.de* auf die Priorität 1.

Vor diesem Hintergrund begannen bereits im Jahr 2002 die Vorbereitungen zu dem Roll-Out. Ziel dieser Arbeiten war die Erstellung eines System- und eines Prozesstemplates.

Dieses Prozess- und Systemtemplate wird sowohl in der Durchführung des Roll-Outs, als auch in den Schulungsmaßnahmen eine wichtige Rolle spielen.

Die Einführung der unterschiedlichen Prozesse und der aufgebauten Tools wird ein erster Schritt hin zur Harmonisierung und Vereinheitlichung der Prozesse in den unterschiedlichen Filialen und deren Standorte sein. Diese Vereinheitlichung der Prozesse in den Filialen der Peugeot Deutschland GmbH schaffen Raum für zukünftige Optimierungen.

Der Zeitraum für das Roll-Out wird sich bis in das Jahr 2003 erstrecken.

3 Zusammenfassung und Lessons learned

Das gemeinsame Projekt der Peugeot Deutschland GmbH und der IDS Scheer AG verlief bis zum heutigen Zeitpunkt aus unserer Sicht sehr erfolgreich und zeigte, dass innovative Konzepte, sowohl im Bereich des Prozessmanagements als auch innerhalb des Internetauftrittes, in der Praxis positiven Anklang finden.

Drei wichtige Faktoren waren aus unserer Sicht für den Projekterfolg entscheidend.

Auf der organisatorischen Ebene war mit Sicherheit das persönliche Engagement des Projektteams von entscheidender Bedeutung. Die ehrliche und offene Kommunikation innerhalb der Kernteams und der gesamten Projektorganisation trug entscheidend zum Projekterfolg bei. Beide Projektpartner haben durch den ständigen Informationsaustausch und die wichtigen Diskussionen über die Gestaltung der Abläufe im Automobilbereich und deren Weg in das Internet stark profitiert.

Die ständige Lernbereitschaft und die Offenheit für neue Wege zeichneten das Team aus.

Ein weiterer wichtiger Erfolgsfaktor war die Verknüpfung der praxisorientierten Fachleute aus den Standorten mit den innovativen Konzepten der Berater. Aus dieser Kombination entstand über die gesamte Projektlaufzeit ein prozessorientiertes, innovatives Modell, welches in allen Einzelheiten den spezifischen Anforderungen der Praxis entsprach.

Das methodische Vorgehen, der durchgängige Einsatz der Werkzeuge und das organisations- und prozessübergreifende Denken vom Projektanfang bis zum Projektende sicherten die Ergebnisse und damit den Erfolg.

Hilfreich war in diesem Zusammenhang der Nutzen der definierten Prozessmodelle bei der Erstellung der Entwicklungsspezifikation, den späteren Tests und der entsprechenden Anwenderschulung. Hierbei wurde jedoch sichtbar, dass eine Erweiterung der Prozessbeschreibungen auf die Modellart der Input-Outputdiagramme sehr hilfreich gewesen wäre. Mit dieser Art der Modellierung und den hierin enthaltenen, weiterführenden Informationen hätten die Aktivitäten im Zusammenhang mit der Erstellung der Spezifikationen, der späteren Entwicklungen und des entsprechenden Datenbankdesigns vereinfacht bzw. beschleunigt werden können.

Die nächsten Schritte unseres Projektes werden der deutschlandweite Roll-Out und der funktionale Ausbau von www.peugeot-niederrhein.de sein.

Projektbericht zur Einführung des Prozesstools ARIS in der AXA Deutschland AG

Claudia Schiffer

AXA Deutschland AG

Zusammenfassung:

Der hier vorgestellte Erfahrungsbericht beschreibt die Einführung eines Prozesstools in der AXA Deutschland AG von der Auwahl eines geeigneten Tools bis zur Implementierung im Konzern. Neben den Rahmenbedingungen und übergeordneten Zielsetzungen wird insbesondere die Vorgehensweise als Projektbericht beschrieben. Ziel war, zur Unterstützung strategischer Erforderdenisse mittels eines geeigneten Tools homogene Prozessgestaltung und Prozessdokumentation verbindlich für den Konzern sicherzustellen. Die Einführung von ARIS wurde als Projekt gestaltet. Die Erkenntnisse und Erfahrungen über Erfolge, Ergebnisse und Problemfeldern in der gewählten Vorgehensweise werden in diesem Erfahrungsbericht zusammengefasst.

Schlüsselwörter:

Strategie, Produktauswahl, Gremien, Revision, Betriebsrat, Installation, Customizing, Schulungen, Methodik, Prozessoptimierung, Standardisierung, Intranet, Akzeptanz, Budget, Verteilung Lizenzen, Einbindung IT, Marketing, Zeit

1 Ausgangssituation

Im Zuge der Konzernstrategie war auch die Betriebsorganisation gefordert, sich eine neue Ausrichtung zu geben. Neben den klassischen Feldern einer Betriebsorganisation war u.a. der unternehmensweite Aufbau einer prozessorientierten Organisation zu treiben, dezentrale Prozessmanagementkompetenz zu unterstützen und die Klammer- und Konsolidierungsfunktion an den funktionsfähigen Schnittstellen zu verstärken.

Für die Wahrnehmung dieser Orientierung und für die übergreifende Optimierung der Prozesse ist eine Standardisierung der Methoden für die Analyse, Design, Simulation und Bewertung sinnvoll. Konkret hieß das für die Betriebsorganisation: den Einsatz moderner und einheitlicher Methoden für Prozessanalyse und –design im Konzern zu implementieren.

2 Zielsetzung

2.1 Strategische Ziele der Betriebsorganisation

Die zu implementierenden Methoden sollen homogene Prozessgestaltung und Prozessdokumentation sicherstellen, d. h. eine weitestgehende Standardisierung mit den Zielen:

- Übergreifende Prozessverknüpfungen und Optimierung an den Schnittstellen
- Geringerer Aufwand zur Identifikation von Synergiepotenzialen
- Erleichterung der fortlaufenden Pflege der Datenbasis (u.a. Re-Use)
- Systematische Identifikation von Rationalisierungspotenzialen
- Erleichterung zur Erkennung fortlaufender Optimierung für unsere Kunden
- Erhöhung der Flexibilität, auf Marktanforderungen dynamisch reagieren zu können

2.2 Projektziele

Zur Umsetzung wurde innerhalb der Betriebsorganisation ein Projekt gestartet mit dem Ziel, eine geeignete Lösung zur toolbasierten Unterstützung der von der Betriebsorganisation zu erarbeitenden Standards zu ermöglichen.

Der Projektauftrag gliederte sich in mehrere Phasen:

1. Phase:

Die erste Phase sollte die Produktauswahl eines für die AXA Deutschland qualifizierten Tools, mit einer hinreichend geeigneten Option zur internationalen Anbindung, vornehmen.

2. Phase:

Basierend auf den Ergebnissen aus Phase 1 sollten in der zweiten Phase die notwendigen Vorbereitungen ausgearbeitet werden, um die Zustimmung verschiedener Gremien zur Anschaffung eines Tools zu ermöglichen.

Gleichzeitig mit der Anschaffung sollte das potentielle Tool zu einem verbindlichen Konzernstandard für alle Prozessaktivitäten erklärt werden.

3. Phase:

In der dritten Phase sollte ein Pilot identifiziert und die Funktionen des Tools in der Praxis möglichst umfassend getestet werden.

4. Phase:

Die Einführung in der AXA Deutschland und entsprechende Weiterentwicklung bzw. Anpassung des Tools.

3 Vorgehensweise

3.1 Die Vorstufen (Phase 1 und Phase 2)

Für die Phasen 1 und 2 wurde keine engere Projektorganisation gewählt. Es wurden Mitarbeiter aus der Betriebsorganisation benannt, welche über umfassende Prozessmanagementkenntnisse verschiedener Fachbereiche verfügen, Schnittstellen zur IT abdecken und erste Kenntnisse im Umgang mit Prozessmanagementtools besaßen.

3.1.1 Phase 1: die Produktauswahl

Zur möglichst umfassenden Klärung der Anforderungen an ein Tool wurde zunächst ein Leistungskatalog erstellt, d. h. welche Grundanforderungen ein toolbasiertes Prozessmanagement im Konzern leisten soll. Darüber hinaus wurden auch etwaige Spezifika aus Fachbereichen und IT mit aufgenommen.

Neben dem Anforderungskatalog wurde eine Liste möglicher Anbieter erstellt. Um diese Liste überschaubar zu halten, wurde der Fokus insbesondere auf Anbieter gelegt, welche bereits in Finanzdienstleistungen Einsatz fanden bzw. hinsichtlich der definierten Grundanforderungen sinnvoll sein würden.

Parallel wurde in den AXA Gesellschaften geklärt, ob bereits Prozesstools (im Sinne der Ziele der Betriebsorganisation) im Einsatz sind und daher ggf. ein Standard eingehalten werden müsste.

Nach Prüfung der Grundfunktionalitäten anhand des Anforderungskatalogs, Kompatibilitätschecks zur IT im Konzern, sowie Kriterien wie Reifegrad etc. standen insbesondere 3-4 Anbieter zur Auswahl.

Mit diesen Anbietern wurden im Folgenden Gespräche geführt, Workshops veranstaltet und Probelizenzen ausgeliehen. Gleichzeitig wurden Referenzkunden besucht, welche die Prozesstools im Einsatz hatten, so dass sich auch ein praktisches Bild gemacht werden konnte.

Nach Analyse der Produkte und Prüfung der Eignung für den Einsatz in der AXA Deutschland, konnte ein erstes Ergebnis gefasst werden.

In einem nächsten Schritt wurden Verhandlungen mit verbleibenden Anbietern über den Einkauf des Produktes geführt. Aus Sicht der Betriebsorganisation sollte es ein Paket werden mit Lizenzen, Wartung, Schulung, Anpassungen etc., so dass das Tool für den geplanten Start im Sommer 2001 betriebsbereit sein würde.

Art (z. B. Voll-Lizenzen) und Gesamtzahl der Lizenzen wurde dabei von der Betriebsorganisation vorgegeben. Neben den Lizenzen für die Betriebsorganisation wurden nach Rücksprache pro Fachbereich in etwa 1-2 Lizenzen geschätzt.

Bezüglich Wartung, Schulungen, Anpassungen (Customizing, Methoden und Konventionen) war das Team jedoch auf die Beratung der Anbieter angewiesen, da der Leistungsumfang und daraus resultierende Anforderungen zu diesem Zeitpunkt nicht zuverlässig eingeschätzt werden konnte.

Schließlich führten die Verhandlungen mit IDS Scheer zu einem Angebot, so dass Phase 2 aktiv werden konnte.

3.1.2 Zustimmung Gremien und Kauf des Tools

Zur Vorlage bei den Gremien musste eine Befürwortung der Konzernrevision eingeholt werden.

Hierbei wurden über einen Zeitraum von fünf Jahren nicht nur die einmaligen Kosten der Sachinvestition berücksichtigt, sondern auch einmalige Kosten der Auswirkungen sowie die gesamten laufenden Kosten. Unter Auswirkungen waren insbesondere die Kosten für Schulung, Installation und Betrieb bei der IT, Einführungsaufwände in den Fachbereichen sowie möglicher Stellenanbau zur Betreuung berücksichtigt worden.

Einführung von ARIS in der AXA Deutschland AG

Darüber hinaus wurden zu einer ersten Illustration Nutzenpotenziale quantifiziert, welche jedoch noch keine harte Nutzenrechnung darstellen konnte. Erst ein dauerhafter Einsatz würde eine eindeutige Nutzenquantifizierung ermöglichen.

Nach Befürwortung der Konzernrevision wurde der Investition ARIS zugestimmt. Gleichzeitig wurde das Prozesstool als verbindlicher Konzernstandard verabschiedet. In Folge kam es zum Vertragsabschluss mit IDS Scheer.

3.1.2.1 Betriebsrat

Neben der Zustimmung zur Investition war es unerlässlich, frühzeitig die zuständigen Betriebsratsgremien einzubinden.

Insbesondere um eine Unterstützung und Befürwortung als Konzernstandard nach Implementierung sicherzustellen, wichtige Hinweise hinsichtlich der künftigen Anwender mit aufnehmen zu können und gleichzeitig möglichen und berechtigten Fragen bezüglich elektronischer Auswertungen (z. B. personenbezogene Daten), angemessene Sicherheit geben zu können. Solche Sicherungen wurden als Anforderungen an das Prozesstool mit aufgenommen.

Vorgestellt wurde der Leistungsumfang, Details der technischen Unterstützungen bzw. welche technischen Einschränkungen definiert sind sowie Konzepte zur Qualifizierung / Schulung der Mitarbeiter in den Fachbereichen.

Hervorgehoben wurden die Vorteile einer homogenen Prozessdarstellung über eine leicht bedienbare Dokumentation, wodurch wiederkehrende Prozessteile in den Fachbereichen wiederverwendet werden.

Durch die einheitliche Transparenz kann konkrete Hilfestellung für Mitarbeiter bei aktuellen Abläufen bzw. bei Einarbeitung neuer Mitarbeiter oder neuer Aufgabengebiete geleistet werden.

Technisch eingeschränkt wurden die Berechtigungen für Auswertungen / Analysen seitens der Fachbereiche. Dieser Leistungsumfang kann nur im Auftrag der Fachbereiche von Einheiten mit Administratorenrechten vorgenommen werden. Administratorenrechte haben die Betriebsorganisation und der Betriebsrat.

Nicht definiert sind Funktionen zu personenbezogenen Daten oder Analysen einzelner Mitarbeiter Prozesse. ARIS dient der Stärkung der Prozessorientierung der Fachbereiche, nicht der Leistungskontrolle oder automatischer Prozesssteuerung.

An dieser Stelle sei erwähnt, dass uns der Betriebsrat im Zuge der anschließenden Einführung von ARIS als verbindlichen Konzernstandard sehr geholfen und unterstützt hat.

3.2 Implementierung (Phase 3 und Phase 4)

Für die nächsten Schritte wurde innerhalb der Betriebsorganisation das Team verstärkt. Schwerpunkte waren die Betreuung in der Installation IT und das Customizing auf die Anforderungen der Fachbereiche und der AXA Deutschland, sowie die Erstellung eines Methodenhandbuchs und Konzeption der Anwender-schulung in den Fachbereichen. In den Fachbereichen sowie an den Schnittstellen zur IT wurden jeweils Ansprechpartner definiert bzw. ergaben sich aus den jeweiligen Prozessverantwortungen.

3.2.1 Installation, Customizing und Verteilung der Lizenzen

Die Vorbereitungen aus Phase 1 und 2 wurden auf Basis ARIS 5.0 vorgenommen. Installiert werden sollte jedoch ARIS 6.0, welches zum Zeitpunkt des Projektstarts noch nicht fertig entwickelt war, jedoch zu unserem Installationstermin bereit gestellt werden sollte.

Zur Installation von ARIS 6.0 mussten noch einige Einsatzvoraussetzungen seitens der IT geklärt werden (Aufbau ARIS–Server, Oracle Lizenzen etc.) Es stellte sich heraus, dass die Installation aufwendiger sein würde als bei Anschaffung an-genommen. Ohne Beratung eines ARIS-Spezialisten war dies auf Basis bisheriger Kenntnisse über ARIS nicht zu leisten.

Insgesamt kam es hier zu erheblichen Verzögerungen im Projekt. Laufende Prozessaktivitäten sollten jedoch bereits in ARIS dokumentiert werden, so dass teilweise mit „Zwischenlösungen" gearbeitet werden musste.

Weitere Verzögerungen entstanden bei Einrichtung (Customizing) bzw. Anpassung ARIS auf unsere Konzernrichtlinien. Der Aufwand stellte sich terminlich und auch kostenseitig als deutlich höher heraus als angenommen. Abhängigkeiten waren hier u.a. die Klärung der Benutzer und Benutzergruppen und deren spezifischen Anforderungen.

Beispiel: die Bereitstellung der Prozesse über Intranet war eine zwingende Bedingung für die Bereitstellung und Transparenz der Prozessabläufe für die Mitarbeiter eines Fachbereiches. Andernfalls hätte jeder Mitarbeiter eine ARIS-Lizenz benötigt. Diese Alternative wäre kostenseitig im Sinne eines Nutzens und der Bedingung der qualifizierten Schulung nicht leistbar gewesen.

Für die Verteilung der Lizenzen empfiehlt sich, alle Prozessaktivitäten im Konzern aufzunehmen. Diese nach temporären Projekten und Dauerpflege der Prozessverantwortlichen einzuteilen.

Wir haben die Erfahrung gemacht, dass in Spitzenzeiten parallel laufender Prozess-aktivitäten deutlich mehr Lizenzen benötigt werden, als für die Fachbereiche sinn-voll vorgesehen sind.

Um später nicht zu viele ungenutzte Lizenzen zu haben, sollten die temporär laufenden Projekte zeitlich und dringlich priorisiert werden. Hier empfiehlt sich eine frühzeitige Abstimmung mit Projektverantwortlichen und jeweiligen Prozessverantwortlichen der Fachbereiche. Konsequent betrachtet, ein sukzessiver Aufbau eines Konzernstandards in Stufen.

Anschließend empfiehlt es sich, während der Implementierung immer wieder die benötigte Zahl der Lizenzen zu überprüfen. Die genaue Anzahl der Lizenzen kann sicher erst bei Anwendung des Tools festgelegt werden.

3.2.2 Methodik

Voraussetzung für die Entwicklung eines Methodenhandbuches war die Teilnahme an Modellierungsworkshops seitens des ARIS-Projektteams der Betriebsorganisation.

Es müssen so genannte Reports erstellt werden sowie eine Unternehmenslandkarte, d. h. eine so genannte Prozesslandkarte musste erstellt werden (dynamischer Vor-gang, erfordert also Pflegeaufwand bei jeder aufzunehmenden Prozessaktivität).

Neben sehr guten Prozesskenntnissen benötigt man hier auch gute systemische Kenntnisse durch den direkten Einfluss auf Produktivdatenbanken. Freigabeverfahren sowie der Aufbau entsprechender Skills sind also unerlässlich.

Ohne weitere externe Beratung seitens IDS – Scheer unter Einbindung von internen Systemspezialisten war dies unter Berücksichtigung bereits zeitlicher Verzögerungen nicht in gebotener Eile zu leisten.

Als Fazit kann gesagt werden, dieser Teil ist zu behandeln wie ein IT Projekt mit entsprechender Pilot- und Testphase auf Entwicklungsumgebungen.

3.2.3 Schulungen

Die Erstellung eines Schulungskonzeptes stellte sich als weniger aufwendig dar, da wir auf uns überlassene Unterlagen von IDS Scheer Rückgriff nehmen konnten und lediglich auf unsere Bedürfnisse und Anforderungen anpassen mussten.

So konnten viele Passagen gestrichen werden, da wir den gesamten Leistungsumfang bzw. alle Funktionen die ARIS bietet, nur für die Administratoren zur Verfügung stellen.

3.3 Die Einführung von ARIS in den Fachbereichen und in Projekten

Die geplante Identifizierung eines geeigneten Piloten, um möglichst den gesamten Umfang von ARIS zu testen, ggf. notwendige Erweiterungen oder Beschränkungen (Filter) festzustellen, konnte weitestgehend entfallen.

Durch die unterschätzten zeitlichen Aufwendungen für die Installation bzw. Methoden, hatte das Projektteam inzwischen Mühe, die laufenden Prozessaktivitäten einzufangen.

Trotzdem bereits zu Beginn den Fachbereichen bekannt war, dass ARIS ein verbindlicher Konzernstandard ist, waren die Aufwendungen zur Dokumentation in ARIS nicht in die Projekte eingeplant worden. Die Akzeptanz seitens der Projekte erforderte nun also erhebliche „Marketing" – Leistungen.

In den meisten Fällen wurde von einem Mehraufwand (Schulung etc.) gegenüber alten bewährten Methoden zur Prozessdokumentation ausgegangen.

Festgestellt werden konnte, dass nicht die Anwendung zur Dokumentation von ARIS schulungsintensiv war, sondern vielmehr das zwingend notwendige „Denken" in Prozessschritten, so dass ARIS einen Mehrwert bieten kann.

Ausnahmen (abgesehen von den Priorisierungen) wurden jedoch auch bei zeitlich kritischen Projekten nicht zugelassen. Der Nutzen von ARIS kann sich erst entfalten, je mehr Prozesse bereits erfasst sind.

4 Ergebnisse

Die Installation sowie das Customizing, das Erstellen der Reports ist inzwischen inklusive aller Erfordernisse seitens der IT abgeschlossen.

Die vorhandenen Lizenzen sind verteilt und werden mit einem geeigneten Schlüssel verrechnet. Eine entsprechende telefonische Hotline zur fachlichen und systemischen Betreuung wurde bei Verteilung eingerichtet. Ein ggf. notwendiger weiterer Zukauf von Lizenzen wird zurzeit über die Projektpriorisierung geprüft.

Fertiggestellt ist das Schulungskonzept, das Methodenhandbuch sowie weitestgehend die Prozesslandkarte (dynamisch).

Die Schulungen für die ARIS-Betreuer sowie für die Administratoren sind ebenfalls weitestgehend abgeschlossen.

Relativ gesehen war das ARIS-Projekt zwar 4 Monate hinter Plan. Diese Verzögerung konnte aber durch rasche Einführung in priorisierte Fachbereiche wieder ausgeglichen werden.

Einführung von ARIS in der AXA Deutschland AG

Das Projektbudget wurde weitestgehend eingehalten. Lediglich die internen Aufwendungen der Betriebsorganisation im Sinne der Kapazitätenbindung wurden überschritten.

Die Einführung von ARIS in alle Fachbereiche ist noch nicht abgeschlossen, so dass hier die ersten Gehversuche mit ARIS enden. Sicher werden noch Anforderungen aus der Praxis entstehen, welche bisher noch keine Berücksichtigung gefunden haben.

Letztlich bleiben noch Erweiterungen, wie z. B. internationale sprachliche Erfordernisse, Ausweitungen auf sehr spezifische Projektanforderungen. Der weiteren Schaffung von Akzeptanz durch erste sichtbare Erfolge des Leistungsumfangs von ARIS in den Fachbereichen sieht die Betriebsorganisation positiv entgegen.

5 Lessons learned...

5.1 Problembereiche

Abschließend kann gesagt werden, dass während der Produktauswahl und Verhandlungen zur Anschaffung eines Tools bereits mit operativen Experten von ARIS-Workshops gemacht werden sollten. (Phase 1 und 2)

Die Annahme, bei Kauf von ARIS ein lauffähiges Tool zu haben führte zu Verzögerungen. Insbesondere der Aufwand zur Installation wurde unterschätzt. Zu geringe Kenntnisse hatten in den Verhandlungen den Eindruck entstehen lassen, eine solche Installation, Methoden etc. sei bei geringem Einsatz externer Berater von IDS – Scheer durch unsere eigenen IT – Fachleute zu meistern.

Während der Beratungsphase durch IDS – Scheer empfiehlt es sich also dringend operative Fachleute (Systemexperten, IT – Fachleute) zu Beginn mit einzubeziehen, um Zeitpläne und auch Kosten über klare Bedürfnisse zu optimieren.

Erweiterungen, welche ARIS in Zukunft zu bieten hat, werden wir stärker auf den aktuellen Stand der Entwicklung prüfen, um ggf. zeitliche Verzögerungen einplanen zu können.

Hier sei auch gesagt, dass die Kommunikation, Hilfestellung und Unterstützung mit und seitens IDS- Scheer, insbesondere auch bei Projektproblemen, sehr gut war. Der Mehraufwand an Betreuung wurde sehr unkonventionell und prompt gelöst. Die Zusammenarbeit mit IDS – Scheer hat für alle auftretenden Probleme rasche und umsetzbare Lösungen aufzeigen können.

Die Akzeptanz in den Fachbereichen hätte man unseres Erachtens nicht früher erreichen können. Hierfür musste das Tool zunächst uneingeschränkt zur Verfügung stehen. Für frühzeitige „Marketing" Aktivitäten hätten wir uns eine echte Demo Version gewünscht, welche den vollen Leistungsumfang und damit die Vorteile von ARIS gegenüber bisherigen üblichen Methoden aufzeigt.

Zu empfehlen ist hier jedoch ein Stufenkonzept zur Kommunikation über die wichtigsten Meilensteine, um ggf. noch frühzeitiger Anforderungen aufnehmen zu können.

Die Unterstützung und das vollständige Committment des Managements war hier sehr wertvoll.

Mit Großem Dank an das ARIS-Team der Betriebsorganisation, allen ARIS-Anwendern viel Erfolg.

Verwendung von SCOR und anderen Referenzmodellen für E-Business-Prozessnetzwerke[1]

Mathias Kirchmer

IDS Scheer, Inc.

George Brown

Intel, Inc.

Herbert Heinzel

Siemens AG, SBS

Zusammenfassung:

Immer mehr Unternehmen planen, durch die Verbesserung unternehmensübergreifender Geschäftsprozesse ihre Wettbewerbssituation zu verbessern. Dabei spielen Standards, wie sie von Organisationen wie dem Supply Chain Council oder RosetttaNet definiert werden, eine zunehmend wichtigere Rolle. Diese Standards sollen schnelle und verlässliche Ergebnisse sicherstellen.

Das gemeinsam von Intel, Siemens und IDS Scheer entwickelte Vorgehensmodell stellt einen effizienten und effektiven Einsatz dieser Referenzmodelle sicher. Das ARIS Toolset wird zur Umsetzung des entwickelten Ansatzes verwendet.

Schlüsselwörter:

Unternehmensübergreifende Geschäftsprozesse, Referenzmodelle, SCOR, RosettaNet, E-Business, Collaborative Scenarios, Y-Modell, ARIS-Architektur, E-Business Process Improvement (eBPI)

---

[1] Dieser Beitrag wurde aus dem Englischen übersetzt

1 Hintergrund

Unternehmen sehen sich zahlreichen Herausforderungen gegenüber, die es erforderlich machen, alle verfügbaren Informationen einzusetzen, damit Einzelpersonen in der Lage sind, auf die beschleunigten Geschäftszyklen zu reagieren, Ressourcen und Beziehungen zu optimieren sowie die Effizienz der Geschäftsprozesse und die Effektivität der Interaktion innerhalb des gesamten Geschäftsnetzwerks zu steigern. Natürlich sind Kostensenkung und Gewinnsteigerung zum Erreichen der Profitabilität und der erwarteten finanziellen Gewinne Grundbedingungen, an denen Handlungen ausgerichtet werden müssen. Durch die zunehmende Anzahl von Einzelpersonen im Geschäftsnetzwerk und die immer größeren Datenmengen wächst der Druck auf die IT-Branche, eine stabile Suite von Tools für Geschäftskunden anzubieten und den Zugriff auf die Informationen sowie deren Bereitstellung zu vereinfachen.

Bis zum Ende des letzten Jahrtausends unternahmen Firmen eine Vielzahl von Anstrengungen, die innerbetriebliche Anwendungsintegration durch Technologien zu verbessern, die eine lose Kopplung von Anwendungen an in der Regel auf Messaging basierenden Integrations-Infrastrukturen ermöglichten. Die EAI-Technologie konzentrierte sich auf die Notwendigkeit, die Interaktion zwischen verschiedenen Einzelanwendungen zu vereinheitlichen und dennoch einen Point-to-Point-Ansatz zu verfolgen. Die Vision war die Schaffung einer anwendungsbasierten Architektur für die Unternehmen, doch dies scheiterte meist bereits in frühen Stadien, da die Fachanforderungen nicht angemessen definiert waren.

Das neue Jahrtausend begann mit einem explodierenden Interesse am E-Business, das nun als Schlüsselmedium für die Erhaltung der Konkurrenzfähigkeit gesehen wird. Gleichzeitig mit dem gesteigerten Interesse an Geschäften über das Internet suchten die Wirtschaftspartner einen Konsens darüber, welche Form des Informationsaustauschs zur Prozessinteraktion über die Unternehmensgrenzen hinaus verwendet werden sollte. Die Halbleiterbranche zum Beispiel setzte als Konsortium auf RosettaNet für die Definition geeigneter Protokolle zur Definition unternehmensübergreifender Transaktionen. Der rasche Übergang zu E-Business-Lösungen verlagerte das Interesse an der EAI-Technologie auf Business-to-Business-Integrationstechnologien. Die Implementierung der EAI-Technologie war bereits mit großem Aufwand verbunden, doch das Einrichten von öffentlichen Protokollen stellte sich noch problematischer dar, als erwartet, erforderte es doch von jedem einzelnen beteiligten Partner ein Mindestmaß an Standardisierungsanforderungen.

Der Ansturm auf E-Business-Lösungen wird ferner begleitet von einem wachsenden Interesse an einer Optimierung des Supply Chain Managements, um Wettbewerbsvorteile erhalten bzw. erzielen zu können. Heutige und zukünftige virtuelle Unternehmen werden immer komplexer und dynamischer, sowohl was den Wechsel der Partnerschaften angeht als auch in der Vielfalt der Rollen, die jeder Partner ausfüllen kann. Diese dynamischen Beschaffungsnetzwerke werden in hohem Maße beeinflusst durch die „Internetgeschwindigkeit", mit der sich das Nachfrageverhalten der Kunden ändert, sowie durch die verkürzten Produktlebenszyklen, die zur wettbewerbsfähigen Positionierung erforderlich wurden. Es wurden große Anstrengungen unternommen, die Beschaffungsnetzwerke reaktionsschneller zu machen und das nötige Maß an Flexibilität zu gewährleisten, und dies bei wirtschaftlichen Kosten und möglichst geringem bzw. keinerlei überschüssigem Bestand am Ende eines Produktlebenszyklus.

Der Schlüssel hierzu ist ein „Universelles Modell". Vom Unternehmensstandpunkt aus ist es wichtig, dass die Geschäftsprozesse hinsichtlich der Geschäftsziele, Funktionen und Einschränkungen definiert sind und nicht hinsichtlich der Ressourcen, die zur Implementierung der Prozesse erforderlich sind. Um dies sicherzustellen, ist der Ansatz eines universellen Modells ein grundlegendes Hilfsmittel, denn es bietet ein Grundgerüst zur Integration der verschiedenen Aspekte.

Zur effizienten und effektiven Entwicklung und Implementierung von unternehmensübergreifenden und durch das Internet unterstützten E-Business-Prozessen verwenden immer mehr Unternehmen Industriestandards in Form von Referenzmodellen, zum Beispiel das Supply Chain Operations Reference Model (SCOR), entwickelt durch den Supply Chain Council (SCC), die RosettaNet-Standards oder Software-Referenzmodelle. Organisationen wie der Supply Chain Council bestehen aus Hunderten von Mitgliedsunternehmen, die Referenzmodelle basierend auf „Best Practices" der Branche entwickeln. Andere Referenzmodelle werden von Lösungsanbietern bereitgestellt, z. B. Entwicklern von Anwendungssoftware oder Consulting-Unternehmen. Vielen Unternehmen ist jedoch nicht klar, WIE diese Referenzmodelle einzusetzen sind.

Folglich starteten Intel und Siemens die Definition und Implementierung eines gemeinsamen Projekts zur Entwicklung eines Vorgehensmodells für das Entwerfen und Implementieren unternehmensübergreifender Geschäftsprozesse, basierend auf den SCOR und RosettaNet Standards. Durch den entwickelten Ansatz lässt sich das Supply Chain Management schnell und zuverlässig verbessern. IDS Scheer wurde als zentraler Partner für die Initiative ausgewählt. Das ARIS Toolset wurde zur Unterstützung der Vorgehensweise sowie für Präsentationen für Siemens, Intel, das SCC und RosettaNet verwendet.

Die Verwendung des SCOR und RosettaNet-Standards ist gekoppelt an den Einsatz von ARIS, dem Industriestandard für das Geschäftsprozessmanagement. So kann sichergestellt werden, dass ein gemeinsames Verständnis der Strukturen und Komponenten von Geschäftsprozessen vorliegt. Dies führt zu angemessenen Beschreibungs- und Implementierungsmethoden in allen Einzelschritten des Vorgehens.

2 Verwendung geeigneter Referenzmodelle

Wesentlicher Bestandteil der Initiative sind der Entwurf und die Integration der Supply Chains der beteiligten Unternehmen. Daher fiel die Wahl des zu verwendenden Referenzmodells auf das SupplyChain Operations ReferenceModell. Dieses Referenzmodell ist weit verbreitet und sowohl Intel als auch Siemens bereits bekannt. Durch die Verwendung dieses Industriestandards wird eine breite Verwendung des zu entwickelnden Ansatzes ermöglicht.

Zur Festlegung der detaillierten Interaktionen zwischen den beteiligten Unternehmen wurden die RosettaNet-Modelle ausgewählt. Diese Standards sind in der Hightech-Industrie sehr verbreitet.

2.1 SCOR

Das SupplyChain Operations ReferenceModel [1] wurde durch den Supply Chain Council, eine Non-Profit-Organisation, entwickelt. Der SCC wurde 1996 in den USA gegründet und verfügt heute über Niederlassungen in der ganzen Welt.

SCOR ist ein Geschäftsprozess-Referenzmodell, das alle Supply Chain-Aktivitäten vom Zulieferer des Zulieferers bis zum Kunden des Kunden umfasst. Dazu gehören:

- alle Kundeninteraktionen von Auftragseingang bis Rechnungsbegleichung,
- alle produktbezogenen Transaktionen (Waren, Dienstleistungen usw.) einschließlich Anlagen, Werkstoffen, Ersatzteilen, Massenprodukten, Software etc.,
- alle Marktinteraktionen von der Nachfrageerfassung bis zum Abschluss jedes Auftrags.

SCOR umfasst drei Detaillierungsebenen. Die erste Ebene (Prozesstypen) definiert Umfang und Inhalte der Supply Chain. Sie beinhaltet fünf Prozesse:

- Planung,
- Beschaffung,
- Fertigung,
- Lieferung,
- Rücklieferung.

Die zweite Ebene von SCOR, die Konfigurationsebene (Prozesskategorien), enthält 30 Prozesskategorien, zum Beispiel „Make-to-Stock", „Make-to-Order", „Engineer-to-Order" oder „Produktionsdurchführung". Mithilfe dieser Prozesskategorien kann die Supply Chain eines Unternehmens „konfiguriert" werden. Die

SCOR für E-Business-Prozessnetzwerke

Unternehmen implementieren ihre Strategien über die Konfiguration, die sie für ihre Supply Chain gewählt haben.

In der dritten SCOR-Ebene, der Prozesselementebene (spezifizierte Prozesse), werden die Vorgehensweisen eines Unternehmens detailliert abgestimmt. Dies umfasst:

- Definitionen von Prozesselementen,
- Ein-/Ausgabe von Prozesselementdaten,
- Leistungsmetrik von Prozesselementen,
- "Best Practices",
- erforderliche Systemvoraussetzungen zur Unterstützung der "Best Practices",
- verwendete Systeme/Tools.

Unternehmen implementieren ihre Supply Chain-Lösungen auf der vierten Ebene (oder noch detaillierteren Ebenen). Auf der vierten Ebene, der Implementierungsebene (spezifizierte Prozesselemente), werden Vorgehensweisen definiert, um Wettbewerbsvorteile zu erlangen und flexibel auf veränderte Marktbedingungen zu reagieren. Diese Ebene ist unternehmensspezifisch und nicht im SCOR-Modell enthalten.

Die Struktur von SCOR wurde in Abbildung 1 veranschaulicht.

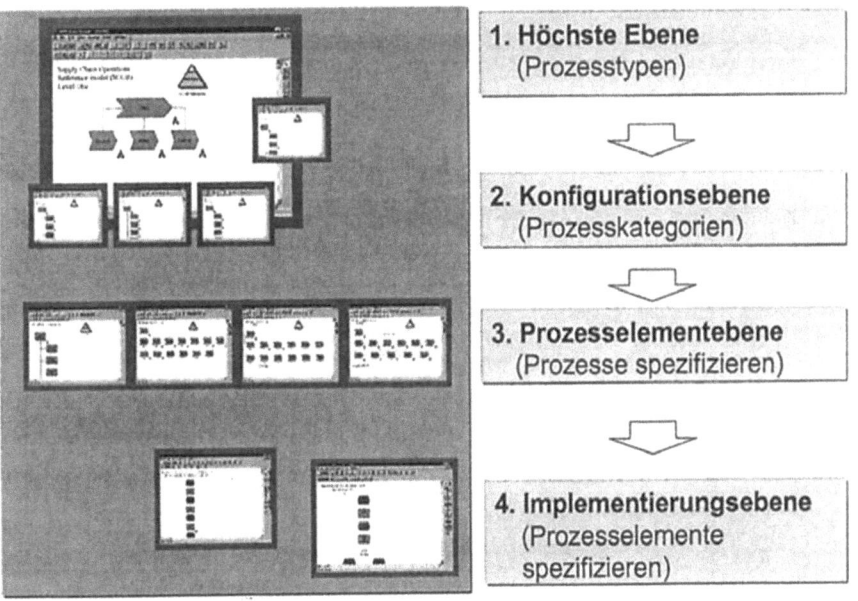

Abb. 1: Struktur von SCOR

SCOR beinhaltet ferner eine Methodik, mit deren Hilfe Unternehmen ihre Supply Chain-Organisation analysieren und verbessern können. Die SCOR-Methodik umfasst im Wesentlichen vier Schritte:

- Analysieren der Wettbewerbsgrundlage
- Konfigurieren der Supply Chain
- Abstimmen von Vorgehensweisen und IT Systemen
- Erstellen eines Plans zur Verbesserung der Supply Chain auf Grundlage des prognostizierten ROI.

Diese Methodik wurde auch in der hier beschriebenen Initiative verwendet.

2.2 RosettaNet

Die RosettaNet-Gruppe ist eine Industrieorganisation, die die Entwicklung von Kooperationsmodellen zwischen Unternehmen vorantreibt und internetbasierte Geschäftsstandards bereitstellt, indem sie eine „gemeinsame Sprache" sowie offene E-Business-Standards entwickelt, die zu messbarem Nutzen führen und wichtiger Bestandteil der Entstehung eines globalen Hightech-Handelsnetzwerks sind [2]. RosettaNet wurde 1998 in den USA gegründet und agiert heute weltweit.

Die RosettaNet-Standards bestehen aus einer Geschäftsprozessarchitektur in drei Ebenen, die unternehmensübergreifende E-Business-Transaktionen unterstützt:

- Partner Interface Prozesse (PIPs)
- RosettaNet-Dictionary
- RosettaNet-Implementierungs-Framework (RNIF)

Im Zusammenhang mit der in diesem Artikel erläuterten Initiative ist vor allem die in den PIPs beschriebene Geschäftssicht relevant. Ein wichtiger Aspekt ist jedoch auch, dass die Verwendung der PIP-Standards die technische Implementierung der definierten Lösungen sicherstellt.

Ein PIP beschreibt Aktivitäten, Entscheidungen und Interaktionen, die zur Abwicklung einer unternehmensübergreifenden Geschäftstransaktion erforderlich sind. Außerdem werden Struktur und Format von Geschäftsdokumenten definiert.

Ein Beispiel einer PIP-Prozessdefinition ist in Abbildung 2 dargestellt. Hierbei handelt es sich um einen Auszug aus einer ereignisgesteuerten Prozesskette.

SCOR für E-Business-Prozessnetzwerke

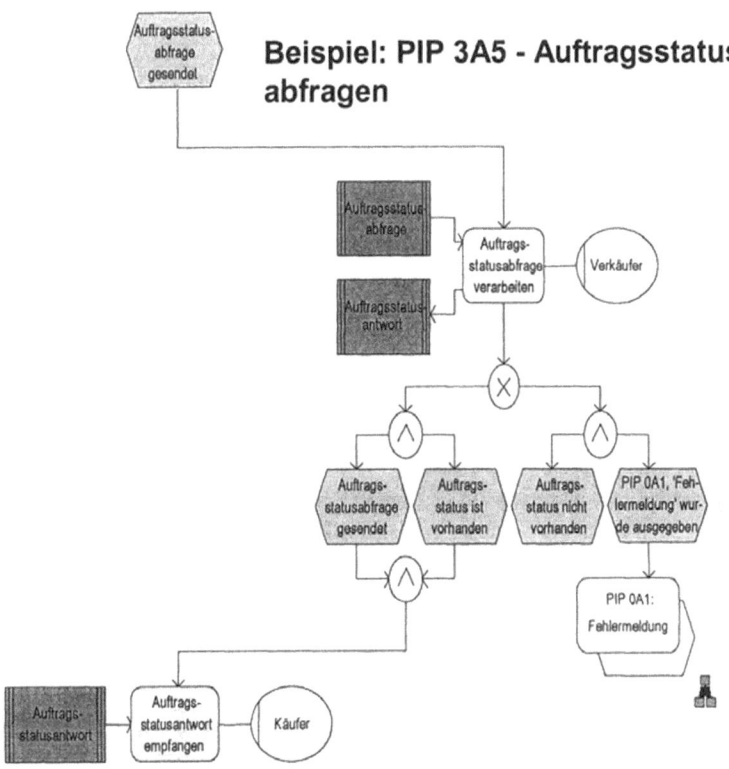

Abb. 2: Beispiel einer PIP-Prozessdefinition

2.3 Sonstige

Zur Identifizierung der relevanten Supply Chain-Interaktionen zwischen den Unternehmen wurde das von Scheer entwickelte Y-Modell [3] [4] verwendet. Es umfasst alle relevanten Geschäftsprozesse eines Unternehmens, einschließlich Planung und Durchführung.

Jedes beteiligte Unternehmen kann durch ein Y-Modell dargestellt werden, so dass die Interaktionen problemlos identifiziert werden können. Der Einsatz des Y-Modells ist besonders wichtig, um auf hoher Ebene einen Einstiegspunkt in die unternehmensübergreifenden Prozessdefinitionen zu erreichen.

Auf der Implementierungsebene können neben den erwähnten Referenzmodellen zusätzlich Software-Referenzmodelle verwendet werden [5]. Da Intel und Siemens die SAP-Software einsetzen, wurden die SAP-Referenzmodelle für den entwickelten Ansatz ausgewählt und integriert. Es können jedoch auch Geschäftsprozessmodelle verwendet werden, die auf anderen Softwarelösungen basieren.

3 Entwicklung eines Vorgehensmodells

Nach der Bestimmung der zu verwendenden Referenzmodelle wurde ein Vorgehensmodell entwickelt, um zu beschreiben, wie die Modelle für den Entwurf und die Realisierung eines unternehmensübergreifenden E-Business-Prozessnetzwerks verwendet werden. Die ARIS-Architektur dient als Grundlage für die Prozessbeschreibung, und der eBPI-Ansatz stellt den Rahmen dar, innerhalb dessen die SCOR-Methodik erweitert wird.

3.1 ARIS-Architektur als Basis der Prozessbeschreibung

Die „Architektur Integrierter Informationssysteme" (ARIS), die von Scheer entwickelt wurde [6] [7], kann als Framework verwendet werden, um Geschäftsprozesse effizient und dennoch vollständig zu beschreiben. Mit ARIS kann ein Prozess aus fünf verschiedenen Sichten beleuchtet werden (siehe Abbildung 3)

- Organisationssicht (Wer nimmt am Prozess teil? Welche Unternehmen, Abteilungen, Personen,...?)
- Funktionssicht (Welche Tätigkeiten gehören zu diesem Prozess?)
- Datensicht (Welche Informationen werden erstellt oder benötigt?)
- Leistungssicht (Welche Ergebnisse/Produkte werden erstellt? Warum brauche ich den Prozess?)
- Steuerungssicht (Wie greifen die Sichten ineinander? Wer erzielt welche Ergebnisse und arbeitet an welchen Funktionen mithilfe welcher Daten und nach welcher Verfahrenslogik?)

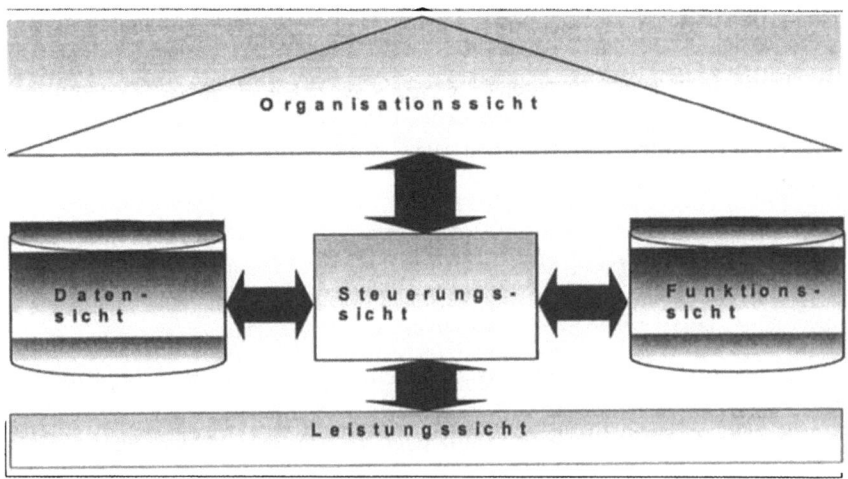

Abb. 3: Sichten des ARIS-Hauses

Wenn alle Fragen zu den einzelnen Sichten beantwortet werden können, ist ein Geschäftsprozess ausreichend beschrieben. Alle Informationen, die für das Management des Prozess-Lebenszyklus erforderlich sind, wurden beachtet. Die Leistungssicht spielt eine zentrale Rolle, da sie die Funktionsfähigkeit der Prozesse sicherstellt

Die verschiedenen Sichten können auf der Fachkonzeptebene, DV-Konzeptebene (zur Definition von IT-Lösungstypen wie z. B Supply Chain Management-Systemen) und Implementierungsebene (zur Definition konkreter IT-Lösungen wie z. B. eines bestimmten SCM-Systems) spezifiziert werden.

Jede ARIS-Sicht kann durch verschiedene Modelle beschrieben werden. Die Modelle werden verwendet, um die oben genannten Fragen zu beantworten. Ein großer Vorteil für den praktischen Einsatz dieser Architektur liegt darin, dass ein darauf basierendes Softwaretool, das ARIS Toolset, verfügbar ist.

Die ARIS-Architektur ist speziell für die Beschreibung unternehmensübergreifender Prozesse geeignet [8]:

Über das Internet können Unternehmen ihr Produktangebot verändern und erweitern. Statt Musik auf CDs zu verkaufen, können z. B. Musikstücke im Internet als Dateien zum Download angeboten werden. Oder es können Pakete während des Versands über das Internet verfolgt werden – als zusätzlicher Kundenservice. In einer E-Business-Initiative ist es entscheidend, eine spezielle „Produkt-Sicht" der Geschäftsprozesse zu untersuchen, wie sie durch die ARIS-Architektur angeboten wird.

E-Business-Prozesse ermöglichen eine effiziente und effektive Kooperation zwischen Unternehmen, direkt oder über so genannte elektronische Marktplätze. Dies bedeutet, dass Zuständigkeiten zwischen den Unternehmenseinheiten der kooperierenden Unternehmen aufgeteilt werden. Daher ist für Entwurf und Implementierung von E-Business-Prozessen die Untersuchung der Organisationsstrukturen und gegebenenfalls deren Änderung von entscheidender Bedeutung. Auch dieser Aspekt wird in einer speziellen Sicht der ARIS-Architektur berücksichtigt.

Die Kooperation zwischen verschiedenen Unternehmen führt zu einer „Process-to-Process"-Integration, also zur Ausbildung eines E-Business-Prozessnetzwerks. In der Leistungssicht der ARIS-Architektur wird die Koordination aller für diese Integration erforderlichen Aspekte explizit behandelt.

3.2 eBPI-Ansatz als Vorgehensrahmen

Der eBPI-Ansatz ist ein allgemeines Vorgehensmodell zur Verwendung von ARIS in einer unternehmensübergreifenden E-Business-Umgebung [8]. Ziel des eBPI-Ansatzes ist einerseits die Bereitstellung einer Struktur zum erfolgreichen Management der E-Business-Prozess-Lebenszyklen, andererseits die Wahrung einer ausreichend hohen Flexibilität, um das Vorgehen kontinuierlich an veränderte Rahmenbedingungen anpassen zu können, wie sie für E-Business-Initiativen üblich sind. eBPI ist ein auf Informationsmodellen basierender E-Business-Realisierungs-Ansatz, der die Aspekte der Effizienz und Effektivität verbindet.

Der eBPI-Ansatz gliedert sich in vier Hauptphasen:

- Entwicklung der Vision für die E-Business-Prozesse
- Spezifikation der resultierenden E-Business-Prozesse
- Realisierung der E-Business-Prozesse
- Kontinuierliche Verbesserung der E-Business-Prozesse

Der Ausgangspunkt bei eBPI ist die Ausarbeitung einer Vision für E-Business-Prozesse. Kernbestandteile sind dabei E-Business-Prozess-Szenarios, also eine Beschreibung der geplanten Kooperation der Unternehmen auf hoher Ebene. Diese Szenarios werden in der dann folgenden Phase von eBPI weiter definiert. Zu dieser Spezifikationsphase gehören die Definition unternehmensinterner und unternehmensübergreifender Prozesse, die für die Umsetzung der festgelegten Szenarios notwendig sind, sowie die Auswahl der geeigneten E-Business-Tools, also beispielsweise der Anwendungssoftware. Die E-Business-Tools dienen der Umsetzung der E-Business-Prozesse in der nächsten Phase von eBPI, zu der Softwareimplementierung und E-Integration gehören. Diese Phase konzentriert sich auf Sub-Prozesse oder Funktionen. Mit der Realisierungsphase wird eine kontinuierliche Verbesserung der implementierten E-Business-Prozesse (CPI) gestartet. CPI kann zu einer Neuaufnahme der gesamten eBPI-Vorgehensweise als Reaktion auf Entwicklungen im Kunden-, Markt- und Technologiebereich führen.

Während sich die Vision der E-Business-Prozesse auf vollständige, aus einem oder mehreren Prozessen bestehende E-Business-Szenarios konzentriert, liegt der Schwerpunkt der Spezifikationsphase auf einzelnen E-Business-Prozessen. Die Realisierungsphase wiederum konzentriert sich auf Sub-Prozesse oder Funktionen, die das Erzielen rascher Ergebnisse ermöglicht. Diese Sub-Prozesse oder Funktionen werden zu vollständigen Geschäftsprozessen zusammengesetzt, die die Grundlage für die kontinuierliche Prozessverbesserung bilden.

Die Phasen von eBPI sind nicht nur eine „Prozessabfolge" mit definiertem Anfang und Ende. Die kontinuierliche Verbesserung wird – früher oder später – eine weitere Phase der Visionen auslösen. Außerdem beeinflussen die verschiedenen Phasen einander, so dass es, ausgelöst durch die gerade ausgeführte Phase, durchaus zu Modifikationen von Ergebnissen vorangegangener eBPI-Phasen kommen kann.

Die Struktur von eBPI ist in Abbildung 4 dargestellt.

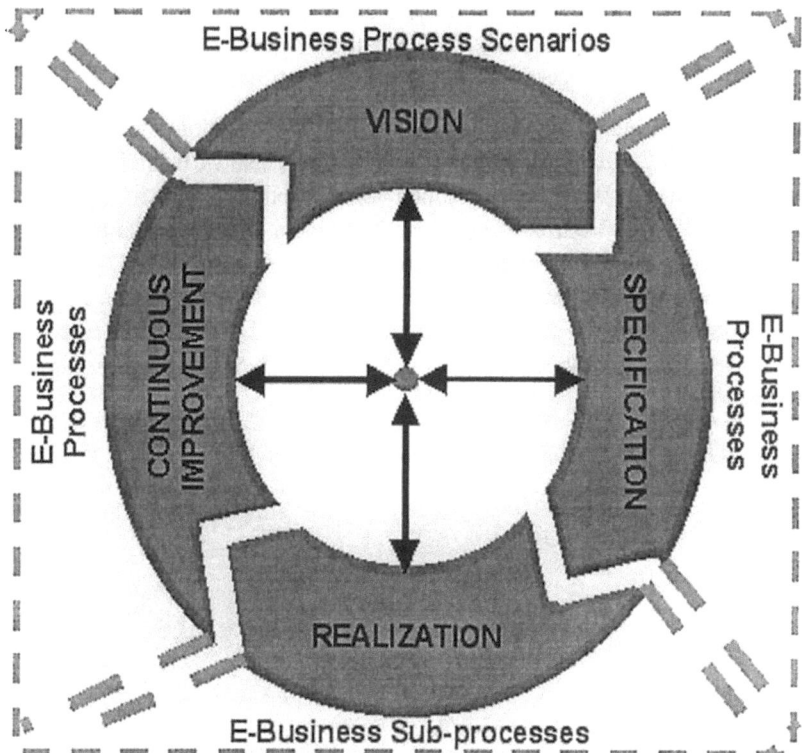

Abb. 4: Struktur des eBPI-Ansatzes

3.3 Vorgehensmodell für die integrierte Verwendung der Referenzmodelle

Die vorgestellten Referenzmodelle beziehen sich auf alle ARIS-Sichten unternehmensübergreifender Geschäftsprozesse. Hier konzentrieren wir uns auf die Modellierungsfelder, wie sie durch SCOR unterstützt werden. Der Schwerpunkt in der Modellierungsphase liegt auf der Visions- und Spezifikationsphase des eBPI-Ansatzes.

Ausgangspunkt des ePBI-Ansatzes ist die Erarbeitung einer Vision eines E-Business-Prozess-Netzwerks, die in unserem Fall den Ergebnissen der SCOR-Methodik gleicht. Kernresultat der SCOR-Analyse in der Visionsphase ist ein E-Business-Prozess-Szenario in Form einer Beschreibung der geplanten Kooperation zwischen den Unternehmen im erweiterten Beschaffungsnetzwerk.

Der erste Modellierungsschritt ist die Ermittlung der relevanten Prozesse sowie der involvierten Produkte (Waren, Dienstleistungen etc.)[9]. Die relevanten Aktivitäten der einzelnen Unternehmen können entweder mit SCOR oder, auf einer breiteren Basis, mit dem Y-Modell identifiziert werden. Da die beschriebene Initiative sich auf die Verbesserung von Supply Chain-Netzwerken konzentriert, können die relevanten Prozesse mit SCOR ermittelt werden.

Die Standardelemente der obersten Ebene der SCOR-Definition (die Prozesstypen „Planung", „Beschaffung", „Fertigung", „Lieferung" und „Rücklieferung") sind zu allgemein. Daher werden die Rollen aller beteiligten Unternehmen (z. B. Hersteller in Werk x, Vertrieb, Kunde usw.) in einem Diagramm dargestellt. Der Planungsumfang kann in Wertschöpfungskettendiagrammen (WKD) eindeutig identifiziert werden. Ein Beispiel für die Definition einer Supply Chain auf Ebene 1 in WKD-Modellen ist in Abbildung 5 zu sehen. Diese Darstellung ist eine Ebene oberhalb des Konfigurationsmodells von SCOR, in dem die Prozesskategorien enthalten wären.

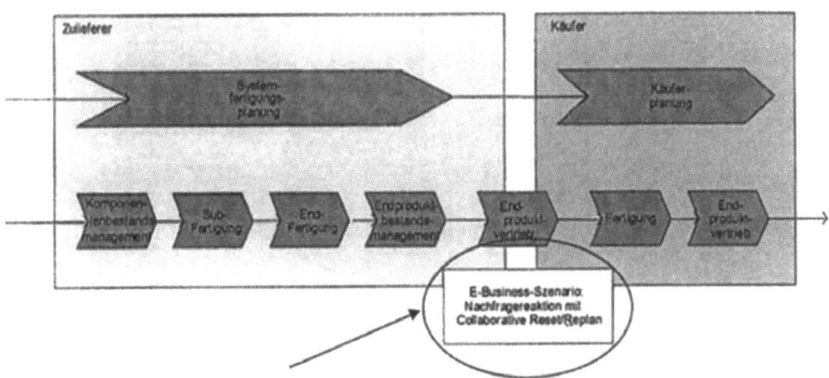

Abb. 5: Beispiel einer Supply Chain Definition mit SCOR

Durch die Anwendung einer SCOR-Analyse auf die Supply Chain kann ein unternehmensübergreifendes E-Business-Szenario identifiziert werden. Das Modellobjekt, das das Szenario-Modell enthält, wird im Supply Chain-WKD wie in Abbildung 5 positioniert. Die Abbildung zeigt das Beispiel-Szenario „Nachfragereaktion mit Collaborative Reset/Replan" aus dem Intel-Siemens-Projekt. Es kann basierend auf Elementen der Ebenen II und III von SCOR festgelegt werden. Das heißt, die Szenarios werden mithilfe der SCOR-Struktur definiert. Der Informationsfluss, wie er durch die Eingabe-/Ausgabedatenelemente der verknüpften Prozesselemente von SCOR definiert wird, bestimmt die Interaktionen im Szenario. Die Eingabe-/Ausgabedatenelemente können in Verbindung mit den Parametern der beteiligten Prozesselemente auf SCOR-Ebene III verwendet werden, um Protokolle zu identifizieren, die den in RosettaNet definierten öffentlichen Standards entsprechen.

Die definierten Szenarios sind rollenbasiert, so dass sie in allen vergleichbaren Situationen verwendet werden können. Die Szenario-Modelle definieren, wie Geschäftsprozesse über die verschiedenen Rollen verteilt sind und welche Geschäftsdokumente ausgetauscht werden. Die Modelle decken alle ARIS-Prozesssichten ab. Abbildung 6 zeigt ein Beispiel eines E-Business-Szenario-Modells.

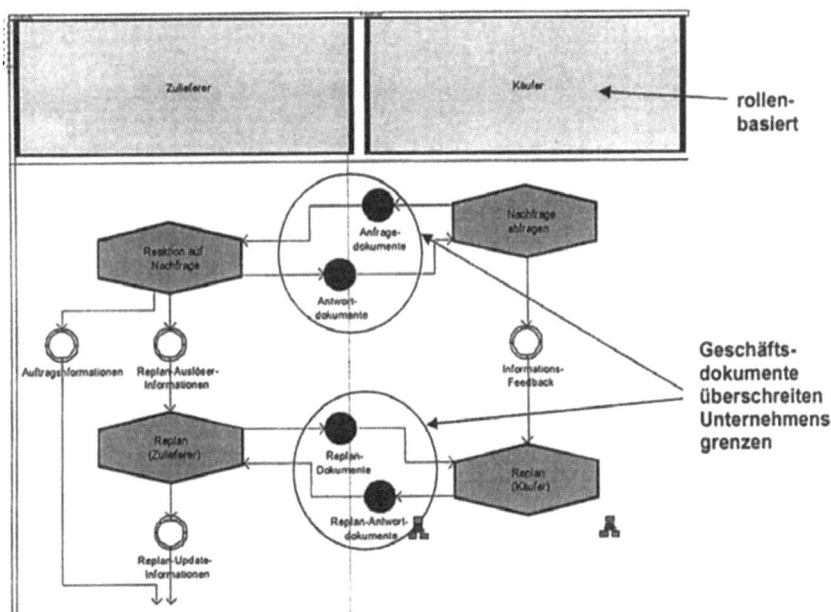

Abb. 6: Beispiel eines E-Business-Szenarios

Diese Szenarios werden in der nachfolgenden Phase von eBPI, der Spezifikationsphase, weiter definiert. Zu dieser Spezifikationsphase gehören die Definition unternehmensinterner und unternehmensübergreifender Prozesse, die für die Umsetzung der festgelegten Szenarios notwendig sind, sowie die Auswahl der geeigneten E-Business-Tools, also beispielsweise von Anwendungssoftware oder RosettaNet PIPs. Die E-Business-Tools dienen der Umsetzung der E-Business-Prozesse in der nächsten Phase von eBPI, der Realisierungsphase.

Die Prozesskomponenten der E-Szenarios, in denen Dokumente zwischen Rollen und demnach zwischen Unternehmen ausgetauscht werden, können weiter spezifiziert werden, und zwar mit Elementen von SCOR-Ebene III und den RosettaNet PIPs. Auch hier sind alle ARIS-Sichten abgedeckt.

Weitere RosettaNet PIP-Elemente, insbesondere detaillierte Prozessmodelle, können auf Ebene vier und tiefer in Verbindung mit Software-Referenzmodellen verwendet werden. Referenzmodelle von SAP und RosettaNet wurden erfolgreich getestet. Diese höchste Stufe der Prozess-Spezifikation kann nun basierend auf den festgelegten Softwarepaketen und den technischen Komponenten des Rosetta-Net-Standards implementiert werden.

Das eBPI-Framework, so einfach es auch sein mag, hat uns geholfen, die SCOR-Modellierung zu organisieren und zur B2B-Modellierung in Bezug zu setzen, die zur Definition der E-Business-Szenarios bis hinab zur Ebene der öffentlich verfügbaren Protokolle verwendet wurden. In der folgenden Tabelle finden sie eine Übersicht über die Darstellungen und Modelltypen, die in dem entwickelten Vorgehensmodell verwendet wurden.

Tabelle 1: Übersicht über die im eBPI-Framework eingesetzten Modelle

EBPI-Phase	SCOR-Methodik	SCOR-Modellierung	E-Business-Szenarios	Referenz-Modelle	ARIS-Arch.-Säule
VISION					
	Basis für Wettbewerb	SCORcard			(Tabelle)
		Produkte			Produkt
		Unternehmen			Unternehmen
		Standorte			Unternehmen
		Materialfluss			Prozess
	Konfiguration der Supply Chain	Prozessfluss Ebene II		SCOR	Prozess
		Metrik Ebene II		SCOR	Prozess
	AS/TO BE				
	Ausrichten der Leistung	Prozessfluss Ebene III		SCOR	Prozess
		Datenfluss Ein-/Ausgabe		SCOR	Daten
		Metrik Ebene III		SCOR	Daten
	Einstufung alternativer Lösungen	Rangliste	E-Business-Szenario-Vorlage		Prozess
SPEZIFIKATION					
			E-Business-Szenario		Prozess
		Prozessfluss Ebene III		SCOR	Prozess
		Datenmodell			Daten
				RosettaNet-PIP-Spezifikation	Prozess
				ERP-Referenz-Modell	Prozess
				Weitergabe-Prozess-Modell	Prozess
REALISIERUNG					
			E-Business-Szenario-Transport		BPML

Zu beachten ist, dass die Business Process Modeling Language (BPML) eine Metasprache zur Modellierung von Geschäftsprozessen ist, so wie XML eine

Metasprache zur Modellierung von Geschäftsdaten ist und für den Transport von Spezifikationen in die Realisierungsphase in Betracht kommt.

Abbildung 7 zeigt eine Übersicht über den beschriebenen Ansatz.

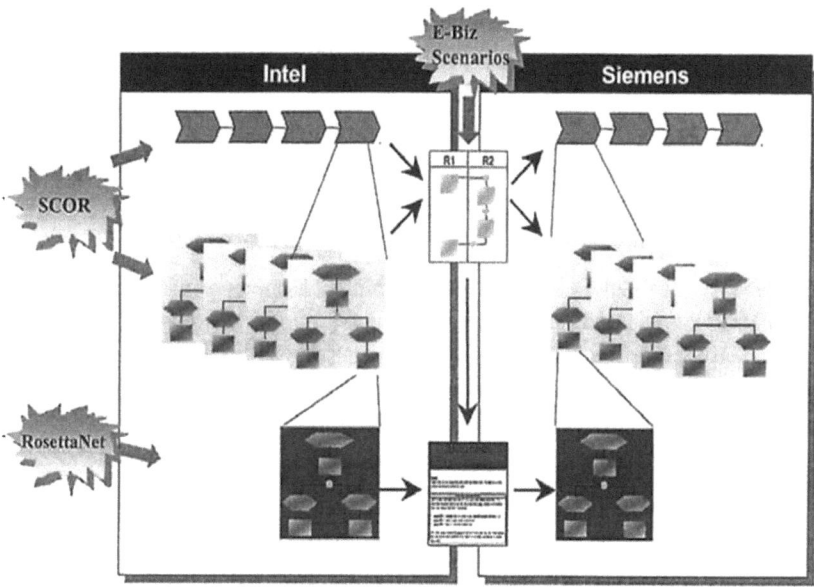

Abb. 7: Definition von E-Business-Prozessnetzwerken mit SCOR und RosettaNet

4 Anwendung des Vorgehensmodells

Ziel des gemeinsamen Projekts von Intel, Siemens und IDS Scheer war die Entwicklung eines Vorgehensmodells für Entwurf und Implementierung unternehmensübergreifender Geschäftsprozesse. Die integrierte Verwendung von SCOR und RosettaNet-Standards führt zu einer effizienten Vorgehensweise. In Workshops wurden realistische Beispiele der Zuordnungsmethodik von SCOR zu RosettaNet in ARIS bearbeitet und auf die Intel-Siemens Supply Chain angewendet.

4.1 Schlüsselfunktionen der verwendeten Tools

Da die ARIS-Architektur als Basis für die Prozessbeschreibung ausgewählt wurde, bot sich das ARIS Toolset (ATS) - eine Reihe von auf der ARIS-Architektur basierender Software-Tools - für diese Initiative an [11]. Den entscheidenden

Ausschlag für die endgültige Entscheidung gaben allerdings einige spezielle Eigenschaften.

Kernvoraussetzung ist natürlich, dass die beschriebenen Methoden unterstützt werden. Weiterhin ist es aber wichtig, dass das ATS auch UML-Modellierung und Schnittstellen zu Softwareentwicklungs-Tools unterstützt. So können entwickelte Anforderungsdefinitionen sehr effektiv als Grundlage für die Softwareentwicklung verwendet werden, ohne dass redundante Arbeitsschritte erforderlich sind.

Der zweite wichtige Faktor ist die Verfügbarkeit aller benötigten Referenzmodelle im Tool: SCOR, RosettaNet PIP-Definitionen und SAP-Referenzmodelle stehen im ATS zur Verfügung. Dies ermöglicht einen problemlosen Einsatz der in diesen Industriestandards definierten Geschäftsprozesse.

Die Möglichkeit, Modelle über das Internet veröffentlichen und die Modelle sogar internetbasiert entwickeln zu können, ist eine wichtige Voraussetzung für diese unternehmensübergreifende Initiative. Mitarbeiter an den verschiedensten Standorten, sogar auf verschiedenen Kontinenten, waren beteiligt. Deshalb sind Kommunikation und Modellaustausch über das Internet sehr wichtige Faktoren.

Insgesamt tragen die Bedienungsfreundlichkeit des Tools sowie die Tatsache, dass alle beteiligten Unternehmen das ATS bereits benutzen, als weitere Gründe zur Nutzung des ATS bei. Nach den inhaltlichen Standards SCOR and RosettaNet wird auch der „Tool-Standard" ARIS Toolset eingesetzt.

4.2 Erfahrungen

Die Kooperation zwischen Intel, Siemens und IDS Scheer führte zu einem pragmatischen und nachvollziehbaren Ansatz zur Modellierung von unternehmensübergreifenden Geschäftsprozessen, der auf SCOR und anderen Referenzmodellen, wie RosettaNet, basiert. Alle beteiligten Parteien waren in der Lage, den Wert der integrierten Nutzung von SCOR und RosettaNet-Standards weiteren Unternehmen und Organisationen zu vermitteln.

Folgende Nutzeneffekte konnten erzielt werden:

- Ein einziger integrierter „Bestand" von SCOR-Modellen, Standard-E-Business-Szenarios und RosettaNet PIP-Prozessen ermöglicht die Unterstützung zukünftiger Supply Chain-Projekte in Zusammenhang mit unternehmensübergreifenden Prozessen.

- Sobald eine stabile Architektur für die Zuordnung von SCOR zu RosettaNet entwickelt war, konnten andere Standards leichter integriert werden, z. B. Standardsoftware Referenzmodelle.

- Die SCOR-Modelle bilden den Gesamt-Rahmen der entwickelten ARIS-Datenbank. Durch Hinzufügen allgemeiner E-Business-Szenarios auf Ebene 2 und gegebenenfalls auf Ebene 3 können Projektteams einen vordefinierten Satz von E-Business-Szenarios innerhalb des SCOR-Frameworks verwenden. Außerdem können die Projektteams ihre Arbeit durch eine Verknüpfung zu den RosettaNet PIPs in den E-Business-Szenarios auf eine Vorauswahl relevanter PIPs hinsichtlich bestimmter unternehmensübergreifender Prozessabfolgen konzentrieren.

- Basierend auf den Standardmodellen können die Teams je nach Bedarf ihre speziellen Prozesse auf den Ebenen 3, 4 und 5 modellieren. Die Auswahl vollständiger Referenzmodelle oder aber bestimmter Teile und Elemente daraus beschleunigt das Vorgehen und führt zu einer umfassenderen Normierung über mehrere Projektteams hinweg, die dieselbe ARIS-Referenzdatenbank verwenden.

- Während der Definition der Detail-Prozesse können die Projektteams vormodellierte PIP-Prozesse und Softwarereferenzmodelle nutzen.

- Als Endergebnis wird ein Prozessrepository aufgebaut, das auf der SCOR-Referenzstruktur basierende, standardisierte unternehmensübergreifende Prozesse enthält und die RosettaNet-Prozess-Standards für den Dokumentenaustausch verwendet. Dies führt zu einer äußerst effizienten Planung und Realisierung unternehmensübergreifender Prozesse.

Insgesamt wurde also ein „Geschäftsprozess-Lagerhaus" aus Referenzmodellen aufgebaut, das in Kombination mit den definierten Prozeduren und dem ARIS Toolset eine „Geschäftsprozess-Fabrik" bildet. Diese „Fabrik" ermöglicht ein effizientes und effektives Entwerfen und Implementieren von E-Business-Prozessnetzwerken.

5 Literatur

[1] vgl. Supply-Chain Council (Hrsg.): Supply-Chain Operations Reference-model – Overview of SCOR Version 5.0. Pittsburgh, 2001.

[2] vgl. RosettaNet (Hrsg.): RosettaNet Overview. Unter: rosettanet.org. 07/2000.

[3] vgl. Scheer, A.-W.: CIM – Computer Integrated Manufacturing. 3rd edition, Berlin, New York u. a. 1994.

[4] vgl. Scheer, A.-W.: Business Process Engineering. 2nd edition, Berlin, New York u. a. 1994.

[5] vgl. Kirchmer, M.: Business Process Oriented Implementation of Standard Software – How to Achieve Competitive Advantage Efficiently and Effectively. 2nd edition, Berlin, New York u. a. 1999.

[6] vgl. Scheer, A.-W.: ARIS – Business Process Frameworks. 2nd edition, Berlin, New York u. a. 1998.

[7] vgl. Scheer, A.-W.: ARIS – Business Process Modeling. 2nd edition, Berlin, New York u. a. 1998.

[8] vgl. Kirchmer, M.: e-Business Processes – A Complete Lifecycle Management Approach. White Paper. Berwyn 2000.

[9] vgl. Kirchmer, M.: Market- and Product-Oriented Definition of Business Processes. In: Elzina, D.J., Gulledge, T.R., Lee, C.-Y.: Business Engineering. Norwell 1999, S. 131-144.

[10] vgl. z. B. Jost, W.: Mit innovativen Lösungen zum dauerhaften E-Business Erfolg. In: IDS Scheer AG (Hrsg.): Documents of ARIS Processworld. Düsseldorf 03/2000.

[11] vgl. IDS Scheer AG (Hrsg.): Business Process Management – ARIS Toolset Products. White Paper, Saarbrücken 02/2000.

ARIS im Einsatz bei der Stadtwerke München GmbH

Ottmar Leitenberger
Stadtwerke München GmbH

Zusammenfassung:

ARIS wird in Verbindung mit dem Projekt 'Prozessorientierte Einführung von SAP-R/3' ausgewählt und für die gesamte Gestaltung des SAP-R/3-Systems genutzt. Die Prozessausrichtung und -optimierung, sowie die Unterstützung der Kern- und Serviceprozesse werden als wesentliche Zielsetzungen der IT-Strategie definiert. Die Migration aus SAP-R/2 und die Einführung von SAP-R/3 einschließlich IS-U (industry solution utilities) orientieren sich bereits vor dem Start der Sollkonzepte, im ersten Projektabschnitt, an den festgelegten Kern- und Serviceprozessen. Nicht nur im Zusammenhang mit dem Übergang auf SAP-R/3 bietet der Einsatz von ARIS Chancen zur Verbesserung der Organisation und des Management sowie der Optimierung von Prozessen in allen Bereichen eines kommunalen Versorgungs- und Dienstleistungsunternehmens. Für die Prozessbearbeitung wurden in der Organisation des Projektes 'Prozessorientierte Einführung von SAP-R/3' eigene Teams eingerichtet. Gemeinsames Ziel: medienbruchfreie Unterstützung der Prozesse herbeiführen. Beschrieben wird die Aufgabenverteilung, Verantwortung und die Zusammenarbeit innerhalb des Projektes und der Fachbereiche. Die Grundlagen der Prozessgestaltung und die vertikalen sowie horizontalen Komponenten der Prozessmodellierung werden dargestellt. Die zum Teil bis zu den Unterprozessen erarbeitete detaillierte Prozessdokumentation wird in die Prozesslandkarte überführt.

Schlüsselworte:

IS-U (industry solution utilities), PT (public transport), Prozessorientierte Einführung von SAP-R/3, Projektziele, Hauptnutzen, Bedeutung der Prozessausrichtung, Kern- und Serviceprozesse, Referenzprozesse, SAP-Workflowfunktionen, Sollprozesse, medienbruchfreie Unterstützung von Prozessen, Projektorganisation, Meilensteine im Projekt, Aufgaben und Verantwortung im Projekt, Prozessgestaltung, -modellierung, -management, -auswahlmatrix (PAM), -landkarte

1 Ausgangssituation

1.1 Veränderte Rahmenbedingungen in der Energiewirtschaft

Durch die Liberalisierung in der Energiewirtschaft veränderten sich ab etwa 1997 die Rahmenbedingungen gravierend. Insbesondere Stadtwerke waren sind davon betroffen und mussten sich ab dieser Zeit auf die Positionierung im Wettbewerb ausrichten.

Die Stadtwerke München GmbH

versorgt mit	- Strom
	- Fernwärme
	- Gas
	- Wasser
und betreibt	- die U-Bahn, Tram und Busse und
	- Schwimmbäder

in München und zum Teil im Umland. Als größtes kommunales Dienstleistungsunternehmen erbrachte die Stadtwerke München GmbH im Geschäftsjahr 2000 einen jährlichen Umsatz von etwa 1,6 Mrd. Euro und beschäftigt rund 7.500 Mitarbeiter.

Der organisatorische Aufbau des Unternehmens richtete sich bis 1998 auf die Sparten aus. Im Organisationsprojekt ‚Spartenbündelung in der Versorgung' wurde die Basis für die Zusammenführung der Einheiten, zum Beispiel Projektierung, Bau usw. geschaffen. Die grundlegend veränderte Aufbaustruktur besteht seit 1999.

Bis Ende 1997 wurden die Stadtwerke München als kommunaler Eigenbetrieb geführt. Mit der neuen Struktur in und mit den Unternehmensbereichen Versorgung, Verkehr, Personal und Soziales sowie Kaufmännische Aufgaben wurden die Voraussetzungen geschaffen, unter den veränderten Rahmenbedingungen den Aufgaben der kommunalen Versorgung und Dienstleistung voll nachzukommen.

1.2 Neuausrichtung der IT-Strategie

Ab Mitte 1997 wurde in einem Projekt die strategische Ausrichtung der Informatik bearbeitet. Bis dahin waren die zur Verfügung gestellten Systeme und Anwendungen im Wesentlichen durch funktionale Aspekte bestimmt und die Verfahrensintegration nur sehr eingeschränkt gegeben. Die Ergebnisse der IT-Strategie, die der Geschäftsführung der Stadtwerke München GmbH Ende 1997

ARIS im Einsatz bei der Stadtwerke München GmbH

mit Unterstützung durch die Managementberatung von Brill + Partner vorgelegt werden konnten, wurden u.a. folgende Empfehlungen zusammengefasst:

- Ausrichtung auf die kritischen Erfolgsfaktoren, die Unternehmensziele, Prinzipien der Unternehmenssteuerung und die Kernprozesse,
- eine Voruntersuchung zu SAP R/3 und damit den ersten Schritt der prozessorientierten Einführung von SAP R/3 zu veranlassen,
- die Informatik mit der Realisierung der Konzepte für IS-U (industry solution utilities – SAP-Branchenlösung für die Versorgungswirtschaft) zu beauftragen
- die Prozessoptimierung weiter zu konkretisieren, ein Prozessmodell zu erarbeiten und eine entsprechende Tool-Auswahl zu treffen,
- im Fachbereich Anwendungen der Informatik, neben den Teams für die einzelnen Anwendungen, Competence Center für die Unterstützung der Kernprozesse zu schaffen.

2 Zielsetzung

2.1 Voruntersuchung für den Einsatz von SAP-R/3

Von Ende Februar 1998 bis Ende Juni 1998 wurde eine Voruntersuchung für den Einsatz von SAP-R/3 durchgeführt. Im Fokus standen neben anderen Themen die Umsetzung und Migration der einzelnen SAP-Komponenten, neue Möglichkeiten der Abbildung veränderter Unternehmensstrukturen, die Organisation des Wechsels auf R/3, die systemseitige Auslegung und die Prozessausrichtung.

2.2 Entscheidung für den Einsatz von ARIS

Durch Kontakte zu IDS Scheer AG und Referenzen war das ARIS Toolset als Werkzeug zur Bearbeitung und Dokumentation bekannt. Die Festlegung auf ARIS hatte mehrere Gründe:

- Übergreifende und umfassende Aufnahme und Dokumentation von Prozessen sowie Unterstützung bei der Prozessoptimierung und -modellierung,
- Nutzung im Einführungsprojekt SAP R/3,
- Verwendung im Qualitätsmanagement.

Mit dem Einsatz von ARIS wurden erstmals bei den Stadtwerken München die aufgenommenen Prozesse maschinell erfasst und in einem IT-System zur

Verfügung gestellt. In allen bis dahin durchgeführten Organisationsuntersuchungen wurden die Ergebnisse in manuell erstellten Ablaufbeschreibungen festgehalten, die Fortführung der Prozessdokumentation war aufwendig und konnte kaum umgesetzt werden, der Zugang zur Dokumentation war nur eingeschränkt möglich. Allein aus diesen organisatorischen Gründen war die systemgestützte Erfassung und Fortschreibung der Prozesse dringend notwendig.

2.3 Start des Einführungsprojekts SAP R/3

Anfang Oktober 1998 startete das Projekt 'Prozessorientierte Einführung von SAP R/3'. Es umfasste die Migration der SAP-R/2-Komponenten nach SAP-R/3, die im Rahmen der Liberalisierung des Strommarkts ab Januar 1999 notwendigen aufbauorganisatorischen Änderungen in SAP-R/2, den Einsatz der Industrielösung für die Versorgungswirtschaft IS-U – integriert mit den SAP-R/3-Core-Anwendungen – sowie die R/3-nahe Entwicklung Public Transport (PT) für den Vertrieb im Bereich des Öffentlichen Personennahverkehrs, eine Anwendung eines Entwicklungskonsortiums.

SAP-R/3-HR ist seit April 1998 mit einzelnen Funktionsbereichen in einem separaten System – getrennt von den SAP-R/3-Core-Anwendungen – in produktivem Einsatz.

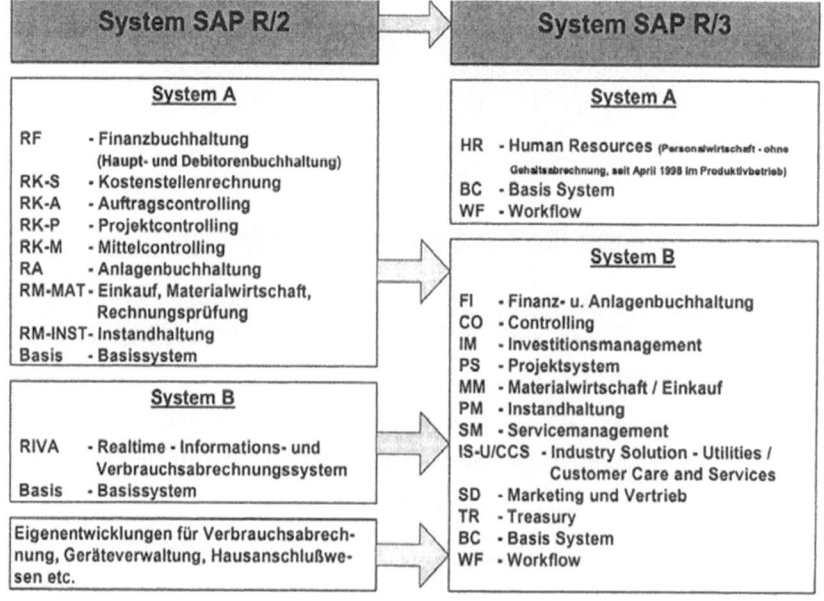

Abb. 1: Systemübersicht SAP-R/2-Systeme und Zielsysteme SAP-R/3

2.4 Ziele des Projekts 'Prozessorientierte Einführung von SAP-R/3'

Zusammengefasst wurden als Ziele des Projekts 'Prozessorientierte Einführung von SAP R/3' festgelegt:

- die Individualentwicklungen im Bereich Abrechnung, Geräteverwaltung und Hausanschlusswesen durch IS-U und Integration mit den R/3-Core-Anwendungen abzulösen,
- das R/3-System auf die Kern- und Serviceprozesse auszurichten,
- bei der Prozessunterstützung die Standardfunktionalitäten der SAP-Komponenten des R/3 einschließlich IS-U zur Anwendung zubringen und Modifikationen nur in besonders begründeten Ausnahmefällen zuzulassen,
- ein Höchstmaß an Integration zu schaffen,
- die geplanten Nutzenpotenziale umzusetzen,
- die vorgesehenen Einführungstermine einzuhalten.

2.5 Erwartete Hauptnutzen des Einführungsprojekts

Für das Projekt ‚Prozessorientierte Einführung von SAP-R/3' wurden die folgenden Hauptnutzen definiert:

- Unterstützung neuer Organisationskonzepte der Stadtwerke München,
- Verbesserung der Kunden- und Serviceorientierung,
- neue Verfahren und Prinzipien der Unternehmenssteuerung,
- Kostensenkung und Realisierung von Synergieeffekten,
- Öffnung für Kooperation und Allianzen,
- erhöhte Motivation der Mitarbeiter und Führungskräfte,
- Optimierung der Zusammenarbeit der Bereiche und Mitarbeiter,
- Modernisierung der Technologie.

2.6 Bedeutung der Prozessausrichtung bei der R/3-Einführung

Der besondere Stellenwert der Ausrichtung auf die Kern- und Serviceprozesse kommt sowohl in der Projektorganisation als auch in der Reihung der Projektaktivitäten zum Ausdruck. Schließlich bot die R/3-Einführung neue Möglichkeiten zur Prozessoptimierung, vor allem auch zur Unterstützung der im

Rahmen der 'Spartenbündelung der Versorgung' festgestellten Prozessverbesserungen, der Nutzung von Synergieeffekten usw. Als Chancen der systemgestützten Prozessausrichtung und -analyse wurden erwartet:

- die Analyse vermittelt Kenntnisse über die tatsächlichen Abläufe,
- die Unterstützung durch Varianten in den SAP-Referenzprozessen,
- die Prozesse werden neben SAP-R/3 von weiteren Anwendungen und Funktionen unterstützt, die miteinander zu verbinden sind,
- Potenziale durch organisatorische Veränderungen werden identifiziert, systemtechnische und technologische Möglichkeiten werden erkannt und realisierbar,
- Transparenz durch Darstellung der Prozesse,
- wiederverwendbare Dokumentation für künftige Maßnahmen und für kontinuierliche Verbesserungsprozesse.

2.7 Festlegung der Kern- und Serviceprozesse

Im Sommer/Herbst 1997 wurden zusammen mit den Geschäftsbereichsleitern der Versorgung und der Verkehrsbetriebe sowie der Zentralbereiche die Kern- und Serviceprozesse diskutiert und mit Arbeitstiteln versehen. Die Vorbereitung und Moderation der Gespräche lag beim Zentralbereich Organisation. Eines der Ziele bestand in der zahlenmäßigen Beschränkung und in der Zusammenführung der Beschreibung von Prozessen, die sowohl in der Versorgung als auch im Unternehmensbereich Verkehr zu finden sind. Beim Abschluss der Diskussion mit den Geschäftsbereichen lag folgende grobe Struktur für die Kern- und Serviceprozesse vor:

2.7.1 Kernprozesse

1. Strategien entwickeln, Planungen durchführen

    Alle strategischen Planungsvorgänge des Unternehmens sind in einem Planungsregelkreis integriert.

2. Planen und bauen

    Der Planungs- und Bauprozess bezüglich Neubau, Erweiterung und Sanierung hat den Zweck, die Infrastruktur zur störungsfreien Liefer-, Abnahme-, Nutzungs- und Beförderungsfähigkeit zur Verfügung zu stellen.

3. Kunden gewinnen und sichern, Endprodukte beschaffen

Langfristige Bindung und Hinzugewinnung von Kunden des Versorgungsmarktes wird durch Erkennen und Befriedigen der Kundenbedürfnisse erreicht. Die Beschaffung von Endprodukten zu wirtschaftlichen Bedingungen ermöglicht dem Unternehmen ihren Kunden interessante Preise anzubieten.

4. Betreiben und instandhalten

Der Betrieb und die Instandhaltung sind so ausgelegt, dass die vereinbarte Dienstleistungsbereitschaft in wirtschaftlich vertretbarem Rahmen sichergestellt ist.

5. Beförderungsleistungen planen und verkaufen

Den Kunden der Verkehrsbetriebe wird ein bedarfsgerechter Linien- und Fahrplan, ein wirtschaftlich optimiertes und betrieblich realisierbares Leistungsangebot und ein kundenorientiertes Tarif- und Verkaufssystem geboten.

6. Beförderungsleistungen erbringen

Das Erbringen der Beförderungsleistungen besteht in der Beförderung von Personen vom Ausgangs- zum Zielort auf der Basis der individuellen Beförderungsverträge und des Verkehrsbedienungskonzeptes.

2.7.2 Serviceprozesse

1. Personal beschaffen, entwickeln und abrechnen,
2. Material und Dienstleistungen beschaffen,
3. Internes und externes Rechnungswesen durchführen,
4. Finanzierung sicherstellen,
5. Informations- und Kommunikationssysteme entwickeln, bereitstellen und betreuen.

Die Kernprozesse 1, 2 und 5 wurden für die Versorgung und den Verkehr definiert, der Kernprozess 3 für die Versorgung und die Kernprozesse 5 und 6 für die Verkehrsbetriebe. Die Serviceprozesse werden durch die Zentralbereiche geführt.

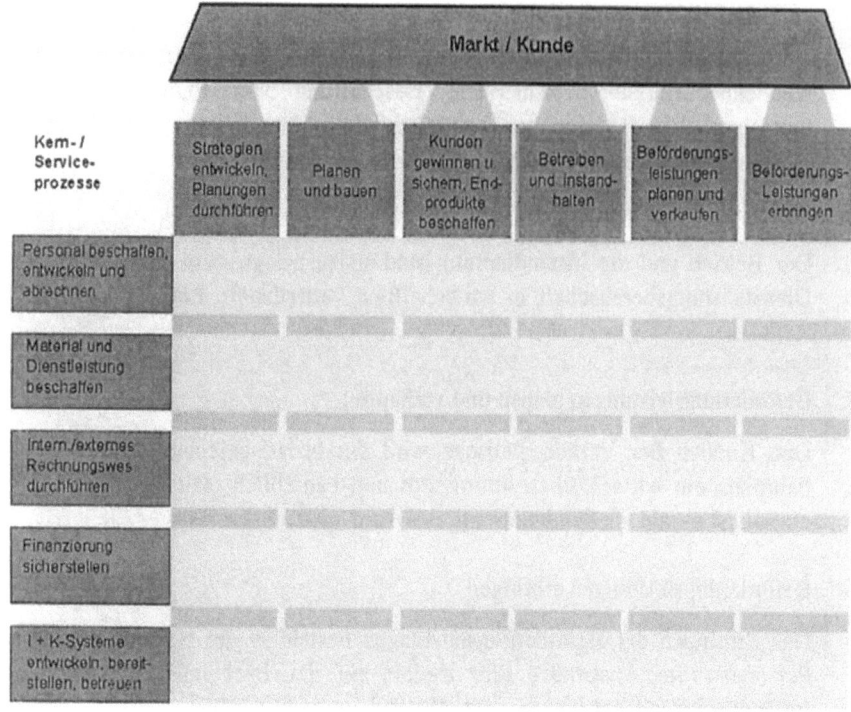

Abb. 2: Beziehungsmatrix Kern- und Serviceprozesse

3 Vorgehensweise

3.1 Projektorganisation

3.1.1 Die Prozessbearbeitung geht der Realisierung des R/3 voraus

Die Aktivitäten bezogen sich Ende 1998 und im ersten Quartal 1999, also am Beginn des Projekts, auf zwei Schwerpunkte:

- Vertiefen der in der ersten Ebene definierten Kern- und Serviceprozesse, Dokumentation der Anforderungen für die R/3-Modulteams,
- Abbilden der aus dem Unbundling im Strommarkt resultierenden Anforderungen.

Noch vor den R/3-Maßnahmen, die sich insbesondere auf die R/3-Core-Komponenten bezogen (z. B. Customizing), mussten möglichst viele Anforderungen aus der Prozessaufnahme und -modellierung bekannt sein, um diese in die R/3-

Ausprägungen einbringen zu können. Im Begriff Prozessmodellierung sind die Maßnahmen des Business Process Reengineering und die Prozessoptimierung zusammengefasst.

3.1.2 Teilprojekte für die Prozessbearbeitung

Die Organisation des Projekts 'Prozessorientierte Einführung von SAP-R/3' entspricht zusammen mit dem Lenkungsausschuss, der Projektleitung und den einzelnen Teams im Wesentlichen dem klassischen Aufbau vergleichbarer Projekte. Für die Prozessbearbeitung wurden eigene Teams gebildet; für jeden Kernprozess ein eigenes Team und ein Team für die übergreifenden Themen und die Koordination der Kernprozessteams. Für die Serviceprozesse wurden keine eigenen Teams eingerichtet. Die Anforderungen der Serviceeinheiten sind im Wesentlichen durch die einzelnen SAP-R/3-Komponenten abgedeckt.

Die Kernprozessteams setzten sich aus Mitarbeitern des Zentralbereichs Organisation, den Kernprozessbegleitern der Informatik sowie aus Mitarbeitern der Fachbereiche zusammen. Die Leitung der Teams lag bei den Mitarbeitern der Organisation, die auch die Leitung des Teams für übergreifende Aufgaben und Koordination stellte.

Die Kernprozessbegleiter sorgen für die möglichst medienbruchfreie Unterstützung der Prozesse, stehen dabei den Fachbereichen sowie den produktbezogenen Competence Centern innerhalb des Fachbereichs Anwendungen im Bereich Informatik zur Verfügung.

3.1.3 Kommunikation im Projekt

Die Kommunikation erfolgte bei spezifischen Aufgabenstellungen zwischen den Teams. Für die Zusammenführung und teamübergreifende Information und Abstimmung wurden monatliche Projektsitzungen eingerichtet, in die auch die R/3-Modulteams und die Berater einbezogen waren.

3.1.4 Meilensteine

Im Projekt wurden insgesamt sechs Meilensteintermine definiert, bei denen auch Ergebnisse aus der Prozessbearbeitung im Lenkungsausschuss präsentiert wurden.

Meilensteininhalte und -termine:

- Prototyp 1 (Ende 01/1999): Executive Information System (EIS) einschl. Messgrößen,

- Prototyp 2 (Ende 04/1999): Darstellung der durchgängigen Funktionalität an Beispielen, nicht Endausprägung im Customizing; Ziele: Test der Unterstützung eines Kernprozesses durch die R/3-Core-Anwendungen unter

Einbeziehung möglichst aller eingesetzten Module sowie Test der Integration der R/3-Core-Anwendungen mit IS-U,

- Prototyp 3 (Ende 07/1999): Ergänzung bzw. weitere Ausprägung des Prototyps 2, u.a. Konzept für Ergebnis- und Marktsegmentrechnung sowie für den Hausanschluss Strom,

- Prototyp 4 (Ende 10/1999): Endausprägung Customizing (ausgehend von Prototyp 3),

- Prototyp 5 (Ende 01/2000): Abschluss Integrationstest, Vorbereitung auf den Produktivbetrieb, u.a. exemplarische Darstellung eines migrierten / integrierten Datenbestandes, fachliche Freigabe und Abnahme durch die Fachbereiche, Vorbereitungsstand des Produktivsystems usw.,

- Prototyp 6 (Ende 03/2000): Übergang in den Produktivbetrieb, u.a. Freigabe der produktiven Migration durch den Lenkungsausschuss, Einrichten des Helpdesk, der Anlaufunterstützung und Notfallorganisation, Vorstellung des Verfahrenshandbuchs für das Prozessmodell.

ARIS im Einsatz bei der Stadtwerke München GmbH

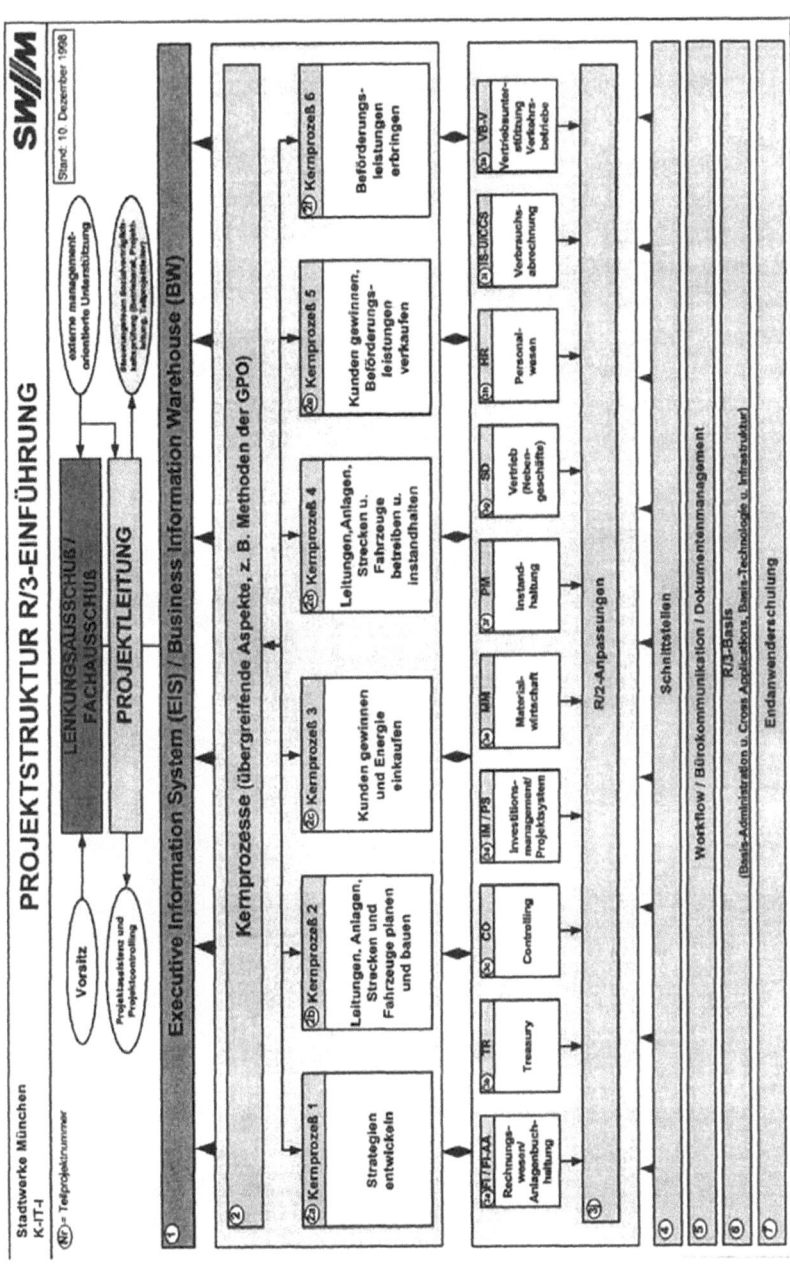

Abb. 3: Prozessorientierte Einführung von SAP-R/3

3.2 Aufgabenverteilung und Zusammenarbeit zwischen den Bereichen

3.2.1 Überführung der Prozessanforderungen in die R/3-Komponenten

Durch die Ausrichtung auf die Kern- und Serviceprozesse war auch die Aufgabenzuordnung auf die beteiligten Teams, Fachbereiche und Berater vorgegeben. Die Ergebnisse der Prozessaufnahme und -dokumentation der Anforderungen waren Grundlage für die funktionale und organisatorische Ausprägung in den R/3-Komponenten, einschließlich von SAP-Workflowfunktionen.

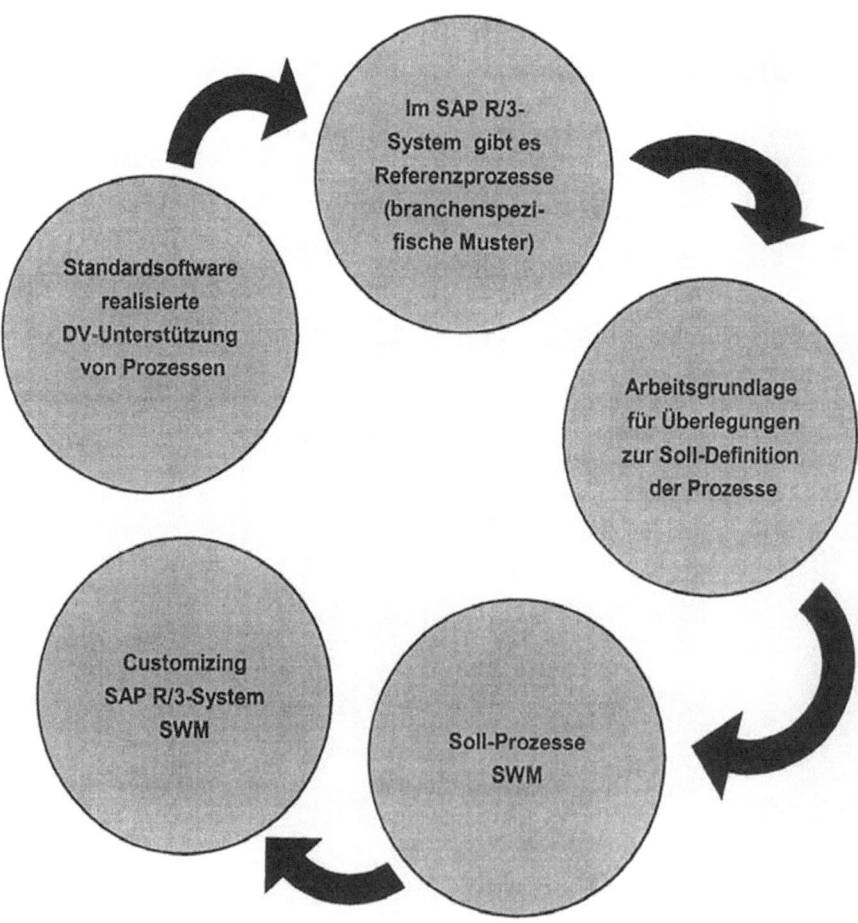

Abb. 4: Zusammenhang R/3 und Prozessorganisation

3.2.2 Aufgaben und Verantwortung

Den für die Prozesse verantwortlichen Mitarbeitern der Organisation, der Informatik und der Fachbereiche wurden Hauptaufgaben, die interaktiv zu bearbeiten sind, zugeordnet.

3.2.2.1 Prozessbezogene Aufgaben der Organisation

- Entwicklung des Gesamtprozessmodells,
- Definition der Kernprozesse (einschl. Prozessanfang, -ende, Messgrößen),
- Aufteilung der Prozesse in Aktivitäten (über mehrere Ebenen) und Dokumentation mit ARIS,
- Zuordnung der organisatorischen Einheiten zu den Prozessaktivitäten,
- Interviews und Arbeitsplatzanalysen an ausgewählten Arbeitsplätzen,
- Verabredung von Zielen (Sollwerten) für die Messgrößen (Abstimmung mit den betroffenen Bereichen und dem Lenkungsausschuss),
- Richtlinien und Methoden zum Business Process Reengineering (BPR),
- Veranlassung und Begleitung oder Leitung von BPR-Projekten.

3.2.2.2 Prozessbezogene Aufgaben der Informatik

Die Kernprozessbegleiter haben in erster Linie ein managementorientiertes, aber auch ein anwendungsbezogenes Aufgabenpaket:

- Unterstützung des Zentralbereichs Organisation bei dessen Aufgaben,
- Aufbau von Kenntnissen über alle vorhandenen und geplanten Anwendungen,
- Einsatz von ARIS und anderen Tools (z. B. IMG in SAP-R/3), mit denen die Prozesse dokumentiert werden,
- Zuordnung der beim Start des R/3-Einführungsprojekts eingesetzten Anwendungen zu den Teilprozessen gemäß Prozessdokumentation (bezogen auf den Prozess des Kernprozessbegleiters),
- vertiefte Kenntnisse aufbauen über die Anwendungen,
- Aufbau von Kenntnissen über die Infrastruktur, die Telekommunikation, sonstige organisatorische Hilfsmittel, die im Prozess eingesetzt werden,
- Stärken-/Schwächenanalyse bezüglich der Infrastruktur, der Telekommunikation, der sonstigen organisatorischen Hilfsmittel und vor allem der Anwendungen, die im Prozess eingesetzt werden, dabei insbesondere Analyse des Themas ‚Medienbrüche',

- Handlungsbedarf beschreiben; Maßnahmen anstoßen, priorisieren, begleiten,
- Interviews und Arbeitsplatzanalysen an ausgewählten Arbeitsplätzen der Prozesse (siehe auch Organisation),
- Erarbeiten des Handlungsbedarfs und eines Konzeptes zur optimalen Unterstützung des Prozesses mit Hilfe der Informationsverarbeitung und Telekommunikation,
- Abstimmung des Konzeptes mit den hauptbetroffenen Bereichen,
- Ableiten eines Maßnahmenplans aus dem Konzept (von globalen Maßnahmen, z. B. neuen Anwendungslösungen bis hin zu Detailmaßnahmen, z. B. in Bezug auf R/3, integrierte Lösungen, Anforderungen, die über Standardapplikationen abgebildet werden können),
- Veranlassung und Begleitung oder Leitung von Projekten zur verbesserten Unterstützung des Prozesses mit Hilfe der Informationsverarbeitung (Anwendungen, Infrastruktur) und Telekommunikation,
- Mitwirkung bei BPR-Projekten.

3.2.2.3 Prozessbezogene Aufgaben der Fachbereiche

- Einbringen fachlicher Anforderungen bei der Ist-Analyse,
- bei der Erstellung des Sollkonzepts sicherstellen, dass die erzielten Ergebnisse die Rahmenbedingungen der Fachbereiche berücksichtigen, ein wirtschaftliches Arbeiten der Fachbereiche ermöglichen und Verbesserungspotenziale genutzt werden,
- Koordination im Fachbereich.

3.2.2.4 Prozessbezogene Aufgaben im SAP-R/3-Betrieb

Die oben beschriebene Aufgabenverteilung wurde in den wesentlichen Grundzügen auch in den SAP R/3-Betrieb übernommen. Im Juli 2000 wurde das Customer Competence Center (CCC) der Stadtwerke München GmbH durch die SAP AG zertifiziert. In der virtuellen Organisation des CCC arbeiten die Informatik, die mit der Leitung des CCC betraut wurde, die Fachcompetence-Center der für die einzelnen R/3-Komponenten verantwortlichen Fachbereiche sowie die Organisation zusammen. Die Aufgaben im Prozessbereich und im Einsatz des ARIS Toolset sind entsprechend zugeordnet.

Organisation

- Pflege und Weiterentwicklung des Gesamtprozessmodells in Bezug auf Kern- und Serviceprozesse,

- Unterstützung der Geschäfts- und Servicebereiche bei der Optimierung der Geschäftsprozesse in Hinblick auf den Einsatz von SAP-R/3,
- Administration von ARIS,
- Definition der Messgrößen zusammen mit den Fachbereichen, Mithilfe bei der Organisation der Ist- und Sollwertermittlung für Messgrößen.

Kernprozessbegleiter im Fachbereich Anwendungen der Informatik

- kontinuierliche Stärken-Schwächen-Analyse der IV-Unterstützung der Kernprozesse, Analyse von Medienbrüchen,
- Veranlassung und Begleitung von Projekten zur verbesserten Unterstützung der Prozesse durch SAP-Anwendungen,
- Mitwirkung beim Business Process Reengineering.

3.3 Vorgehensmodelle

3.3.1 Grundlagen der Prozessgestaltung

Zunächst wurde der Begriff Prozess formal definiert und anschließend die wesentlichen Bestandteile der Definition im einzelnen erklärt. Wesentliche Bestandteile der Prozessdefinition sind

- Input/Output (Transformation einer Leistung),
- Kunde (der Output hat einen Nutzen; er wird von einem Kunden, ein unternehmensinterner Kunde oder ein externer Kunde, nachgefragt)
- Wert (der Output des Prozesses ist mehr wert als in der Input, d. h. der Prozess ist wertschöpfend),
- Aufgaben (Funktionen) mit logischer Folgebeziehung (die Aufgabe ist der eigentliche Kern des Prozessgedankens).

3.3.2 Vertikale und horizontale Komponenten der Prozessmodellierung

Neben der zeitlich, logischen Komponente haben Prozesse zwei weitere wichtige Dimensionen: eine vertikale Komponente, welche die Detaillierung der Prozesse beschreibt und eine horizontale Komponente, welche die Prozesse gemäß der unterschiedlichen Charakteristik in Gruppen zusammenfasst.

3.3.2.1 Vertikale Prozessstruktur und Prozesshierarchie

Die verschiedenen Detaillierungsgrade führen zu einer Prozesshierarchie:

- Beschreibung der Kernprozesse auf der strategischen Ebene (z. B. Planen und bauen),
- der Planungsprozesse kann detailliert werden in Projektvorbereitung→ Planung → Ausführung→ Projektabschluss,
- auf der Detailebene erfolgt für und in der IT-Anwendung eine weitere Beschreibung.

Die Prozessarchitektur der Stadtwerke München gliedert sich nach folgender Hierarchie:

- Kernprozesse,
- Hauptprozesse,
- Prozesse,
- Teilprozesse,
- Unterprozesse.

3.3.2.2 Die horizontale Prozessstruktur

In einer Hierarchieebene können Prozesse nach der Charakteristik differenziert werden. Es sind dies

- Führungsprozesse,
- Ausführungsprozesse und
- Unterstützungsprozesse.

Bei den Stadtwerken München sind die Prozesse horizontal in

- Kernprozesse (z. B. Planen und bauen) und
- Serviceprozesse (z. B. Material und Dienstleistungen beschaffen)

gegliedert.

Die Kernprozesse enthalten sämtliche zum Kerngeschäft der Stadtwerke München gehörenden Aktivitäten. Sie tragen unmittelbar zur Wertschöpfung im Unternehmen bei. Die Serviceprozesse hingegen haben eine Dienstleistungsfunktion. Sie unterstützen als Querschnittsprozesse die Kernprozesse und tragen somit indirekt zur Wertschöpfung bei.

3.3.3 Prozessmanagement und -verbesserung

Im Prozessmanagement werden Prozessleistungen definiert und überwacht. Im Rahmen der Prozessverbesserung werden je nach Grad des Verbesserungspotenzials drei Vorgehen unterschieden:

ARIS im Einsatz bei der Stadtwerke München GmbH 183

- die Kontinuierliche Prozessverbesserung,
- die Geschäftsprozessverbesserung und
- das Geschäftsprozess-Redesign.

3.3.4 Grundregeln zur Prozessmodellierung

Wichtige Aspekte, die im Rahmen der Prozessanalyse als Vorbereitung zur eigentlichen Prozessgestaltung beachtet werden, sind:

- ABC-Analyse der zu beschreibenden Prozesse, klassifiziert nach ihrer Wichtigkeit,
- Unterscheidung von Kern- und Serviceprozessen,
- Festlegen des Beschreibungsniveaus,
- Identifikation der Prozessauslöser und Prozessergebnisse,
- Identifikation der Inputs und Outputs,
- Identifikation des Prozessverantwortlichen und -ausführenden,
- Bestimmung der unterstützenden Anwendungssysteme.

3.3.5 Prozessarchitektur der Stadtwerke München im Detail

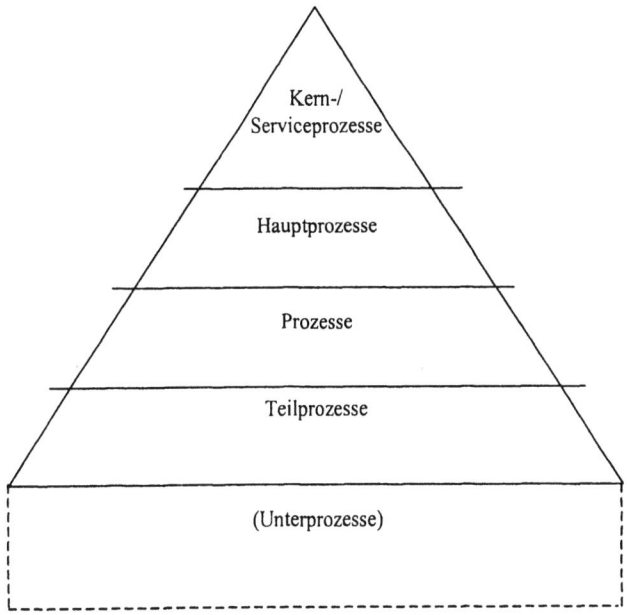

Abb. 5: Prozessarchitektur der Stadtwerke München

Ebene 1 Kern- und Serviceprozesse

Definiert sind sechs Kernprozesse und fünf Serviceprozesse. Die entscheidenden Führungsinformationen werden auf Unternehmensebene aufgezeigt. Diese Ebene ist die Grundlage für die Leistungsabsprache und die Regelung der Verantwortlichkeiten im Unternehmen.

Ebene 2 Hauptprozesse

Aus der Kern- und Serviceprozessebene leiten sich die Hauptprozesse ab. Der Fokus liegt auf den Führungsinformationen und kann zur Leistungsmessung und -steuerung verwendet werden. Die Prozesse dienen als Übersichtsmodell für die Grundstruktur der nachfolgenden anwendungsspezifischen Teilprozesse (u.a. der SAP-R/3-Transaktionen).

Ebene 3: Prozesse

Die Prozesse beschreiben die betriebswirtschaftlich orientierten Prozessketten eines Unternehmensprozesses. Diese Ebene leitet sich aus den Hauptprozessen ab und dient auch als Strukturierungsebene für die Teilprozesse. Es wird noch nicht sofort auf der gleichen Detaillierungsebene wie bei den SAP-Szenarioprozessen (Teilprozessen) modelliert, sondern es wird eine Zwischen-Detaillierungsstufe beschrieben. Damit vermeidet man, dass die darunter liegenden Teilprozesse zu komplex werden. Die nachfolgenden Prozesse liegen bereits auf der Detaillierungsstufe der SAP-Referenzprozesse.

Ebene 4: Teilprozesse

Die Teilprozesse werden fachlich aus den Prozessen abgeleitet und beschreiben den Arbeitsprozess. Sie dienen insbesondere als Arbeitsmodelle, beispielsweise für das Customizing in SAP-Systemen. Alle SAP-relevanten Informationen werden in diesen Modellen dokumentiert. Ein Teilprozess beschreibt die Aufgaben, deren Ablauffolge so detailliert ist, dass die Prozessanwender den Prozess in die Praxis umsetzen können. Damit die Effektivität und Effizienz eines Arbeitsprozesses gemessen werden kann, sind auch die Messgrößen zu dokumentieren.

In der Ebene 4 wird in zwei Bereiche unterschieden. Die Prozesse werden als 'nicht SAP-relevante Prozesse' modelliert, die nicht durch SAP-Komponenten unterstützt werden können. Für die SAP-relevanten Prozesse wird auf das Szenario 'erweitere Ereignisgesteuerte Prozesskette (eEPK)' aus dem SAP-Referenzmodell zurückgegriffen. Diese Modelle bilden die Gesamtstruktur des SAP-Systems ab. Die SAP-spezifischen Modelle sind bis zur Transaktionsebene definiert.

Ebene 5: Unterprozesse

Es handelt sich um eine Detaillierung der Teilprozesse. Merkmal dieser Ebene ist der funktionale Hauptbeschreibungsgegenstand, der fachlich per Definition nicht weiter sinnvoll aufgespaltet werden kann. Er dient als Grundlage für die tägliche Anwendung und ist Ausgangspunkt für ständige Verbesserungen. In einem ersten Schritt werden Prozesse auf dieser Detaillierungsebene nicht modelliert.

Ebene	Verwendete Methode	Dokumentation auf
Kern- und Serviceprozess	Wertschöpfungskettendiagramm (WKD)	(Übersicht Geschäfts- und Serviceprozesse)
Hauptprozess	Wertschöpfungskettendiagramm, (WKD), Prozessauswahlmatrix (PAM)	Geschäftsbereichsebene
Prozess	Wertschöpfungskettendiagramm (WKD), Prozessauswahlmatrix (PAM)	Fach- und Bereichsebene
Teilprozess	Erweiterte Ereignisgesteuerte Prozesskette (eEPK)	Funktions- bzw. Sachbearbeitungsebene
Unterprozess	Erweiterte Ereignisgesteuerte Prozesskette (eEPK)	Funktions- bzw. Sachbearbeitungsebene

3.3.6 Prozesslandkarte

Um ein weitergehendes Verständnis bezüglich des Ablaufs der Kern- und Serviceprozesse zu gewährleisten, kann eine Prozesslandkarten erstellt werden. Sie ist ein Übersichtsmodell, welches die Prozessmodelle – gegebenenfalls über mehrere Detaillierungsebenen hinweg – zusammenfasst und/oder aggregiert, sowie die Schnittstellen zu angrenzenden Kern- und Serviceprozessen abbildet. Die Prozesslandkarte ist ein Parallelmodell zu den eigentlichen Prozessmodellen.

3.4 Definition des Einsatzes von ARIS

3.4.1 ARIS-Sichten

Um die Komplexität der Modelle zu reduzieren, werden diese in einzelne Sichten zerlegt. Dabei ist zu beachten, dass die Beziehungen innerhalb der Sichten hoch und die Beziehungen zwischen den Sichten relativ einfach und lose gekoppelt sind. Eine Zerlegung erscheint nur unter dieser Voraussetzung sinnvoll. Ein Geschäftsprozess wird zunächst in folgende Sichten zerlegt:

- Datensicht,
- Funktionssicht,
- Organisationssicht und
- Ressourcensicht

Zustände und Ereignisse werden durch die Datensicht repräsentiert. In der Funktionssicht werden einzelne Funktionen und ihre Beziehung untereinander beschrieben. Die Struktur und die Beziehungen von Bearbeitern und Organisationseinheiten werden in der Organisationssicht abgebildet. Weiterhin werden die Komponenten der Informatik durch die Ressourcensicht beschrieben. Sie gibt für die Beschreibung der stärker betriebswirtschaftlich ausgerichteten Komponenten lediglich die informationstechnischen Rahmenbedingungen vor. Daher werden die Beschreibungen für Daten, Funktionen und Organisation in Abhängigkeit ihrer Nähe zu den Ressourcen der Informatik geführt. Die Ressourcensicht als eigenständiger Beschreibungsgegenstand wird durch ein Life-Cycle-Modell ersetzt.

Die vorgenommene Zerlegung reduziert zwar die Komplexität des Geschäftsprozesses, jedoch geht dadurch auch der Zusammenhang zwischen den einzelnen Sichten verloren. Deshalb wird durch die Einführung der Steuerungssicht die Verbindung zwischen den Komponenten der Prozesse wiederhergestellt. Es ergeben sich insgesamt die oben aufgeführten vier ARIS-Sichten.

3.4.2 Übertragen der Stadtwerke München Prozesstabellen in ARIS-Modelle

Im ersten Schritt wurden die Prozesse der Stadtwerke München in sog. Word-Tabellen erfasst. Sie waren einfach auszufüllen, ohne Aufwand abzuändern und dienten in den Gesprächen mit den Fachbereichen als Erklärungshilfe. Sämtliche Kern- und Serviceprozesse wurden zuerst in Form dieser Tabellen erfasst.

Die Inhalte der Tabellen wurden in die ARIS-Modelle übertragen. Die Felder 'Beschreibung und Ziele' werden als Funktionsattribute gepflegt.

Beschreibung	Funktionsattribut Beschreibung/Definition
Prozessziele	Funktionsattribut Prozessziele
Startereignisse	Prozessmodell (Ereignis)
Inputprozesse	Prozessmodell • EEPK: Prozess-Schnittstelle • WKD: Inaktive Prozesskette
Endereignisse	Prozessmodell (Ereignis)
Outputprozesse	Prozessmodell

	• EEPK: Prozess-Schnittstelle
	• WKD: Inaktive Prozesskette
Organisationseinheit	Prozessmodell (Stelle, Organisationseinheit wird Funktion zugeordnet)
Anwendungssystem Ist	Ist-Prozessmodell (Anwendungssystem wird Funktion zugeordnet)
Anwendungssystem Soll	Soll-Prozessmodell (Anwendungssystem wird Funktion zugeordnet)
Prozessmessgrößen	Vorläufig weiterhin in Tabellenform

An einem dreistufigen Beispiel kann die Struktur und der Inhalt der sog. Word-Tabellen nachvollzogen werden. Die Beschreibung unterscheidet sich innerhalb der einzelnen Prozessebenen. Ausgangspunkt ist der Kernprozess (KP) 4 ‚Betreiben und instandhalten' und bezieht sich auf Strecken und Infrastruktureinrichtungen des Unternehmensbereichs Verkehr.

Muster für den Hauptprozess Strecken/Infrastruktur betreiben und instandhalten

Beschreibung	Strecken: U-Bahn-Netz, Straßenbahnnetz, KOM-Netz Infrastruktur: Gesamtheit der Strecken-/Bahnhofsausrüstungen usw.
Prozesszweck	Gewährleistung der Bereitstellung störungsfreier und instandgesetzter Infrastruktur für den Fahrbetrieb
Messgrößen	• Tatsächliche Verfügbarkeit in Relation zur max. Verfügbarkeit (365 Tage)
	• Entstörzeit (Zeitraum Störungsmeldung bis zur Störungsbeseitigung)
	• usw.

Muster für den Prozess Instandhaltung

Beschreibung	Abwicklung von geplanter und ungeplanter Instandhaltung, Reinigung, diversen Wartungen, Inspektionen, Kontrollen der......
Prozesszweck	Erhaltung eines definierten Sollzustandes der Infrastruktur

Startereignis	• Leistungs-/zeitabhängige Meldung durch System
	• Meldung durch Werkstättenpersonal/Leitstelle/...
Inputprozesse	• KP 6
Endereignisse	• Instandhaltung ist abgeschlossen
Outputprozesse	• KP 6
Messgrößen	• Kosten der Instandhaltung der Infrastruktur pro...
	• Kosten der Infrastruktur pro....
	• Außerplanmäßige Ausfallzeiten in Relation zur max. Verfügbarkeit
	• usw.

Muster für den Teilprozess Instandhaltung ausführen

Beschreibung	Material abrufen, Kapazitäten abrufen, Eigenleistungen durchführen, ..., Teilrückmeldung vornehmen
Organisationseinheit	I-31, I-32, usw.
Anwendungssystem Ist	RM-INST, RM-MAT
Anwendungssystem Soll	PM, MM, PS

3.4.3 Sonstiges zum Einsatz von ARIS

Für die Nutzung des ARIS wurde ein Konventionenhandbuch erstellt, in dem neben den ARIS-Methoden, den Modell- und Namenskonventionen, der Modellierung, der allgemeinen Nutzung der ARIS-Ergebnisse und der ARIS-Dokumen-tation, auf die Grundsätze ordnungsgemäßer Modellierung, auf technische Konventionen, auf die Benutzerverwaltung und anderes eingegangen wird.

3.5 Unterstützung durch Externe im Projekt und deren Aufgaben

Das Projekt 'Prozessorientierte Einführung von SAP-R/3' wurde durch eine Arbeitsgemeinschaft, bestehend aus Mitarbeitern mehrerer Beratungsunternehmen, unterstützt. Die fachliche Verantwortung für die

ARIS im Einsatz bei der Stadtwerke München GmbH

Prozessbearbeitung lag bei der IDS Scheer AG, Saarbrücken. Durch die Einbeziehung der IDS Scheer AG war es möglich, die Prozessaufnahme zu vertiefen und zu intensivieren sowie insbesondere die notwendige Basis für die in SAP-R/3 abzubildenden Prozessszenarios zu schaffen.

Die Aufgaben der Beratung bezogen sich auf das übergreifende Teilprojekt der Kernprozesse und auf die pro Kernprozess eingerichteten Teilprojekte:

- Methodische Unterstützung bei der Geschäftsprozessoptimierung (Definition des Vorgehens und des Dokumentationsstandards; Qualitätssicherung der Standardeinhaltung; Grundüberlegungen zur Definition und Anbindung der Messgrößen),
- Inhaltliche Integration (Definition der Prozessarchitektur; Konsolidierung der Arbeitsergebnisse der Projektteams; usw.),
- Inhaltliche Ausgestaltung der Prozesse mit verschiedenen fachlichen Teilaspekten und Messgrößen.

4 Ergebnisse

Das in ARIS abgebildete Prozessmodell findet Anwendung in allen Unternehmensbereichen. Es wird nach Bedarf fortgeführt und tiefer gegliedert. Das Prozessmodell der Stadtwerke München geht über R/3 hinaus.

In dem Prozessmodell werden die Strukturen der Kernprozesse, Hauptprozesse und Prozesse von G-ORG gepflegt und freigegeben. Die Erhebung und Pflege der darunter liegenden Teilprozesse und Unterprozesse ist grundsätzlich Aufgabe der Fachbereiche und wird in der Regel von den dezentralen QM-Beauftragten ausgeführt. Für diese Arbeiten wird die Software ARIS Toolset eingesetzt, da auf diese Weise ein von oben nach unten durchgängiges Prozessmodell mit den entsprechenden Möglichkeiten (z. B. strukturierte Prozessdarstellung, diverse Auswertungsmöglichkeiten usw.) geschaffen werden kann.

Auf das Prozessmodell greifen sämtliche vertiefenden Prozessuntersuchungen und Prozessoptimierungen zurück. Dabei wird eine Schnittstelle in diesem 'Grobmodell' geschaffen und davon ausgehend das Modell verfeinert. Diese Verfeinerung wird nicht flächendeckend durchgeführt, sondern nur dort, wo es nutzbringend ist.

Bei Organisationsuntersuchungen ergibt sich eindeutig eine Arbeitsersparnis, da alle Informationen bezüglich der Abläufe aktuell vorhanden sind. Auf der Basis dieser Informationen können insbesondere

- Mängel in der Koordination paralleler Aktivitäten,

- Mängel durch Medienbrüche und Doppelarbeiten, sowie
- Mängel durch organisatorische Zuständigkeiten

erkannt werden.

Die Prozessbewertungen bezüglich Bearbeitungszeiten, Kosten, Mengen und Ressourcen durch Prozesskostenrechnung und Simulation werden möglich und einfacher.

Im Rahmen von QM-Maßnahmen und Zertifizierungen wird die automatisierte Erstellung von Verfahrens-/Arbeitsanweisungen genutzt.

Für die Anwendung und Fortführung der Prozesse mit ARIS wünschen sich einzelne Bereiche einfachere Möglichkeiten, um den erforderlichen Aufwand zu reduzieren und sich einen schnellen Überblick verschaffen zu können.

Nach der anfangs schwierigen und durch Maßnahmen im Rahmen des R/3-Projektes eher zurückgestellten Festlegung und Erfassung von Messgrößen kommt diesen immer größere Bedeutung bei der Steuerung des Unternehmens zu. Letztlich wurde mit der Definition von Messgrößen und Kennzahlen im Rahmen des Projekts 'prozessorientierte Einführung von SAP-R/3' die Basis für ein im Januar 2002 in den produktiven Betrieb gegangenes Balanced Scorecard-System geschaffen. Das dabei genutzte SAP-Strategic Enterprise Management System (SEM) bezieht wichtige Unternehmensmessgrößen ein und baut auf dem SAP-Business Information Warehouse (BW) auf, das wiederum – neben anderen – mit Informationen aus den operativen R/3-Komponenten versorgt wird.

5 Zusammenfassung

Die Ziele der 'Prozessorientierten SAP-R/3-Einführung' konnten erreicht und die angestrebten Nutzen umgesetzt werden. Die Prozessausrichtung der SAP-R/3-Einführung war dringend notwendig, um die im Wettbewerb erforderlichen Voraussetzungen aufbauen zu können. Im anderen Fall wäre die Umsetzung von SAP-R/2 auf R/3 eher einer reinen Migration gleichgekommen, ohne die Chancen der Prozessausrichtung aufzugreifen.

Die Vorgehensweise sowie die Zuordnung der Aufgaben im Projekt bestätigten sich. Dies gilt auch für den laufenden Betrieb, wenn sich auch dabei zum Teil Anpassungen hinsichtlich der Betreuung und Zuständigkeit für die in ARIS abgebildeten Prozesse ergeben.

Mit der Erstellung des ARIS-Prozessmodells konnten

- ein Verständnis vom Ineinandergreifen der betrieblichen Funktionen entwickelt,

- die einheitliche Systematik der Prozessbeschreibung im Unternehmen definiert,
- vielfältige Vorteile und Auswertungen aus den in ARIS erfassten Prozessen erzielt,
- ein Kopplungspunkt für spätere, vertiefte Prozessaktivitäten (wie ISO 9000) geschaffen,
- geeignete Hilfen für die Umsetzung von Organisationsmaßnahmen erarbeitet und
- alle Kern- und Serviceprozesse mit IT-Unterstützung dokumentiert

werden.

Die Prozessabbildung und Nutzung der Dokumentation bildet eine Voraussetzung für die betriebliche Steuerung bis hin zur Geschäftsentwicklungsplanung sowie der Balanced Scorecard mit SAP-SEM und SAP-BW.

Das SAP-Implementierungsmodell der Bundeswehr im Programm SASPF (Standard-Anwendungs-Software-Produktfamilien)

Adolf Bröhl

Bundesamt für Wehrtechnik und Beschaffung

Zusammenfassung:

Im Rahmen eines zehnjährigen Modernisierungsprogramms verfolgt die Bundeswehr das Ziel einer flächendeckenden Einführung der Software SAP. Die Neuausrichtung der Bundeswehr stützt sich dabei auf wissenschaftlich abgesicherte Methoden und industrielle Standards, sog. „Best Practices". Nicht zuletzt aufgrund inzwischen allgemein etablierter Erkenntnisse, nach denen das Prozessdesign bei der Einführung von ERP-Systemen eine erfolgsentscheidende Rolle spielt, hat sich die Bundeswehr daher konsequenterweise dem Paradigma einer prozessorientierten SAP-Einführung verschrieben.

Schlüsselworte:

Bundeswehr, SASPF, SAP, Standardsoftware, Prozessmodell, Prozessarchitektur, Scope-Modell, Y-Match, ASAP-Vorgehensmodell

1 Zielsetzung und Ausgangssituation

Die Bundeswehr (Bw) verfolgt mit SASPF das Ziel, im Rahmen eines zehnjährigen Modernisierungsprogramms ein integriertes ERP (Enterprise Resource Planning) -System flächendeckend in der Bundeswehr einzuführen.

Die Einführung dieser kommerziellen „Betriebswirtschaftssoftware" ist als wesentliches, betriebswirtschaftlich ausgerichtetes Unterstützungselement für die erfolgreiche Umsetzung des Reformprozesses der Bundeswehr im Sinne der Veränderung von einer Verteidigungsarmee in ein hochwirksames Instrument der deutschen Außen- und Sicherheitspolitik (General Kujat) anzusehen. Dabei steht die Bündnisorientierung mit weltweitem Kriseneinsatz im Vordergrund.

Diese vom Bundesminister der Verteidigung geforderte Neuausrichtung der Bw wird auf der Grundlage wissenschaftlich abgesicherter Methoden und industrieller Standards entscheidend unterstützt, vorhandene Optimierungspotenziale werden voll erschlossen. Das Programm SASPF ist auf die Modernisierung der administrativen und logistischen Prozesse und Systeme der Bundeswehr durch den integrierten, Bw-weiten Einsatz von Standard-Anwendungs-Software des Herstellers SAP ausgelegt.

Die gegenwärtige Systemlandschaft der in der Bw verwendeten DV-Anwendungen ist durch viele Einzelsysteme gekennzeichnet. Zwischen ihnen bestehen zahlreiche Schnittstellen und teils redundante Datenhaltungen. Diese Insellandschaft genügt nicht mehr den neuen Anforderungen – vor allem in Bezug auf weltweite Einsätze.

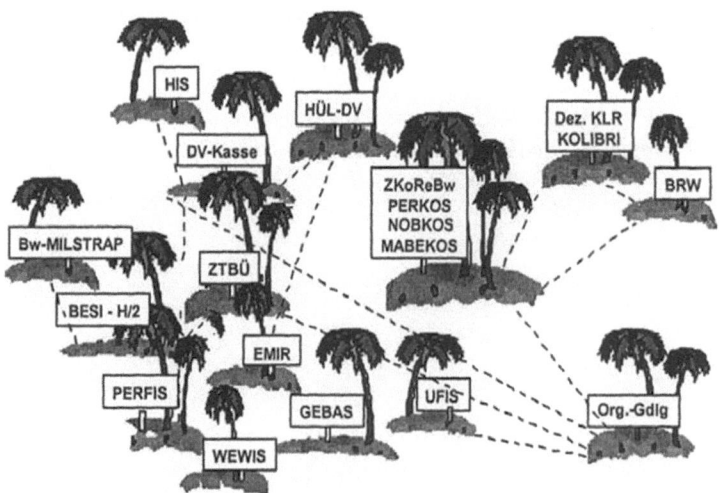

Abb. 1: Heutige Verfahrenslandschaft der Bw

Die Vielzahl der heute genutzten DV-Verfahren (Fachinformationssysteme [FachInfoSys]) wurde über Jahrzehnte hinweg vorhabenbezogen in Einzelfällen überlappend entwickelt und spiegelt die gesamte Bandbreite der technologischen Entwicklung wider. Dabei wurden Integrationsaspekte aufgrund strikter Vorhaben-/ Aufgabenorientierung fast vollständig vernachlässigt. Die so entstandenen "Insellösungen" sind über komplexe und z. T. nicht transparente Schnittstellen miteinander verbunden. Es bestehen erhebliche Daten- und Funktionsredundanzen mit dem Ergebnis inkonsistenter und unzuverlässiger Daten.

Bei gleichbleibend hohen Betriebskosten sowie erheblicher Kapazitäts-/ Ressourcenbindung für SWPÄ (Software-Pflege-Änderungen) verbleibt immer weniger Spielraum für Anpassungen an sich zunehmend schneller verändernde Rahmenbedingungen (erweitertes Aufgabenspektrum der Bw, technologische Innovationen etc.). Eine Modernisierung der FachInfoSys der Bw ist daher zwingend erforderlich. Sie muss mit der Weiterentwicklung der Führungsinformationssysteme (FüInfoSys) harmonisiert werden.

Die Ist-Situation führt die Bw also in eine Sackgasse, die durch eine hohe Abhängigkeit von alter Technologie (Hardware und Software) und singulären Wissensträgern sowie hohen Unterhaltskosten geprägt ist. Der Weg aus dieser „Sackgasse" zur qualifizierten Unterstützung des veränderten Auftrags wird mit der Realisierung SASPF erfolgen.

2 Auswahl der Softwarelösung

Eine von der Bw in den Jahren 1996/97 durchgeführte Marktsichtung hat für den Einsatz in der Bw geeignete SASPF-Software unter Berücksichtigung der Marktdurchdringung, der Bandbreite der Funktionsabdeckung (Integrationsgrad), der Einsetzbarkeit in Organisationen vergleichbarer Größe (Referenzen) und spezieller Erfordernisse der Bw (z. B. deutsche Oberfläche, Support) ermittelt. Dabei hat sich herausgestellt, dass nach Bewertung der o.a. Kriterien für einen integrativen ganzheitlichen Einsatz in der Bw nur die Software-Produktfamilie der Firma SAP (R/3 und New Dimension-Produkte) geeignet ist, die die Eigenentwicklungen der Bw ablösen wird. Nach Anfangsinvestitionen trägt eine homogene Softwarelandschaft zu einer Kosten- und Aufwandsreduktion bei. Darüber hinaus kann die Bw von den Lösungen und Innovationen, die die Wirtschaft bereits hervorgebracht hat, profitieren, indem sie diese übernimmt und ggfs. ihren Bedürfnissen anpasst.

Die Ergebnisse einer weiteren Voruntersuchung haben gezeigt, dass der Erfüllungsgrad aller qualitativen und quantitativen Kriterien funktionaler Art (gem. jeweiligem Kriterienkatalog) zwischen 80% und 95% beträgt. K.O.-Kriterien wurden immer erfüllt.

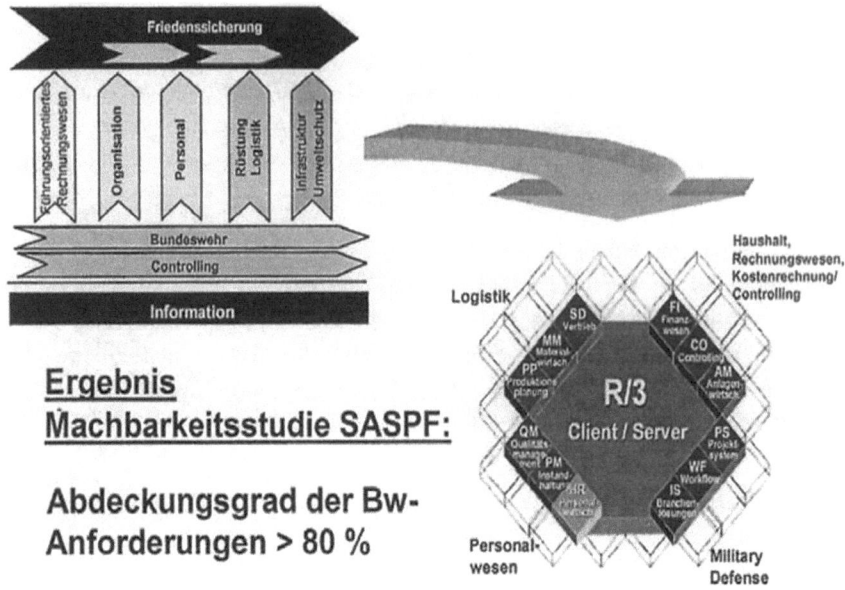

Abb. 2: Marktsichtung – Machbarkeitsstudie

Nach Abschluss der Voruntersuchungen hat die SAP durch die Weiterentwicklung der Software zu „mySAP.com" weitere Funktionalitäten für den Einsatz bei der Bw im Standard zur Verfügung gestellt.

Der Abdeckungsgrad führt im Konsens mit den IT- und Fachbereichen zu der Schlussfolgerung, dass die Einführung von SASPF über alle Kern- und Steuerungsprozesse der Administration und Logistik der Bw (Bw-Prozessmodell) mit den Produkten der Firma SAP machbar ist.

Die vollständige Integration aller SAP-Anwendungen, ob SAP R/3, BW, APO, eCommerce etc., wird von der SAP mit konsequent angewendeten Grundprinzipien, wie z. B. die vollständige Abbildung von Geschäftsprozessen, und entsprechender Technik (ALE) sichergestellt.

Basis der Anwendungen ist ein betriebswirtschaftliches „Unternehmensmodell", durch das ein vorprogrammierter Soll-Ablauf vorgegeben ist. Dieser Soll-Ablauf kann durch ein „Customizing" an die notwendigen Kunden- (Bw-) Abläufe angepasst werden, ohne dabei die Grundprinzipien zu verletzen. Die Standardsoftware der Firma SAP basiert auf einem betriebswirtschaftlichen Modell, das alle Mengen- und Werteflüsse eines „Unternehmens" prozesskonform abbildet. Damit ist für SASPF die Basis für eine integrierte (schnittstellenfreie) Abbildung der Bw-Prozesse auf einer zukunftsorientierten IT-Plattform gegeben.

Wesentlich ist die Modularität der Software, wobei die verschiedenen Module durch den R/3-Kern auf Datenebene integriert werden. Die Module decken als einzig verfügbare Software die Bedürfnisse der Bw übergreifend zu einem hohen Prozentsatz von ca. 80% ab.

Eine SAP-Standardlösung „Military Defence" gibt es im Ansatz nur als „Industry Solution". Fehlende Elemente werden kurzfristig über ein SDP (Strategic Development Project) von der Bw gemeinsam mit SAP realisiert, wobei als Vorteil für die Bw zu sehen ist, dass die Ergebnisse des SDP in die Branchenlösung aufgehen und damit in die vertragliche Softwarepflege von SAP übergehen. Die Spezifikationsphase des SDP ist abgeschlossen, der Projektstart ist für Anfang 2002 vorgesehen.

Abb. 3: Zielsetzung des SDP der Bw

Die vollständige Integration aller SAP-Module, ob innerhalb oder außerhalb des Bw-Netzwerkes, ist mit Einsatz der SAP-Software von jedem einzelnen Arbeitsplatz sichergestellt. Dazu muss mit der entsprechenden Zugangsberechtigung (Portal zum eigenen Workplace) nur eine Anmeldung am Terminal („single sign on") erfolgen, unabhängig von Standort und Art des Terminals!

3 Vorgehensweise

Zur Durchführung des Programms wurde eine Programmorganisation eingerichtet, in der die IT- und Fachbereiche der Bundeswehr zusammengeführt werden.

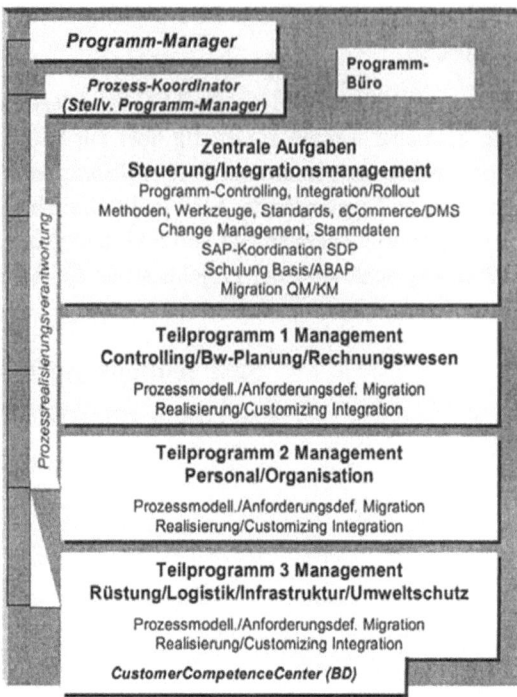

Abb. 4: Die Programmorganisation SASPF

Diese Organisation ist daran ausgerichtet, dass wesentliche Teile der SASPF-Realisierung, -Einführung und des späteren Betriebs an einen industriellen Partner mit umfassender Verantwortung im Wettbewerb vergeben werden. Die Bw muss dabei weiter ihre Kernfähigkeiten zur Beurteilung der militärischen sowie technischwirtschaftlichen Aspekte behalten und über ein operatives Minimum an Eigenfähigkeiten und -ressourcen verfügen, um den Betrieb von SASPF-Systemen unter Autarkie- und Einsatzbedingungen sicherzustellen.

Die Leistungsprozesse der Bw werden hauptsächlich durch die FüInfoSys und Führungs- und Waffeneinsatzsysteme (FüWES) und bei den Unterstützungs- und Steuerungsprozessen durch die FachInfoSys unterstützt. Die im Rahmen des Programms SASPF einzuführende Software harmonisiert in erster Linie die FachInfoSys und integriert dabei gleichzeitig die Führungsinformationssysteme durch zeitnahe Informationen. Damit leistet SASPF auch einen wesentlichen Beitrag zur Qualität der Führungsinformationen.

Die Umgestaltung der Bw-Organisation von der Funktions- zur Prozessorientierung kann nur mit Hilfe einer integrierten Standardsoftware erfolgen. Fehlt diese Voraussetzung, ist die Umsetzung nicht möglich.

Ein Prozess ist die zielgerichtete Erstellung einer Leistung durch eine Folge logisch zusammenhängender Aktivitäten. Die Leistungserstellung wird innerhalb einer bestimmten Zeitspanne (Durchlaufzeit) nach bestimmten Regeln durchgeführt. In diesem Sinne sind Prozesse abgeschlossene Vorgänge, die von einem Ereignis angestoßen werden und einen definierten Input und Output haben. Geschäftsprozesse in der Bw ergeben sich aus einer Folge zusammengehöriger Aufgaben und Tätigkeiten, die auf die Erstellung von internen oder externen Produkten und Dienstleistungen ausgerichtet sind. Dabei können die Prozesse über die Grenzen verschiedener Organisationseinheiten hinweg, wie z. B. Abteilungen und Dezernate, verlaufen.

Als Grundlage der konzeptionellen Arbeit zu SASPF wurde von allen Betroffenen der Bundeswehr ein Prozessmodell der Bundeswehr entwickelt. Die Einbindung aller Fachverantwortlichen stellt sowohl größtmöglichen fachlichen Input als auch größtmögliche Akzeptanz sicher. Die folgenden Bw-Hauptprozesse wurden identifiziert:

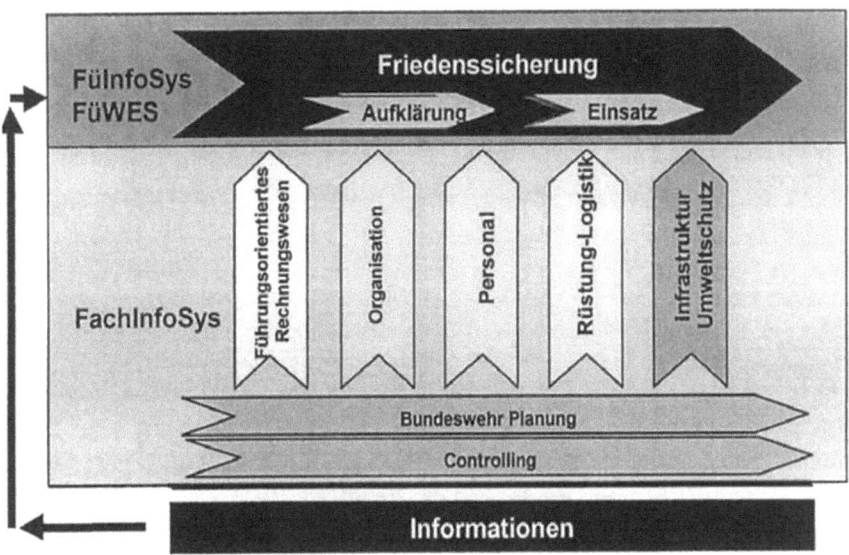

Abb. 5:   Das Bw-Prozessmodell

Auf der Basis eines weiter detaillierten Bw-Prozessmodells ist eine Harmonisierung und Standardisierung der heutigen Prozessabläufe in der gesamten Bundeswehr durchzuführen. Die Standardisierung der Prozesse ist eine wesentliche Voraussetzung für den Erfolg des SASPF-Programms.

4   Prozessmodellierung mit den ARIS-Werkzeugen

Nicht zuletzt aufgrund inzwischen allgemein etablierter Erkenntnisse, nach denen das Prozessdesign bei der Einführung von ERP-Systemen eine erfolgsentscheidende Rolle spielt[1], hat sich die Bundeswehr konsequenterweise dem Paradigma einer prozessorientierten SAP-Einführung verschrieben. Die Methode des Prozessdesigns erfährt daher im Folgenden besondere Aufmerksamkeit.

Zur Strukturierung der Prozesse einer Organisation und insbesondere zur Beherrschung der Komplexität hat die IDS Scheer eine spezielle Prozessarchitektur entwickelt. Die Abstraktionsebenen der Prozessarchitektur sind vergleichbar mit den verschiedenen Maßstäben von Landkarten. Ausgehend von einer Überblicksperspektive erlaubt diese Darstellung je nach Erfordernis eine Navigation bis auf eine sehr detaillierte Ebene. Abb. 6 stellt diesen Zusammenhang im Überblick dar.

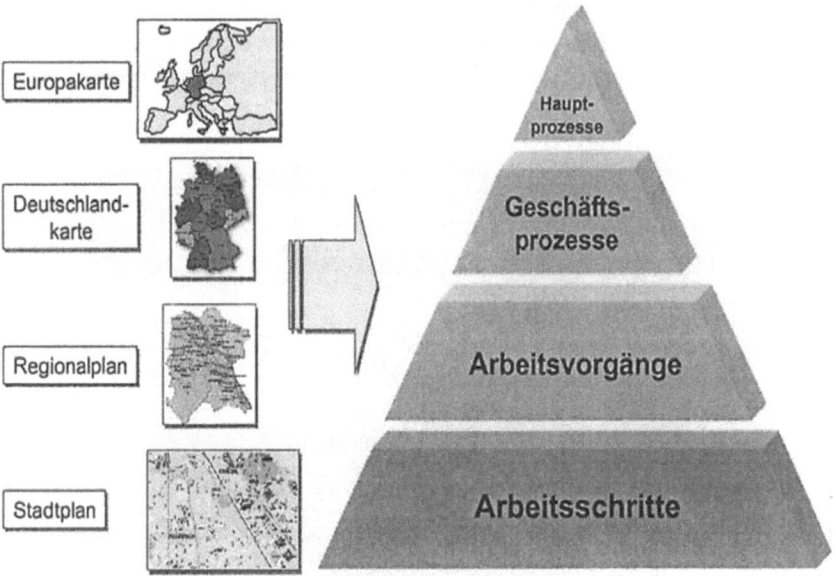

Abb. 6: Prozessarchitektur der Bundeswehr

Die Prozessarchitektur schafft Transparenz und sichert den Gesamtüberblick, ohne die Detailsicht zu vernachlässigen, und garantiert eine Vergleichbarkeit über alle zivilen und militärischen Organisationsbereiche der Bundeswehr hinweg. Mit ihr wird die wesentliche Grundlage für ein behördenweites Prozessmodell gelegt. Die Prozessarchitektur stellt darüber hinaus ein wirksames Instrument zur Planung, Steuerung und Kontrolle des gesamten SASPF-Programms dar.

Ein in der Praxis häufig anzutreffendes und erfolgsgefährdendes Manko von Projekten zur Geschäftsprozessmodellierung ist das Fehlen einer solchen, verbindlich eingeführten Architektur. Da gerade die semi-formale Beschreibung von Prozessen, zum Beispiel mit Hilfe der Methode der (erweiterten) Ereignisgesteuerten

---

[1] vgl. Computerwoche Nr. 49, Dezember 1998.

Prozesskette (eEPK),[2] davon profitiert, dass auch in den Fachbereichen die Mitarbeiter in der Lage sind, diese Modelle zu verstehen oder selbst zu gestalten, erscheint die Vorgabe eines Architekturleitfadens als Ordnungsrahmen für die Prozessgestaltung unabdingbar. Ein ungeordnetes Sammelsurium von Prozessen und dazu gehörenden Modellen kann in der Regel nicht sinnvoll analysiert und/oder umgesetzt werden.

Im Folgenden wird der in der Bundeswehr verbindlich[3] vorgeschriebene Architekturansatz vorgestellt, der zum Ziel hat, einen vorgehensweisenden Ordnungsrahmen zur Beschreibung der Prozesswelt einer betrieblichen Organisation zu bilden. Er ist dabei gleichermaßen für privatwirtschaftliche als auch öffentlichrechtliche Institutionen geeignet und besteht im Wesentlichen aus fünf Prozessebenen. Diese haben sich in der Praxis der Geschäftsprozessmodellierung herauskristallisiert.

Ebene 1, die *Hauptprozessebene*, beschreibt das übergreifende Prozessnetzwerk einer Organisation, in diesem Fall der Bundeswehr. Die Strukturierung richtet sich insbesondere nach den strategischen Unternehmenszielen, in Behörden entsprechend nach den gesetzlich oder politisch verankerten gesellschaftlichen Aufgaben. Eine stringent prozessorientierte Ordnung lässt sich auf dieser Abstraktionsebene in der Regel noch nicht durchgängig finden. Sie ist vorwiegend strukturbildend zu verstehen und bietet somit den Ordnungsrahmen für die High-Level-Prozessorganisation.

Hauptprozesse werden untergliedert in *Geschäftsprozesse* (Ebene 2). Gliederungskriterium sind oftmals Zielgruppen oder Produkte. In der prozessorientierten Organisation sind sie somit der Anhaltspunkt zur Ableitung der Aufbauorganisation auf der taktischen Ebene, zum Beispiel auf Abteilungsebene. Hier finden sich gleichermaßen für die Privatwirtschaft als auch den Öffentlichen Sektor so typische Prozesse, wie der Beschaffungsprozess oder die Personalabrechnung wieder. Der Detaillierungsgrad der Darstellung von Geschäftsprozessen ist in der Regel noch nicht sehr hoch. Sie dienen vielmehr dazu, auf einer Management-Ebene das Zusammenwirken der verschiedenen Prozesse grundsätzlich bezüglich der Existenz sowie dem Daten- und Leistungsaustausch zwischen den operativen Prozessen, zu beschreiben (vgl. Abb. 7). Oftmals werden Geschäftsprozesse in diverse Szenarien aufgeteilt, zum Beispiel in zentrale versus dezentrale Beschaffung oder Personalabrechnung – Beamte versus Personalabrechnung –Angestellte im Öffentlichen Sektor.

---

[2] Zur detaillierten Erläuterung der eEPK-Methode vgl. z. B. Keller, G. et al.: SAP R/3 prozessorientiert anwenden, 3. erw. Auflage, Verlag Addison-Wesley, Bonn, 1999, S. 158-175.

[3] Hinsichtlich der Verbindlichkeit der definierten Prozessarchitektur vgl. auch Erlass BMVg, Rü VIII 5 – Az: 62 – 05 – 00, vom 31.05.2000.

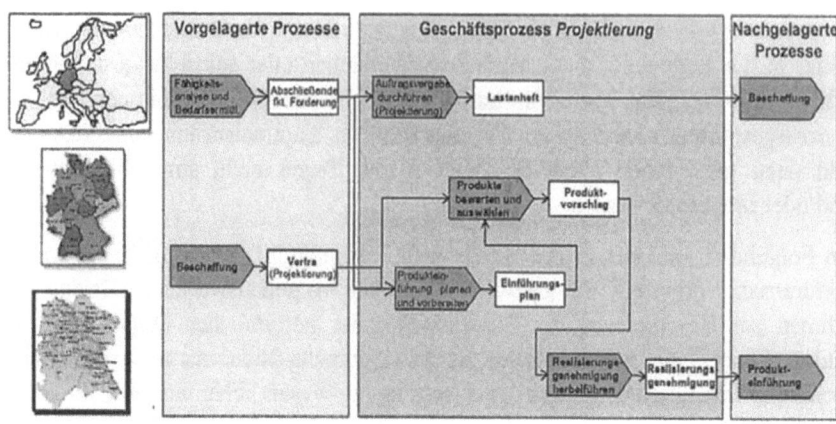

Abb. 7: Beispielhafte Darstellung von Geschäftsprozessen

Die erwähnten operativen Prozesse sind als *Arbeitsvorgänge* (Ebene 3) zu bezeichnen. Sie stellen den betrieblichen Alltag dar und sind somit beispielsweise bei der fachkonzeptionellen Ausgestaltung eines ERP-Systems von zentraler Bedeutung. Ihr Abgrenzungskriterium ist die konkrete (Teil-) Leistung oder das (Zwischen-) Produkt, welches erzeugt wird. So kann beispielsweise der Beschaffungsvorgang unterteilt werden nach den (Zwischen-) Produkten Bestellanforderung, Bestellung, Wareneingang, Rechnung mit den dazugehörenden Arbeitsvorgängen „Bestellanforderung erzeugen", „Bestellung durchführen", „Wareneingang bearbeiten" und „Rechnung bearbeiten".

Im Vordergrund der Darstellung dieser Abstraktionsebene steht die Ablauflogik mit ihren auslösenden Ereignissen, Arbeitsschritten, Verzweigungen, Rücksprüngen sowie insbesondere auch Daten, Anwendungssystemen und Aufgabenträgern (Rollen) etc. Typisches Darstellungsmittel ist daher die eEPK-Methode – im Gegensatz zu den abstrakteren und grundsätzlicheren Beschreibungen der zuvor geschilderten Ebenen Haupt- und Geschäftsprozesse, die typischerweise mit Hilfe von Wertschöpfungskettendiagrammen (WKD) darstellbar sind (vgl. Abb. 7).[4]

---

[4] Zur detaillierten Erläuterung der WKD-Methode vgl. z. B. IDS Scheer (Hrsg.): ARIS-Methodenhandbuch, Version 5.

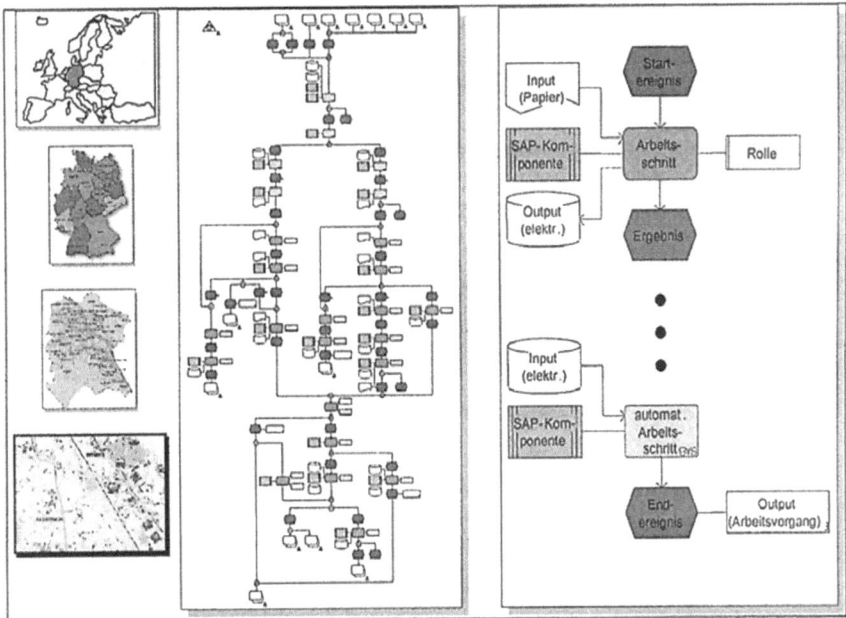

Abb. 8: Beispielhafte Darstellung von Arbeitsvorgängen

Detaillierteste Prozessebene ist die Ebene der **Arbeitsschritte** (Ebene 4). Diese sind als „Zusammenhangstätigkeiten" charakterisiert und beschreiben die relevanten Tätigkeiten eines Prozesses auf einer betriebswirtschaftlich sinnvollen Ebene. Der Detaillierungsgrad korreliert mit dem Transaktionsprinzip von Anwendungssystemen (zum Beispiel SAP R/3), das heißt, ein Arbeitsschritt wird als sinnvolle Einheit betrachtet, die das System (den Prozess) von einem definierten Zustand in den nächsten überführt. Damit ist die Analogie zur Ereignissteuerung der eEPK offensichtlich.

In Lohngruppenverfahren, zum Beispiel des Bundes-Angestelltentarifvertrags (BAT), stellen Arbeitsvorgang und -schritt die tariflich relevanten Ebenen der Tätigkeitsbeschreibung zur Stellenbewertung dar. Somit fundiert die vorgestellte Gliederungsstruktur den Schritt von der Prozessmodellierung zur Personalbedarfsplanung.

Die **Elementartätigkeiten** (Ebene 5) schließen als „atomare" Funktionen die Geschäftsprozessarchitektur nach unten hin ab. Sie sind fachlich nicht mehr sinnvoll zu zerlegen und stellen insofern auch keine Prozesse mehr dar. Der Übergang vom Fachkonzept zum DV-Konzept erfolgt auf dieser Detaillierungsebene fließend. So sind beispielsweise die korrespondierenden Datenstrukturen bereits auf Feld-Ebene anzusiedeln.

Tabelle 1 fasst die vorgestellte Geschäftsprozessarchitektur abschließend definitorisch zusammen.

Tabelle 1: Ebenendefinition zur semantischen Fünf-Ebenen-Geschäftsprozessarchitektur

Ebene	Beschreibung/Definition
Hauptprozess	<ul><li>auf der strategischen Ebene einer Organisation angeordnet</li><li>unterschiedliche Charakteristik, zum Beispiel nach - Führungs-/Managementprozessen - Ausführungs-/Kernprozessen - Unterstützungsprozessen</li><li>Primäres Beschreibungsmittel: WKD</li></ul>
Geschäftsprozess	<ul><li>Segmentierung eines Hauptprozesses beispielsweise nach Zielgruppen und/oder Produkten</li><li>bestehend aus zusammenhängenden Arbeitsvorgängen</li><li>betriebswirtschaftlich orientierte Wertschöpfungsketten</li><li>Primäres Beschreibungsmittel: WKD</li></ul>
Arbeitsvorgang	<ul><li>Erbringung einer zusammengehörenden Leistung</li><li>unabhängig voneinander ausführbar</li><li>„betrieblicher Alltag"</li><li>Primäres Beschreibungsmittel: eEPK</li></ul>
Arbeitsschritt	<ul><li>"Zusammenhangstätigkeiten"</li><li>fachkonzeptionelle Detaillierungsebene</li><li>Beschreibungsmittel: eEPK, Funktionsbaum</li></ul>
Elementartätigkeit	<ul><li>betriebswirtschaftlich nicht mehr sinnvoll zu zerlegen</li><li>Modellierung fachkonzeptionell in der Regel nicht relevant</li><li>Beschreibungsmittel: Funktion</li></ul>

Integration von Fach- und Referenzmodell

Genauso wie die vorgestellte Prozessarchitektur besitzt auch die SAP-Referenzstruktur einen hierarchischen Aufbau, anhand derer die vorhandenen Referenz-Informationen abgelegt werden. Die Referenzstruktur ist sowohl in ValueSAP[5] als auch in ARIS (in Form eines Referenzmodells) verfügbar und hat folgenden Aufbau:

1. Ebene: *Unternehmensprozessbereich*

2. Ebene: *Szenario*

---

[5] Im allgemeinen Sprachgebrauch unter ASAP (Accelerated SAP: Beschleunigte SAP-Einführung), geläufig, daher im Folgenden so genannt.

3. **Ebene:** *Prozessgruppe*

4. **Ebene:** *Prozess*

5. **Ebene:** *Funktion/Transaktion*

Eine einheitliche Semantik bzw. Anwendung einer solchen lässt das SAP-Referenzmodell jedoch vermissen. So werden ca. 30 (!) Unternehmensbereiche beschrieben, deren weitere Untergliederung teilweise nach prozessualen, teilweise nach regionalen oder anderen Kriterien erfolgt. Dabei sind Redundanzen nicht ausgeschlossen und die Ebenenidentität ist nicht durchgängig gewahrt.

Aufgrund dieser methodischen Unzulänglichkeiten, einer primären Fokussierung auf den SAP R/3-Kern, d. h. keiner Berücksichtigung von sog. New Dimension-Applikationen, wie der Supply Chain Management-Lösung APO der SAP AG, aber nicht zuletzt auch aufgrund des stark privatwirtschaftlich geprägten Inhalts, konnte die SAP-Referenzstruktur nicht unmittelbar als fachliches Bundeswehr-Sollmodell übernommen werden.

Im Rahmen von SASPF wurde der Begriff *Y-Match* geprägt. Damit soll die Abbildung bzw. das Überführen der fachlichen Sollprozesse der Bundeswehr auf die SAP-Referenzstrukturen auf den ersten drei Ebenen bezeichnet werden. Dort, wo es möglich erscheint, soll dann die SAP-Referenzstruktur idealerweise „Eins-zu-Eins" als das gültige „Implementierungsmodell" Bundeswehr definiert werden.

Der „Y-Match" beschreibt die modelltechnische Überführung der fachlichen Prozessmodelle in die SAP-Referenzstruktur zum Zweck der systemseitigen Navigation zwischen ARIS und der Q&A-Db. Er besteht aus der Modellierung sog. Scope-Modelle (ARIS-Modelltyp *SAP-Applikationsdiagramm*, vgl. Abb. 9) zur Festlegung eines zu den Bw-Prozessmodellen korrespondierenden SAP-Umfangs („Scope") auf den ersten drei Prozessebenen gemäß folgender Zuordnung:

- Hauptprozess vs. SAP-Unternehmensbereich
- Geschäftsprozess vs. SAP-Szenario
- Arbeitsvorgang vs. SAP-Prozessgruppe.

Mit dem Begriff *Y-Match* soll zum einen die Abbildung bzw. das Überführen der fachlichen Sollprozesse in die SAP-Referenzstrukturen der ersten drei Ebenen bezeichnet werden. Zum anderen wird darunter die zuvor beschriebene Synchronisation zwischen ARIS und ASAP verstanden.

Ziel ist es, soweit möglich bei der Modellierung der Arbeitsvorgänge Informationen der SAP-Referenzstruktur zu verwenden. Daraus leitet sich ein am SAP-Standard orientiertes Prozessmodell nach aktuellen fachlichen Anforderungen ab.

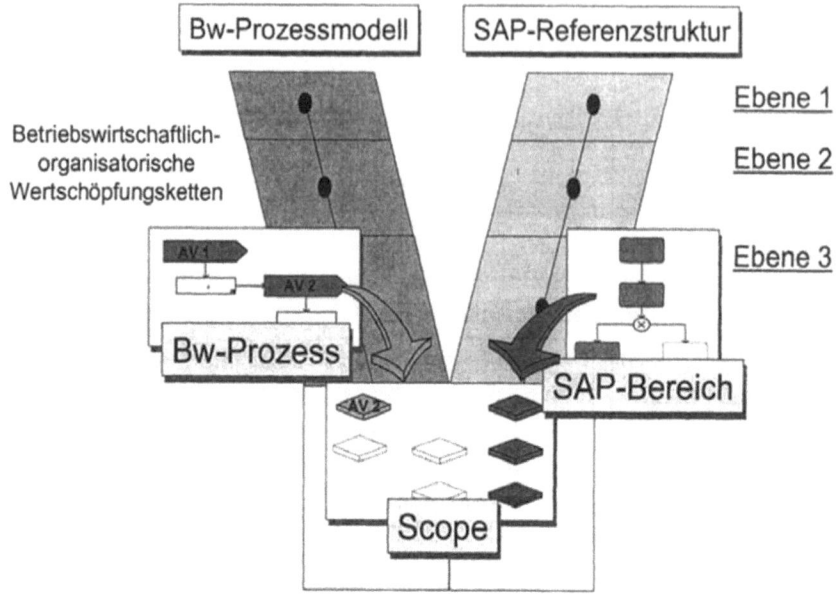

Abb. 9: Scope-Modelle

Aus denen im Prozessmodell verwendeten SAP-Objekten wird in der ARIS-Modellierung die technische Synchronisation zwischen ARIS und ASAP abgeleitet. Durch diese Verbindung wird die Nachvollziehbarkeit von Systemeinstellungen und -anforderungen gewährleistet. Über hinterlegte Scope-Modelle[6] kann jederzeit von der Synchronisationsstruktur, die reduziert ist auf die SAP-unterstützten Funktionen (den tatsächlichen Umfang in SAP ohne Ablauflogik), zurück in das Fachmodell navigiert werden, um dort im Kontext des fachlichen Ablaufs des Prozesses Systemanforderungen bzw. -einstellungen nachvollziehen zu können (vgl. Abb. 9).

Die oben beschriebene Zuordnung wird auf den ersten drei Prozessebenen (*Hauptprozess*, *Geschäftsprozess* und *Arbeitsvorgang*) vorgenommen, da diese drei Ebenen den Ordnungsrahmen für die konzeptionelle Erarbeitung der Prozesserfordernisse der Bw (des Business Blueprints) darstellen. Dieses High-Level-Prozessmodell wird auf den Ebenen 4 und 5 durch die Ausgestaltung der Arbeitsvorgänge (= operative Prozesse der Sachbearbeitung) als Ablauffolge von Arbeitsschritten konkretisiert.

Als Werkzeuge zur Dokumentation des Business Blueprints werden AcceleratedSAP (ASAP) und das ARIS Toolset eingesetzt. Die Struktur der Q&A-Db in ASAP liegt als ARIS-Datenbank vor (SAP-Referenzstruktur). Die SAP-Referenzstruktur stellt die technische Basis für die ARIS-ASAP-Synchronisation (die

---

[6] Beispiel: Dem Bundeswehr-Hauptprozess *Rüstung/Logistik* wird das Scope-Modell *Scope von Rüstung/Logistik* hinterlegt.

Möglichkeit, projektspezifische Erweiterungen in die Q&A-Db zu integrieren) dar. Dadurch wird eine Anbindung der Bundeswehr-Prozesse an die SAP R/3-Dokumentation und die SAP-Transaktionen erreicht. Der zuvor erwähnte Y-Match stellt die Basis dar, mit der die grafische Darstellung des Business Blueprints in ARIS durch Synchronisation mit der Knotenstruktur Q&A-Db abgeglichen werden kann.

Durch die Synchronisation (Übertragung der Information zwischen ARIS und der Q&A-Db) werden die Informationen, welche Bereiche als relevant gekennzeichnet sind, an ASAP übertragen. Diese Synchronisation umfasst zusätzlich die relevanten Informationen über die im Umfang enthaltenen und welche Funktionen diesen zugeordnet sind.

SAP-referenzbasiertes Sollprozessmodell

Die gesamte Modellierung und Dokumentation der Prozesse in ARIS ist auf den Übergang nach ASAP (Q&A-Db) zugeschnitten.

Für den Business Blueprint werden Informationen aus dem Bw-Fachmodell und der SAP-Referenzstruktur miteinander vereint ("Y-Match"). Im Folgenden wird beschrieben, wo welche Informationen vorgehalten und zusammengeführt werden und wie sich die einzelnen Modelle unterscheiden.

Die ersten drei Ebenen der Prozessarchitektur werden als grundlegender Ordnungsrahmen für das Prozess-Management (und damit Aufgabenerfüllung) in der Bw erachtet. Sie werden als Bw-High-Level-Prozessmodell bezeichnet und dienen nicht zuletzt im Rahmen SASPF als Mittel

- zur Abgrenzung von Zuständigkeiten,
- als planerische Basis zur Aufteilung von Aufgaben und Ressourcen sowie
- zur Festlegung des SAP-Modulumfangs (sog. Scope) und damit
- zur Berücksichtigung des übergreifenden Ansatzes einer integrierten Standardsoftware wie SAP.

Wie in Abb. 10 zu erkennen ist, setzt sich das Bw-Fachmodell aus dem Bw-High-Level-Prozessmodell und dem SAP-referenzbasierten Sollprozessmodell zusammen (s. dunkelgrau schraffierter Bereich).

Das Bw-High-Level-Prozessmodell umfasst die ersten drei Ebenen der Modellierung und überlässt somit dem SAP-referenzbasierten Sollprozessmodell die Detaillierung der Ebenen vier und fünf. Diese Differenzierung dient der Abbildung ebenengerechter Informationsgehalte je Detaillierungslevel:

- Strukturen in der zweiten Ebene,
- Daten- und Leistungsflüsse in der dritten Ebene,

- Kontrollflüsse, Daten, Module und Rollen in der vierten Ebene,
- Transaktionen in der fünften Ebene.

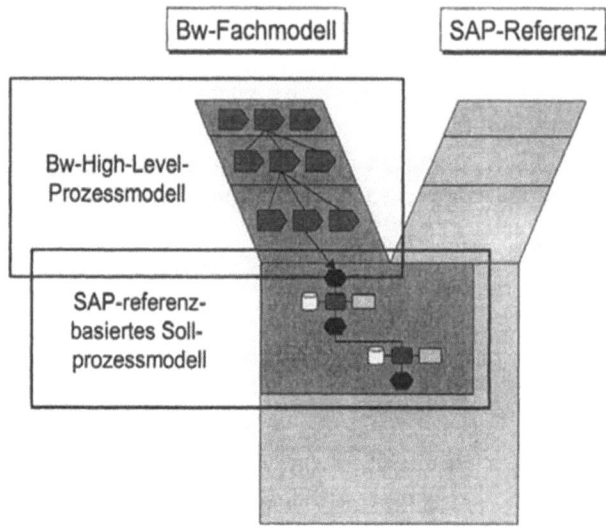

Abb. 10: Begriff Bw-Fachmodell

Das SAP-referenzbasierte Sollprozessmodell – als Mittel zur detaillierten Prozessbeschreibung – erfüllt folgende Anforderungen:
- Ausrichtung der Prozesse auf SAP-Standardabläufe,
- Erkennbarkeit von Schnittstellen zu anderen Hauptprozessen,
- Konzeptionelle Verwendung der SAP-Referenzvorgaben soweit möglich,
- Technische Sicherstellung der ARIS for R/3-Connectivity (SAP-Transaktions- und -Online-Hilfeaufrufe aus dem Prozessmodell heraus),
- Sollkonzeption anhand fachlicher Gegebenheiten,
- Unterscheidung zwischen manuellen, SAP-unterstützten und nicht SAP-unterstützten Funktionen sowie
- Beschreibung des in einem SAP-System umsetzbaren Prozesses.

Um die grafische Darstellung der Prozesse zu ergänzen, werden zusätzlich Verknüpfungen zu weiteren textuellen Beschreibungen und/oder Erläuterungen zu den Abläufen auf allen Ebenen erzeugt.

Wie in Abb. 11 zu erkennen ist, stellt die Synchronisationsstruktur einen spezifischen Ausschnitt aus der SAP-Referenzstruktur im Zusammenspiel mit dem SAP-referenzbasierten Sollprozessmodell dar. Insgesamt muss die Synchronisationsstruktur folgenden Anforderungen genügen:

- Technisches Mittel des Transfers der Scope-Informationen von ARIS nach ASAP
- Fokussierung des SAP-referenzbasierten Sollprozessmodells auf alle SAP-unterstützten Funktionen (den tatsächlichen Umfang in SAP),
- Ggf. erweitert um noch nicht in der SAP-Referenzstruktur hinterlegte Objekte, die aber in SAP abgebildet werden können,
- Untermenge des SAP-referenzbasierten Sollprozessmodells ohne manuelle Tätigkeiten und Ablauflogik.

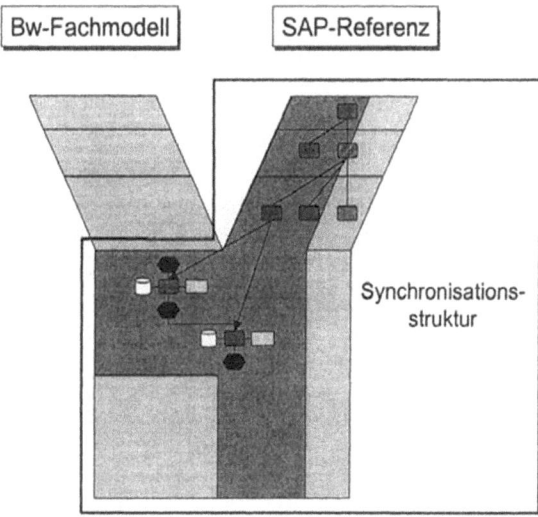

Abb. 11: Begriff Synchronisationsstruktur

Das Zusammenspiel des Bw-Fachmodells mit seinen detaillierten Betrachtungen des Bw-High-Level-Prozessmodells und SAP-referenzbasierten Sollprozessmodells, sowie der Synchronisationsstruktur wird als SASPF-Implementierungsmodell bezeichnet (vgl. Abb. 12). Es stellt, wie oben beschrieben, in seiner Gesamtheit einen wesentlichen Bestandteil zur Dokumentation des Implementierungswissens dar.

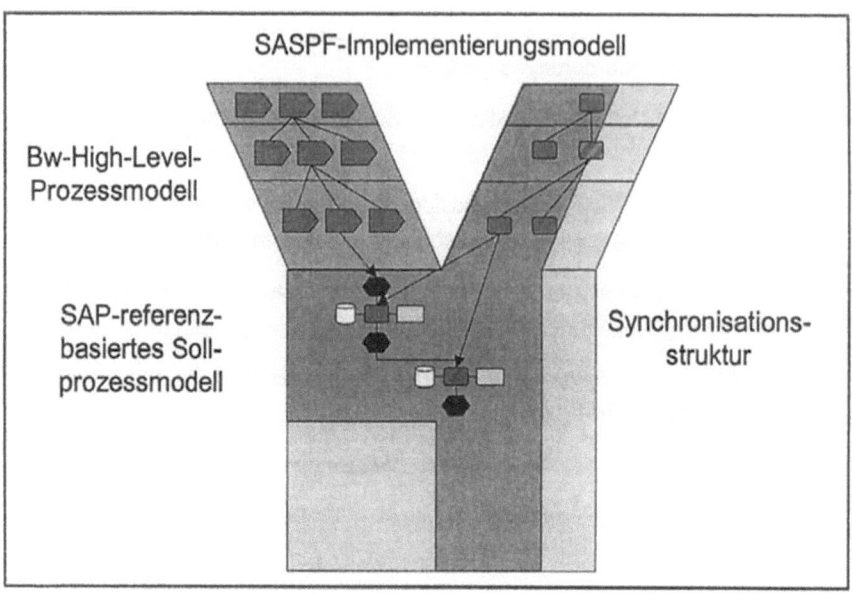

Abb. 12: Begriff SASPF-Implementierungsmodell

Mit den gepflegten Informationen der SAP-Transaktionscodes auf dem Stand von dem Release 4.6c lassen sich Online-Aufrufe sowohl der SAP-Transaktionen als auch der entsprechenden SAP-Online-Hilfe aus dem Prozessmodell heraus durchführen (vgl. Abb. 13).

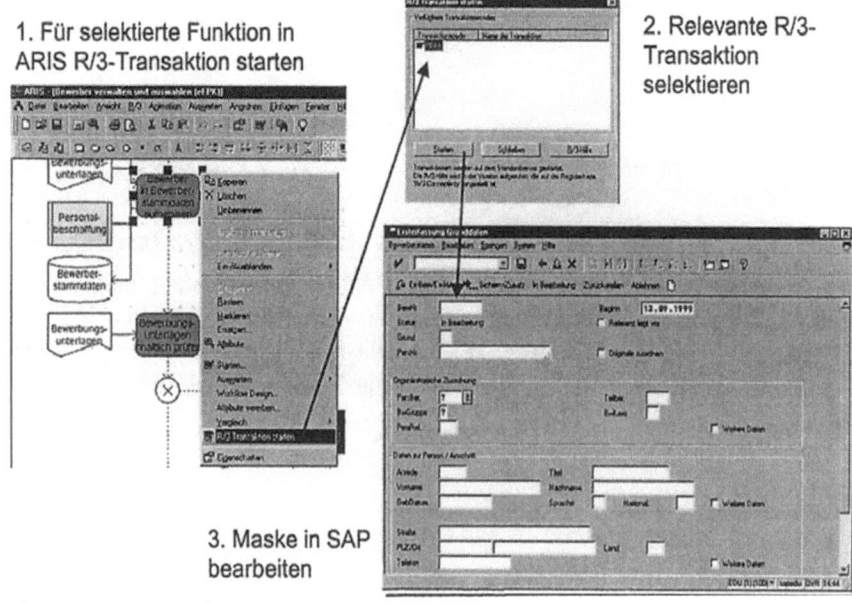

Abb. 13: SAP-Aufruf aus dem Prozessmodell

5 Weiterer Programmablauf

Die methodische Vorgehensweise im Programm orientiert sich an ASAP, dem Werkzeug- und Methoden-Kit zur qualifizierten Einführung der SAP-Standardsoftware.

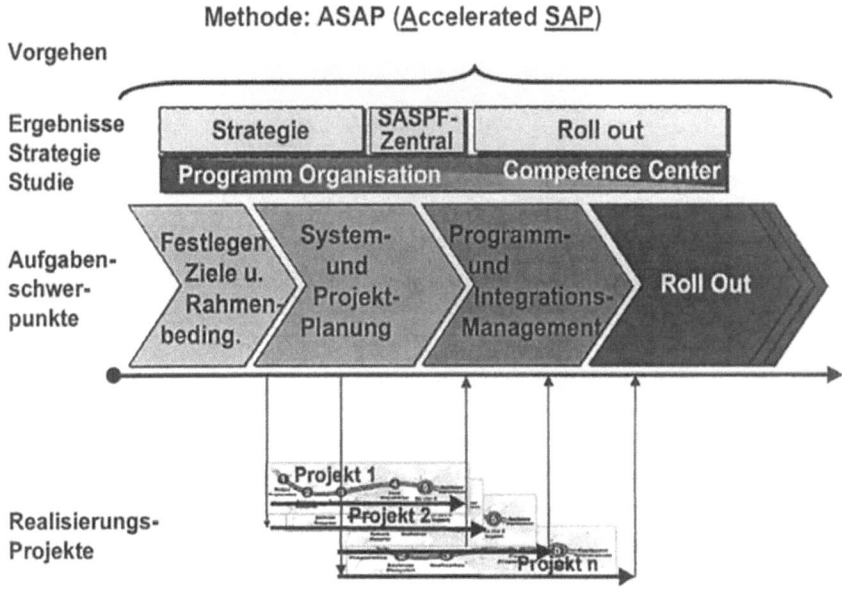

Abb. 14: Vorgehensmodell ASAP

Diese strukturierte Vorgehensweise stellt eine Bw-weit einheitliche Einführung mehrerer einzelner SAP-Entwicklungsteilprojekte unter Berücksichtigung der globalen Bw-Gesamtstrategie sicher.

ASAP unterstützt eine Rollout-Strategie für globale SAP Implementierungsvorlagen i. S. konzernweiter Konfigurationseinstellungen (Bw = Konzern) für Geschäfts- und Prozessdaten, Dokumentationen etc. zur Einführung standardisierter und unternehmensweit einheitlicher Prozesse, wie sie für SASPF geplant ist.

Zu Beginn von ASAP ist eine Strategiestudie durchzuführen, die in 2001 bei der Bw als „vertiefende Untersuchung (VU)" durchgeführt wurde. Dabei wurden folgende Ergebnisse erarbeitet:

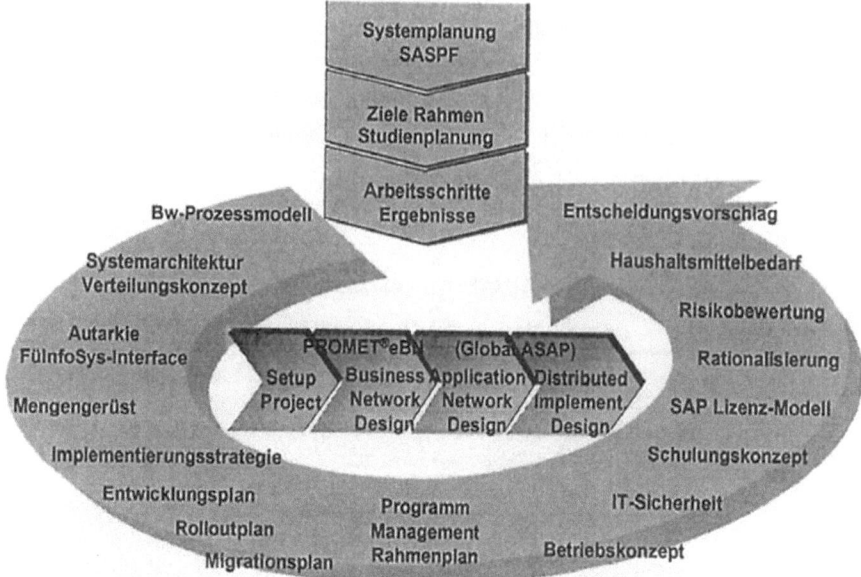

Abb. 15: Ergebnisse der vertiefenden Untersuchung

Die für SASPF notwendige Systemarchitektur umfasst neben der Verteilung von Informationssystemen auch das Integrationskonzept zur Koordination dieser verteilten Systemlandschaft. Mit SASPF ergibt sich für die Bw die Aufgabe, ein integriertes, beherrschbares Gesamtsystem mit zeitnaher Informationsbereitstellung zu realisieren. Ein Schlüssel dazu ist die Implementierung des Systems unter einheitlichen und standardisierten Gesichtspunkten.

Für alle SASPF-Applikationen ist eine zentrale Entwicklung vorgesehen, die mit einer globalen SASPF-Vorgabe aufsetzen. Die globale SASPF-Vorgabe wird in Form eines vorkonfigurierten, getesteten R/3-Basissystems für die definierten Entwicklungsbereiche bzw. –teilprojekte durch das Programm-Management bereitgestellt. Das R/3-Basissystem enthält:

- die Prozess-Grundmodelle,

- das Bw Organisationsstruktur-Modell,

- die globalen Einstellungen, Grundstrukturen und Kontenplänen des Bw-Rechnungswesens,

- die Rahmenparameter für globale Nummernkreise, Stammdaten und Berechtigungsmuster u.a.

Die Entwicklungsteams setzen auf dieser zentralen Vorgabe auf. Dieses gilt auch für Vorentwicklungen aus laufenden Projekten oder vorhandenen R/3-System-Prototypen. Diese sind zunächst stringent auf das Vorgabesystem hin zu überarbeiten und auszurichten.

Das SAP-Implementierungsmodell der Bundeswehr

Mit der zentralen SASPF-Entwicklung „SASPF-Zentral" sind die Bw-Prozesse bis zu 90% in den SAP-Systemen unveränderbar vor-eingestellt. Die lokalen Erfordernisse können somit beim Rollout bis zu 10% angepasst werden, ohne dadurch wieder neue „Inseln" zu produzieren! Die Ablösung der Altsysteme/-verfahren steht in engem Zusammenhang zur Ent-wicklungs- und Rollout-Planung. Der Migrations- und der Rollout-Plan legen den Zeitplan für die Ablösung der Altsysteme fest.

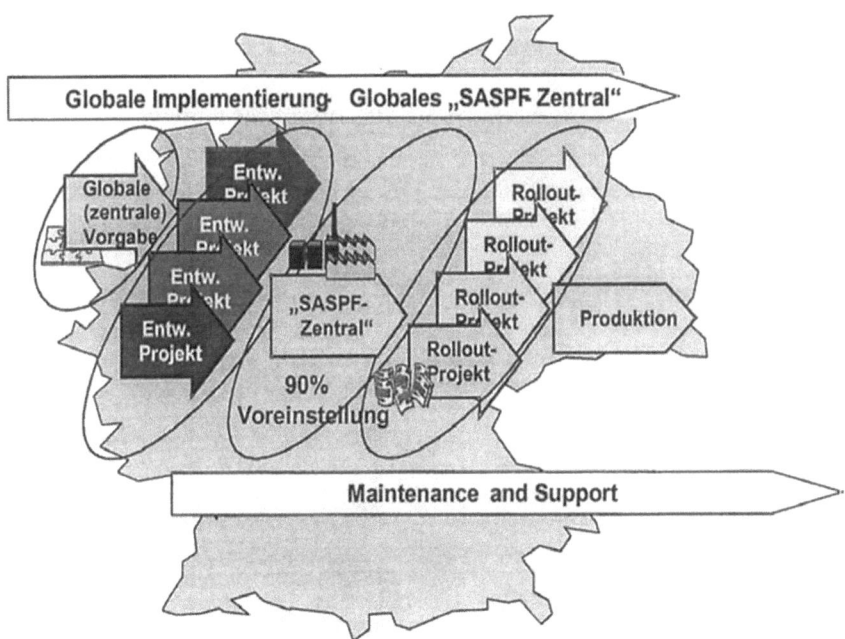

Abb. 16: Das SASPF-Einführungskonzept

Vor der Übernahme der Stamm- und Bewegungsdaten müssen diese aus den einzelnen Vorhaben (SAP- und Nicht-SAP-Vorhaben) harmonisiert werden. Für die Übernahme in SAP müssen die Daten „eineindeutig" und qualitativ „richtig" sein. Nur mit qualifizierten Daten kann SASPF (SAP) eine qualitativ hochwertige „Information" erstellen! Mit der Überarbeitung der Daten wird bereits heute, nach einer zentralen Vorgabe der „SASPF Programmorganisation", begonnen, um bei der beginnenden Realisierung Mitte 2002 keine zusätzliche Zeit zu verlieren.

Alle bestehenden Vorhaben müssen an dem neu entwickelten Prozessmodell ausgerichtet und neu definiert werden. Diese Neudefinition spiegelt sich in der „SASPF Entwicklungs- und Rollout-Planung" in grob geplanten SAP-Entwicklungsteilprojekten wider.

Der Rollout (Ausfächern des SAP Systems in die Bw Organisation) wird in Rollout-Projekten durchgeführt, wobei SAP-Anwendungen und -Funktionalität in

Rollout-Objekte ausgerollt werden. Rollout-Projekte orientieren sich primär an Nutzer- und operativen Bereichen, die als Rollout-Objekt bezeichnet werden. Das Kriterium zur Bildung von Rollout-Objekten ist eine zusammengehörige Zielgruppe (z. B. einzelne Ämter, Amtsbereiche oder eine Gruppierung von Nutzerbereichen), die auf einem gemeinsamen logischen System (lokales Applikationssystem) arbeiten.

6 Kritische Erfolgsfaktoren für das Programm

Die Einführung einer unternehmensweiten Standardsoftware erfordert eine übergeordnete und ganzheitliche Betrachtung der bestehenden Risiken. Dies ist eine Daueraufgabe.

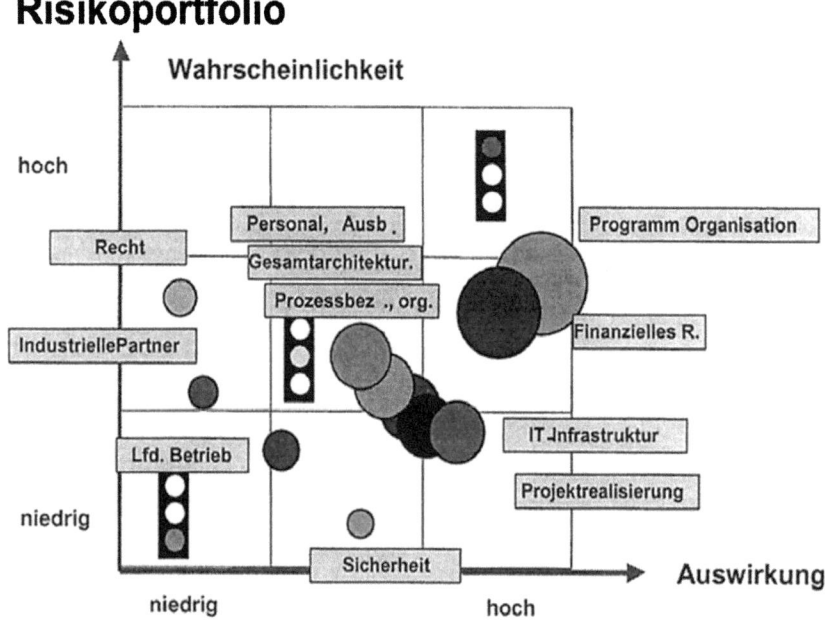

Abb. 17: Risikobewertung

Die genaue Festlegung von Aufgaben und Verantwortung sowie die permanente Einbindung der Verantwortlichen muss sichergestellt sein. Dies betrifft sowohl die Durchsetzungsfähigkeit der Programmorganisation als auch die Projektorganisation der Umsetzung sowie die Umwandlung der Bw-Organisation in eine prozessorientierte Organisation.

Das SAP-Implementierungsmodell der Bundeswehr

Diese Aufgabenzuordnung erfolgt im Rahmen der Programmorganisation, da hier die Schaltzentrale für das gesamte Programm liegt. Zum einen hängen die Risiken selber untereinander ab, zum anderen sind ihre Auswirkungen in der Regel komplex: Typischerweise dürften sich Konsequenzen als Zeitverzug, als Haushaltsmittelüberschreitung und ggf. auch als inhaltliche Abweichung (Umfang und Qualität) darstellen. Die Aufgabe des Risikomanagements im Rahmen der Programmorganisation ist es, die Risiken mit ihren Konsequenzen zu vermeiden.

Schulung ist einer der wesentlichen Erfolgsfaktoren für den Erfolg von SASPF. Daher wurde gemeinsam mit erfahrenen Schulungsexperten der SAP ein grundlegendes, mehrstufiges, kurz- und mittelfristiges SASPF-Schulungskonzept entwickelt. Voraussetzung für die Schulungen ist, dass die zu schulenden Mitarbeiter mit einer PC-Arbeitsplatzausstattung vertraut sind und ihre fachlichen Prozesse prinzipiell beherrschen.

Um den rechtzeitigen Anlauf von SASPF sicherzustellen, werden erste Ausbildungsphasen geplant und kontinuierlich gemäß der Einführungsplanung durchgeführt. In erster Linie wurde die Programmorganisation auf ihre künftige entscheidende Rolle qualifiziert.

In den Bw-Schulungseinrichtungen werden SAP-Lehrgänge für Bw-Führungskräfte („Wer etwas nur anders, aber nicht besser machen will, sollte besser was anderes machen"), die Vermittlung von betriebswirtschaftlichem Grundwissen zur Vorbereitung auf die Nutzung der SAP-Systeme sowie Lehrgänge zur Geschäftsprozessmodellierung mit ARIS angeboten.

In der Industrie werden bei nicht prozessorganisierten Firmen ca. 35% - 40% für die „Selbstverwaltung" (Aufwand für Meetings, Mitteilungen etc.) aufgewendet, ohne dass daraus ein wirtschaftlicher Nutzen gezogen wird (nur Kosten produziert)! Das Festhalten an historisch „hysterisch" gewachsenen Abläufen und Organisationen ist der beste Garant für ein erfolgloses Projekt.

Durch eine durchgängige, personenunabhängige prozessorientierte Organisation, eliminiert von unwirtschaftlichen Ressourcen-/Zeitfressern, kommt der Erfolg fast „von alleine". Den Erfolg hemmen Tatsachen/Einschränkungen, die speziell in der bestehenden Verwaltungs- und Führungsstruktur zu finden sind. Erfolglos sind solche Projekte, bei denen der Veränderungsprozess in der Führung/bei den Vorgesetzten nicht verstanden und vorgelebt wird (Change Management).

Wesentlich ist u.a. auch, das „Controlling" nicht als „Kontrolle", sondern als zeitnahes „Steuern durch Informationen/Wissen" verstanden wird, das in allen Ebenen – autark und nicht autark – einzusetzen ist.

Der größte Fehler bei erfolglosen Projekten ist jedoch, dass mit SAP die modernsten Werkzeuge der IT eingesetzt werden sollen, der Weg dorthin unter Umständen mit alten Verwaltungsvorschriften, langen Entscheidungsprozessen (Unterschriftsorgien) und fehlenden Managementmethoden verbaut ist!

SAP ist ein Werkzeug für Organisationen und Mitarbeiter. Mit der Einführung der SAP-Software (ca. 20% Anteil) sind in der Bw noch keine „Geschäftsprozesse" eingeführt oder Daten aus Altsystemen (ca. 30% Anteil) qualifiziert übernommen.

Im Mittelpunkt der SASPF-Einführung steht daher der Mensch und darum müssen die Mitarbeiter qualifiziert und die zukünftigen Anwender an ihrem jeweiligen Arbeitsplatz trainiert werden.

Die Verantwortung und das Wissen dazu muss bei den Vorgesetzten liegen, die Qualität von Ausbildung/Training wird im Wesentlichen durch sie bestimmt.

Jeder Einzelne muss sein Wissen in die SASPF-Projektarbeit einbringen, damit das Ergebnis zu einem anwenderorientierten Erfolg wird. SASPF ist kein IT-Projekt, sondern ein Organisations- und Anwenderprojekt; je positiver die Einstellung zum Projekt/zur Projektmitarbeit ist, desto größer ist der gemeinsame Erfolg!

Abb. 18: Erfolgsfaktoren einer Einführung

Ein strategischer Vorteil der Bw bei der Einführung von SASPF ist nicht durch größere Informationsquellen, sondern durch bessere Wissensquellen sicherzustellen. Informationen nutzen nur dem, der Wissen daraus zieht, statt Informationsfluten zu bewältigen oder zu verwalten. Erfolgreiches Arbeiten setzt Wissen voraus, das für die Entscheidungen gebraucht wird.

„Das richtige Wissen – zur richtigen Zeit – am richtigen Ort!"

Die erfolgreiche Einführung von SASPF und damit eine ebenengerechte Bereitstellung von Informationen durch IT stellt einen wesentlichen Meilenstein für den Reformprozess der Bw dar.

Modellbasierte SAP R/3 Redokumentation

Christian Reiter
HRW Consulting Factory AG

Zusammenfassung:

Die hier vorgestellte Lösung beschreibt die toolgestützte Redokumentation von SAP R/3 Systemen. Mit Hilfe des Tools Reverse Business Engineer (RBE) werden Informationen bzgl. Nutzung der Transaktionen und des Customizings aus einem Mandanten des SAP R/3 Systems exportiert und in RBE analysiert. Als Ergebnis erhält man z. B. den Key Performance Indicator „Anzahl der ausgeführten Transaktionen pro Systemorganisationseinheit" und die gesamte genutzte Anwendungsstruktur des SAP Mandanten. Diese Informationen können in die ASAP Question und Answer Database und ARIS for mySAP.com überführt werden. Mit Hilfe dieser Lösung ist es möglich, die Prozessbeschreibungen der systemgestützten Funktionen von Standard SAP R/3 Systemen in Projekten mit einer Dauer von 20-30 Manntagen zu erzeugen. Eingesetzt wird die Lösung vor allem bei SAP R/3 Migrationen, bei Systemintegrationen und Ist-Analysen bestehender Systeme. Neben der Lösung und den eingesetzten Tools werden besonders die Erfahrungen aus zahlreichen Projekten zusammengefasst.

Schlüsselwörter:

ARIS for mySAP.com, ASAP, Kennzahlen, KPI, Unternehmenszusammenschlüsse, Nutzung von Transaktionen, Optimierung, Prozessdokumentation, Reverse Business Engineer (RBE), SAP R/3 Migration, SAP R/3 Referenzmodell, SAP Tuning, Schwachstellenidentifikation, teilautomatisierte Redokumentation, Transaktionsmonitor, Value SAP

1 Ausgangssituation

SAP R/3 wurde bis dato mit mehr als 44.000 Installationen bei ca. 17.000 Kunden weltweit eingeführt[1] und ist derzeit das weltweit führende ERP System. Besonders das Jahr-2000-Problem und die Einführung des Euro führten zu einer verstärkten Einführung der Standardsoftware. Häufig wurden diese Projekte jedoch unter erheblichem Zeitdruck durchgeführt. Aspekte der Systemdokumentation und Prozessoptimierung wurden dabei nur selten berücksichtigt. Es galt, die Altsysteme abzulösen und schnell lauffähige Systeme bereitzustellen. Die integrativen Möglichkeiten der Standardsoftware SAP R/3 werden deshalb heutzutage oftmals nur ungenügend genutzt.

Nachdem die Unternehmen die Jahrtausendwende erfolgreich überstanden haben und die Eurofähigkeit hergestellt ist, besinnt man sich auf die Dokumentation und Optimierung dieser Systeme. Die Abstimmung von Unternehmensprozessen und Software, sowie die prozessorientierte Ausbildung der Mitarbeiter eröffnet erhebliche Potenziale für Unternehmen. Dies wird zudem durch folgende Faktoren verstärkt:

- Auch wenn die eBusiness Welle bereits abebbt - eBusiness und Internet sind auf dem Vormarsch. Neue Geschäftsfelder und Geschäftsmodelle lassen sich erschließen. Es stellt sich derzeit die Frage, wie diese neuen, unternehmensübergreifenden Prozesse mit den internen Prozessen und Systemen verknüpft werden können.

- Zahlreiche Großunternehmen fusionieren zu größeren Einheiten, werden aufgekauft oder fusionieren. Ein typischer Fall ist z. B. die Fusion zweier Unternehmen, die jeweils mehr als zehn verschiedene SAP Systeme im Einsatz haben.

- Aufgrund ständig steigender EDV-Kosten besteht oftmals der Bedarf zur Zusammenfassung unterschiedlicher SAP R/3 Systeme innerhalb eines Unternehmens.

- Die Unternehmen werden mit neuen SAP R/3 Releases konfrontiert. Da oftmals nur ungenügend dokumentiert ist, was aktuell überhaupt genutzt wird, werden die Möglichkeiten neuer Releases nur unzureichend genutzt.

Dies ist die Ausgangslage für zahlreiche Projekte der HRW Consulting im Bereich SAP R/3 Redokumentation und das Haupteinsatzgebiet der hier vorgestellten Lösung ERP-ReDoc^{HRW}. Zum ersten Mal wurde sie im Jahr 2000 im Bundesamt für

---

[1] Kargermann H.: sapinfo.net/editorial. In: sapinfo.net/ 88(2001)11, S. 3.

Informatik (BIT) der Schweiz realisiert[2]. Das Bundesamt für Informatik und Telekommunikation betreibt die SAP-Systeme und SAP-Applikationen für die allgemeine Bundesverwaltung der Schweiz mit insgesamt ca. 3500 Anwendern. Im Rahmen der Migration von SAP R/3 4.5 b nach 4.6 b wurde die Lösung erstmals erfolgreich eingesetzt. Seitdem wurde sie in zahlreichen Projekten weiterentwickelt und verbessert. Eingesetzt wurde ERP-ReDoc^{HRW} europaweit in bislang 26 Unternehmen der unterschiedlichsten Branchen wie z. B. bei Honeywell S.A. (Frankreich), Phillips N.V. (Niederlande); Energie Aktiengesellschaft Mitteldeutschland (Deutschland) und Renault S.A. (Frankreich). Im Folgenden soll der typische Ablauf eines solchen Projekts, die Lösungsschritte, verwendeten Werkzeuge und die Erfahrungen aus diesen Projekten erläutert werden.

2 Ziele und Grenzen der Lösung

Zahlreiche Unternehmen haben Ihre Defizite bzgl. der Systemdokumentation erkannt. Da die eigenen Mitarbeiterressourcen jedoch oft in Projekten gebunden sind und die einführenden Berater nicht mehr zur Verfügung stehen, packen die wenigsten Unternehmen dieses Thema wirklich konsequent an.

Ziel war es deshalb, eine einfache, schnelle und kostengünstige Lösung bereitzustellen, bei der die *state of the art* Analyse-Tools zum Einsatz kommen. Die Aufwände bei der Dokumentation des SAP R/3 Klassik Systems mittels der toolgestützten Redokumentation sollten dabei um 70-80 % reduziert und die Involvierung der Mitarbeiter des Kunden auf die Qualitätskontrolle reduziert werden. Durchgeführt werden die Projekte weitestgehend in der Factory der HRW Consulting Factory AG in Form von Back Office Services. Hierdurch kann vermieden werden, dass der Kunde sich mit den unterschiedlichsten Werkzeugen detailliert auseinandersetzen muss und unnötig Ressourcen gebunden werden. Dies betrifft nicht nur kostenintensive Mitarbeiterkapazitäten, sondern auch Hardware, da die Verarbeitung von solchen Massendaten hohe Anforderungen stellt. Der Kern der SAP R/3 Redokumentation konnte in allen Projekten pro Mandant mit einem Aufwand von 20-30 Tagen vollendet werden.

Fachliches Ziel war es aufzuzeigen, *welche* Funktionalitäten des SAP R/3 Systems *wie häufig* genutzt werden und die systemgestützten Geschäftsprozesse transparent werden zu lassen.

---

[2] Reiter, C.: Redokumentation im Griff, Schweizer Bundesverwaltung migriert von 4.5 B nach 4.6 B. In: sapinfo.net/ 74(2001)9.

Je nach Kunde kamen noch weitere Fragestellungen hinzu:

- Aus welchem SAP R/3 Release werden Funktionen genutzt und welche werden nicht genutzt?
- Welche Funktionen und Möglichkeiten bieten die neuen Releases?
- Was sind die Unterschiede der Nutzung bei verschiedenen SAP R/3 Systemen?
- Welche Organisationseinheiten nutzen welche Transaktionen und wie oft?
- Welche kundenspezifischen Transaktionen und Reports sind im Einsatz und wie häufig werden sie genutzt?
- Welche Prozesse laufen in der Zentrale und welche Prozesse laufen dezentral ab?

Jedes Unternehmen stellt sich natürlich die Frage, wie eine optimale Redokumentation aussehen sollte. Textuelle Formen der Redokumentation in Form von Office Dokumenten haben den Nachteil, dass Sie wenig formalisiert sind, nur schwer gewartet werden können und das Ergebnis von den wenigsten Anwendern auch wirklich genutzt wird. Alle diese Nachteile gleichen datenbankgestützte Werkzeuge aus, wobei hier vor allem die Tools ASAP Question und Answer Database, das hiermit gekoppelte ARIS for mySAP.com und die darin enthaltenen SAP R/3 Referenzmodelle zu nennen sind. Sie bieten die Vorteile der Such- und Auswertungsmechanismen sowie der Veröffentlichung der Ergebnisse in ansprechender grafischer Form im Intranet. Auch die Wartbarkeit der gesamten Dokumentation wird durch diese Werkzeuge erheblich vereinfacht. ARIS ist aktuell das einzige Modellierungswerkzeug, mit dem die semiautomatische Redokumentation für SAP 4.6C durchgeführt werden kann. Sämtliche Konkurrenzprodukte besitzen nicht die notwendige Verbindung zu ASAP.

Bei Anwendung dieser Lösung ist es jedoch auch wichtig ihre Grenzen zu kennen. Mit Hilfe der toolgestützten Redokumentation kann derzeit nur das SAP R/3 Klassik System ab Release 3.0 D redokumentiert werden. Auch bei den Branchenlösungen[3] werden ebenfalls nur die Bestandteile des SAP R/3 Klassik berücksichtigt. Ursache hierfür ist das Fehlen der entsprechenden Referenzmodelle. Dies gilt ebenfalls für die New Dimension Produkte der SAP AG (CRM, APO, BW, B2B, etc.). Weiterhin können mit Hilfe der Lösung ERP-ReDoc^{HRW} zwar kundenspezifische Erweiterungen wie z. B. Reports und neue Transaktionen identifiziert werden. Sie werden jedoch nicht bei der Modellgenerierung berücksichtigt. Jedoch bieten die generierten Modelle eine gute Grundlage für die Modellierung und können manuell um diese neuen Funktionalitäten ergänzt werden.

---

[3] Kargermann, H.; Keller, G.: SAP Branchenlösungen – Business Units erfolgreich machen, 2. Aufl., Stuttgart 2001.

3 Vorgehensweise und eingesetzte Tools

3.1 Lösung für die Redokumentation von SAP R/3 Systemen

Den gesamten Lebenszyklus eines SAP Systems beschreibt das Value SAP Life Cycle Konzept. Es besteht aus den Phasen Discovery, Evaluation, Implementation und Continuous Improvement, wobei die Redokumentation ein wesentlicher Teil dieser letzten Phase ist. Redokumentationsprojekte bestehen wiederum aus insgesamt vier Projektschritten der Lösung ERP-ReDoc^{HRW}.

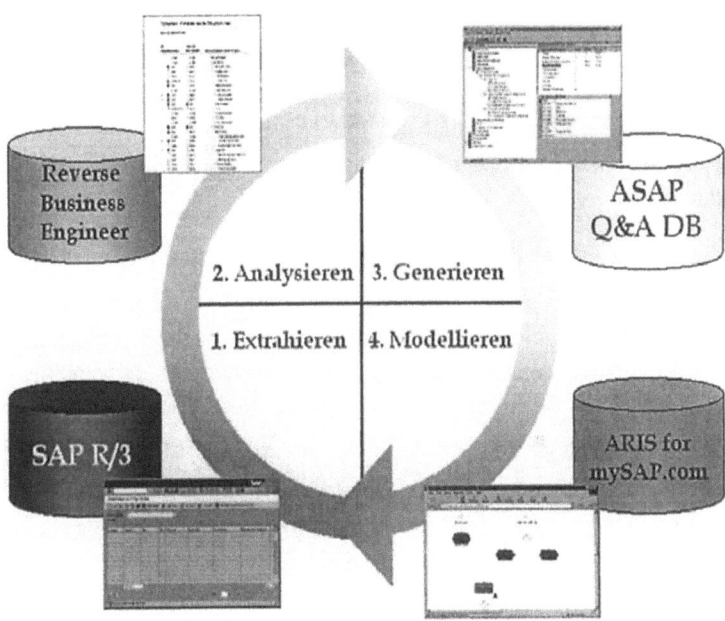

Abb. 1: Redokumentation mit der Lösung ERP-ReDoc^{HRW}

1. Datenextraktion aus dem SAP R/3 System

In diesem ersten Schritt werden Informationen bzgl. der Häufigkeit der Transaktionsausführung, der Customizingeinstellungen und organisatorische Funktionen aus den SAP Systemen mit Hilfe eines ABAP Reports extrahiert.

2. Analyse der Daten mit Hilfe des SAP Reverse Business Engineer (RBE)

Im zweiten Schritt werden die extrahierten Daten aus dem SAP R/3 System in dem Tool RBE aufbereitet und analysiert. Bei diesem Bottom Up Approach wird ausgehend von der Nutzung der Transaktionen auf die genutzten Komponenten der Anwendungskomponentenhierarchie von SAP R/3 geschlossen. Der RBE visualisiert die Häufigkeit der Transaktionsausführungen im Zeitablauf, wobei auch die organisatorischen Einheiten berücksichtigt werden. Zu dem komfortablen Reporting gehört auch die Möglichkeit des Vergleichs der Nutzung von verschiedenen SAP Systemen.

3. Generierung von Prozessstrukturen mit Hilfe von ASAP Question und Answer Database (ASAP Q&A DB)

Mit Hilfe der ASAP Q&A DB werden die Informationen des RBE in Prozessstrukturen überführt. Hierbei erfolgt ein manueller Konsistenzcheck durch HRW Consulting, bei dem die Validität der Ergebnisse überprüft wird. Die Q&A DB nimmt hier lediglich eine Vermittlerfunktion ein, um die Modelle nach ARIS zu überführen.

4. Modellierung mit ARIS for mySAP.com

Im letzten Schritt werden die Daten von ASAP in das SAP R/3 Referenzmodell des Tools ARIS for mySAP.com übertragen. Als Ergebnis werden diejenigen Teile des Referenzmodells aktiviert, die auch tatsächlich in Verwendung sind. In der Regel werden diese Ergebnisse noch einmal zusammen mit dem Kunden in Workshops qualitätsgesichert. Das Projektteam kann diese Modelle für die ergänzende Beschreibung nutzen. Die Modelle können an die übrigen Systembenutzer via Intranet kommuniziert werden.

In den folgenden Kapiteln werden diese Schritte, die eingesetzten Tools und die gewonnenen Erfahrungen detailliert beschrieben.

3.2 Datenextraktion aus SAP R/3

Die Redokumentation von SAP R/3 Systemen muss folgende Fragen beantworten:

- Welche Funktionen und Transaktionen des SAP R/3 Systems werden genutzt? (Frage nach der Funktionssicht)
- Welche Organisationseinheiten und Nutzer sind betroffen? (Frage nach der Organisationssicht)
- Welche Geschäftsabläufe unterstützt das installierte SAP R/3 System? (Frage nach der Prozesssicht)

Der Transaktionsmonitor des SAP R/3 Systems (transaction code: STO3) beantwortet Teile der ersten beiden Fragen auf einem sehr detaillierten Level. Er proto-

Modellbasierte SAP R/3 Redokumentation

kolliert sämtliche Zugriffe der Benutzer auf die SAP R/3 Transaktionen und ist somit eine wichtige Funktion zur Überprüfung der Benutzerzugriffe und Gewährleistung der Datensicherheit. Im Standard ist der Transaktionsmonitor so konfiguriert, dass die letzten 3 Monate protokolliert werden.

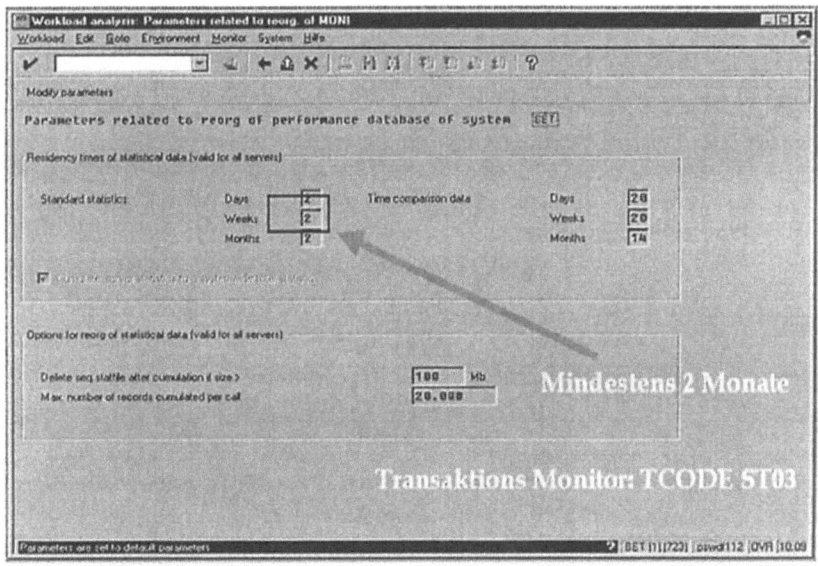

Abb. 2: Transaktionsmonitor

Die Daten des Transaktionsmonitors bilden eine wichtige Inputquelle für den Reverse Business Engineer (RBE), ein Softwareprodukt der SAP AG. Der RBE ist ein wichtiges Tool für das Lösungskonzept Redokumentation von SAP R/3 Systemen. RBE baut auf einem Client-Server-Konzept auf, dem der Microsoft SQL Server zu Grunde liegt. In RBE können die beiden Komponenten Reverse Modeling Engineer (RME), mit der die Auswertungsregeln definiert werden, und die Analysekomponente unterschieden werden.

Zunächst wollen wird hier auf die Komponente RME eingegangen werden. Grundlage für sie ist die Anwendungskomponentenhierarchie des SAP R/3 Systems, welches die funktionale Struktur des SAP Systems beschreibt. Auf dieser Struktur können identifizierende und informative Regelgruppen definiert werden, die wiederum einzelne Regeln beinhalten. Sind die Regeln der identifizierenden Regelgruppen erfüllt, so bedeutet dies, dass die zugeordnete Anwendungskomponente im System genutzt wird. Durch dieses Bottom Up Vorgehen werden also Detailinformationen auf die gesamte Struktur der Anwendungskomponenten übertragen. Informative Regelgruppen liefern darüber hinaus Zusatzinformationen, wie z. B. Customizingeinstellungen oder Stammdaten.

Die Regelgruppen bestehen aus den einzelnen Prüfregeln, die die Nutzung der Transaktionen, die Überprüfung von Customizingeinstellungen oder die Verwendung von Stammdaten abbilden. Standardmäßig ist der RBE mit allen Regeln ausgestattet, die sämtliche Transaktionen, die wichtigsten Customizingeinstellungen und Stammdaten des Systems überprüfen. Sowohl die Anwendungsstruktur als auch die Regelgruppen und die Regeln können vom Benutzer beliebig erweitert werden.

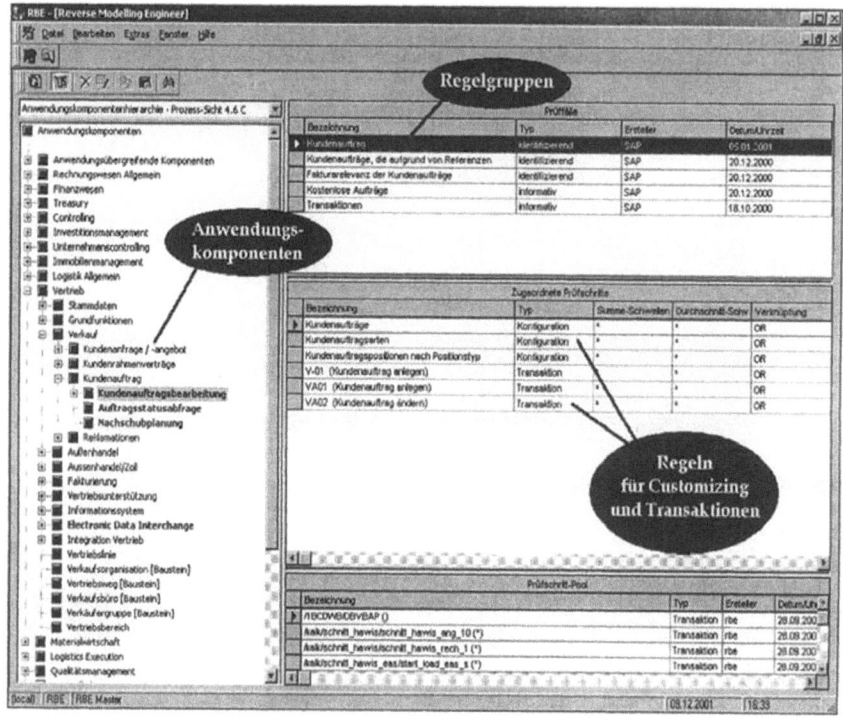

Abb. 3:   Regelwerk des RBE

HRW Consulting hat in Ihren Projekten durchweg gute Ergebnisse mit den Standardregeln erzielt. Lediglich in Einzelfällen brachten sie nicht nachvollziehbare Ergebnisse. So war ein Ergebnis von RBE fast immer die Aktivierung der Produktionsplanung und -steuerung mit dem Element Kanban, weil die Transaktion MMBE (Bestandsführung) genutzt wurde. Diese Transaktion ist aber ebenfalls normaler Bestandteil der Materialwirtschaft. Auf diese Art und Weise konnte es passieren, dass bei Auswertungen der SAP Systeme einer deutschen Großbank der Bereich Kanban aktiviert war, obwohl nur die Materialwirtschaft genutzt wurde. Dies kann verständlicherweise sehr leicht zu Akzeptanzverlusten auf Kundenseite führen.

Da der RBE nicht nur genutzt wurde, um die funktionale Struktur des Systems zu untersuchen, sondern auch, um Rückschlüsse auf die Geschäftsprozesse zu ziehen, musste das Regelwerk auch um Regeln für Customizing Einstellungen erweitert werden. HRW Consulting hat die Erfahrung aus zahlreichen Projekten genutzt und das Regelwerk des RBE modifiziert, um praxisgerechtere Ergebnisse bereitzustellen.

Auf der Grundlage des Regelwerks kann ein ABAP Report erzeugt werden. Um die Lösung ERP-ReDoc^{HRW} testen zu können, bietet HRW Consulting diesen ABAP Report auf ihrer Internet Homepage (www.HRW-Consulting.com) an. Dieser wird von Kunden heruntergeladen, in das SAP R/3 System eingespielt und ausgeführt. Die Ausführung des Reports dauert bis zu 3 Stunden und wird in der Regel nachts im Batchlauf durchgeführt. Das Ergebnis ist eine Textdatei, die selten über 5 MB groß ist. Diese kann bequem vom Kunden über das User Portal an HRW Consulting zurückgesendet werden und ist die Grundlage für eine erste kostenlose Analyse. Die ersten groben Ergebnisse werden dem Kunden präsentiert und erst wenn er damit zufrieden ist, wird das eigentliche Projekt aufgesetzt.

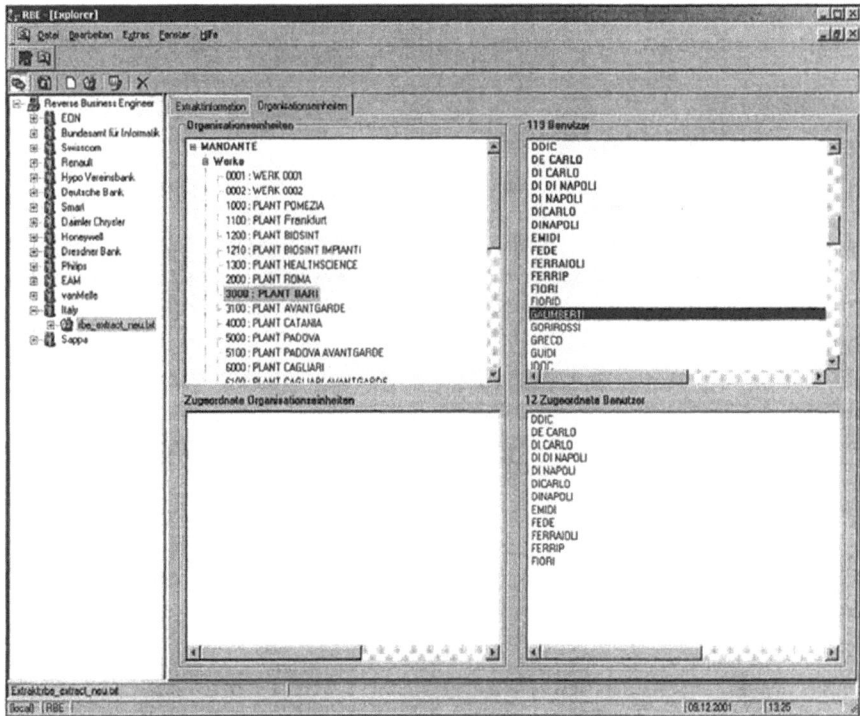

Abb. 4: Download des ABAP Reports

Einige wenige Unternehmen (ca. 4 %) hatten den Transaktionsmonitor aus „Platzgründen" ganz deaktiviert oder falsch konfiguriert. Schon allein aus Qualitäts- und

Sicherheitsaspekten ist dies kaum verständlich, da der Transaktionsmonitor das einzige Instrument ist, mit dem nachvollziehbar ist, *wer wann welche* Transaktion im SAP System ausgeführt hat. In diesen Fällen musste der Transaktionsmonitor neu konfiguriert werden und eine erneute Auswertung konnte frühestens nach einem Monat durchgeführt werden.

Als hinderlich hat sich auch herausgestellt, dass der Transaktionsmonitor sich auf maximal 6 Monate einstellen lässt. Führt man also z. B. im September eine Analyse durch, so sind nur die letzten 6 Monate berücksichtigt, nicht aber die Jahresabschlussbuchungen des vorherigen Dezembers. Ähnliche Ergebnisse gibt es z. B. auch für das Projektmanagement. In manchen Branchen (z. B. Bau von Großanlagen) werden nur wenige Projekte abgewickelt, die aber oftmals mehrere Jahre dauern. Hierbei kann es z. B. vorkommen, dass im betroffenen Analysezeitraum keine Projektdefinition durchgeführt wurde, obwohl diese Funktion generell genutzt wird. Diese Dinge können letztendlich nur durch die manuelle Überprüfung der Ergebnisse durch erfahrene Consultants erkannt und berichtigt werden.

Wichtig für die Analyse der Daten ist auch die Tatsache, dass BAPI (business application interfaces) und ALE (application link enabling) Szenarien nur am Rande berücksichtigt werden.

3.3 Analyse mit RBE

Die Extrakte aus dem SAP R/3 System werden in den RBE importiert und anschließend automatisch und manuell analysiert. Der Import und die automatische Analyse dieser Massendaten stellen hohe Anforderungen an die Hardware. Um zu vermeiden, dass ein PC mehrere Stunden mit diesen Aktivitäten beschäftigt ist, werden von HRW Consulting Workstations mit Pentium 4 Doppelprozessor eingesetzt. Die Analyse kann so durchgeführt werden, dass nur selten ausgeführte Transaktionen unberücksichtigt bleiben. Im Folgenden sollen die unterschiedlichen Ergebnisse des Reverse Business Engineer und deren Anwendung in den Projekten beschrieben werden.

1. Systemorganisationseinheiten und die Benutzer des Systems

Der RBE stellt eine komfortable Liste über die im Customizing verstreuten Systemorganisationseinheiten (z. B. Werke, Buchungskreise, Kostenrechnungskreise, Vertriebswege) zur Verfügung.

Da in vielen Systemen die Einstellungen bzgl. Systemorganisationseinheiten relativ selten geändert werden, die soziale Unternehmensorganisation aber dem dauernden Wandel unterliegt, können diese Informationen für den regelmäßigen Abgleich beider Strukturen genutzt werden. Auswertungen, welche Systemorganisationseinheit welche Transaktionen nutzt, können nur auf Ebene der Organisationseinheiten, nicht aber auf Ebene der Benutzer durchgeführt werden. Da weiterhin auch nicht die Bearbeitungszeiten festgehalten werden, ist der RBE somit nicht geeignet um Auswertungen bzgl. einzelner Mitarbeiter durchzuführen. Deshalb haben auch Betriebsräte in der Regel keine Bedenken beim Einsatz von RBE.

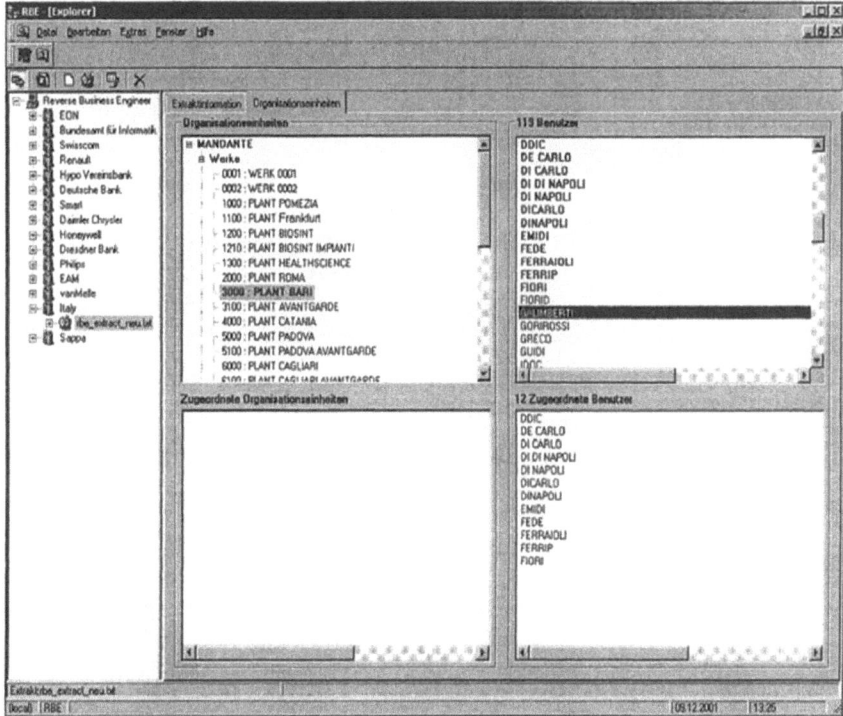

Abb. 5: Systemorganisationsstruktur aus SAP R/3

2. Die Anzahl der Nutzung von Transaktionen

Pro Transaktion wird die durchschnittliche oder akkumulierte Anzahl der Nutzungen ausgegeben. Zusätzlich kann auch die Anzahl der ausgeführten Standardtransaktionen im Zeitverlauf, nach Task Typen oder nach Organisationseinheiten visualisiert werden.

Dies ist der wichtigste Key Performance Indicator (KPI), den der RBE liefert. Er lässt den Rückschluss zu, welche Elemente im SAP wirklich genutzt werden. Hervorzuheben ist hier der hohe Wiedererkennungswert und das große Interesse der Modulverantwortlichen für diese Informationen, da sie zum ersten Mal Mengengerüste haben, die sie vorher nur erahnen konnten.

Als Ergebnis kann der RBE auch die Anzahl der Transaktionen, die durch Patches eingespielt wurden oder von Kunden selbst entwickelt wurden (vor allem Reports), liefern. Hierzu ist es notwendig, dass für jede dieser Transaktionen eine

Regel angelegt und die gesamte Extraktion wiederholt wird. Hierdurch ist es für kundenspezifische Entwicklungen möglich zu überprüfen, ob und wie häufig diese genutzt werden. Erschreckend waren hier die Ergebnisse in vielen Unternehmen. Die Anzahl der kundenspezifischen Reports war oftmals größer als die Summe ihrer Nutzung.

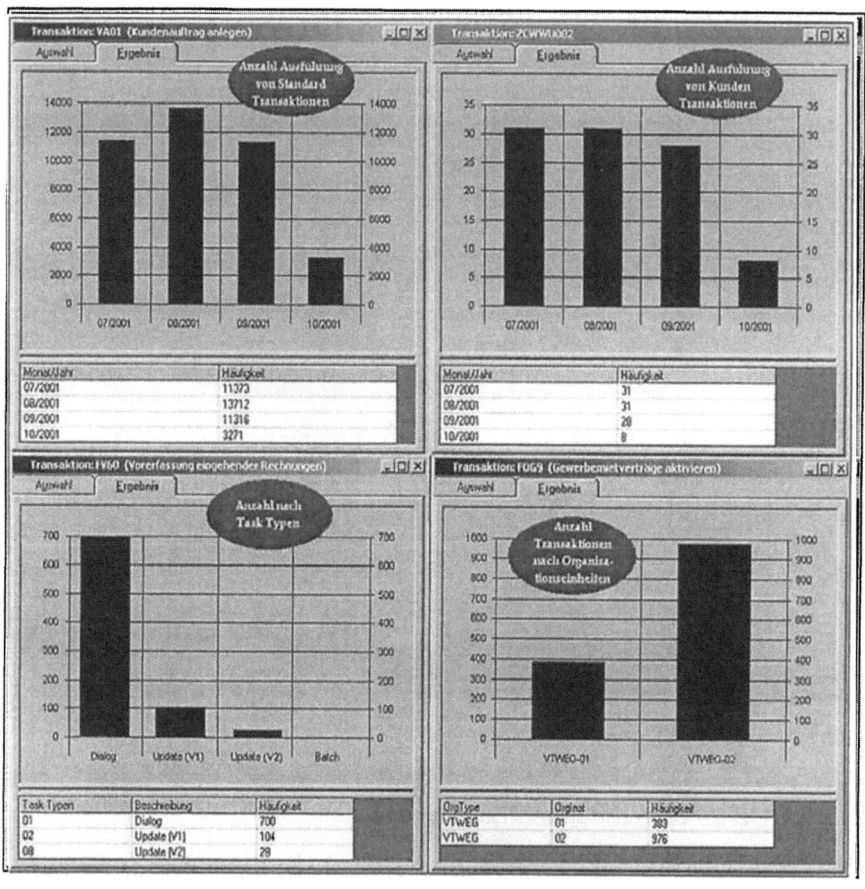

Abb. 6: Auswertung von Transaktionen

Besonders interessant sind diese Mengengerüste in Verbindung mit den Geschäftsprozessen. Hierdurch können oftmals Lücken und Optimierungspotenziale im Ablauf der Geschäftsprozesse aufgedeckt und optimiert werden. In vielen Fällen wurde so z. B. festgestellt, dass die Benutzer immer noch mit herkömmlichen Transaktionen arbeiten, obwohl ein neuer Prozess bereits implementiert war und ihnen weiterentwickelte Transaktionen zur Verfügung stehen. Diese waren aber nur ungenügend an die Mitarbeiter kommuniziert oder von den Benutzern nicht akzeptiert worden. Ein Ergebnis, das oft Verwunderung hervorruft ist die Tatsache, dass die Transaktionen zur Änderung von Daten häufig ausgeführt werden, die Anzeigetransaktionen für die gleichen Daten aber nur relativ selten. Ursache hierfür ist, dass viele Benutzer lieber gleich die Änderungsmasken aufrufen und sei es auch nur, um Daten anzusehen.

In den meisten Projekten galt das Interesse insbesondere auch der Nutzung der Transaktionen durch die Organisationseinheiten und den hierbei festgestellten Unterschieden. Ein Anwendungsbeispiel ist hierbei z. B. die Verrechnung der oftmals nicht unbedeutenden IT Kosten in Abhängigkeit von der Inanspruchnahme durch die Organisationseinheiten. Während die IT Kosten bislang mittels Schlüsselung verrechnet wurden, liefert der RBE direkte Messgrößen und stellt die Grundlage für eine genauere Verrechnung dar.

Viele Projekte hatten auch den Fokus der Vorbereitung eines Releasewechsels (Upgrade) aus betriebswirtschaftlicher Sicht. HRW Consulting hat hier auf Basis des RBE's einen zusätzlichen Lösungsweg aufgezeigt, um neben der Nutzung der bisherigen Transaktionen auch die Releaseverwendung und die neuen Transaktionen transparent zu machen. Auf Basis der Informationen zur Nutzung von Eigenentwicklungen von Reports und Transaktionen kann eine sinnvolle Priorisierung von Upgrade-Funktionalitäten vorgenommen werden.

Report: Finanzwesen

Aktuelle Nutzung von Transaktionen

Name	Anzahl	Rel. low	Rel. high
Kreditorenanzahlung			
Kreditorenbuchh.\Grundfunkt.\Anzahlungen	Aktiv		
F-48 (Kreditorenanzahlung buchen)	51	3.0 F	4.6 C
FBA7 (Kreditorenanzahlung buchen)	8	3.0 F	4.6 C
Kreditorenanzahlungsanforderung			
Kreditorenbuchh.\Grundfunkt.\Anzahlungen	Aktiv		
F-47 (Anzahlungsanforderung)	452	3.0 F	4.6C
FBA6 (Anzahlungsanforderung Kreditor)	119	3.0 F	4.6 C
Zahlungskartenabrechnung			
Debitorenbuchh.\Grundfunkt.\Zahlungsverkehr	Aktiv		
FCC1 (Zahlungskarten: Abrechnung)	2.303	4.0 B	4.6C
FCC2 (Zahlungskarten: Abrechng wiederholen)	1405	4.0 B	4.6C
FCC3 (Zahlungskarten: Protokolle löschen)	120	4.0 B	4.6C
FCC4 (Zahlungskarten: Protokolle anzeigen)	350	4.0 B	4.6C
FCCR (Auswertungen zu Zahlungskarten)	26	4.0 B	4.6C
Zahlungsträgererstellung			
Debitorenbuchh.\Grundfunkt.\Manuelle Zahlungen	Aktiv		
FBZ5 (Scheck zum Zahlungsbeleg drucken)	608	3.0 F	4.6 C
PC00_M03_UELD (ELDA-Datenträger 03)	0	4.5 B	4.6 C
Zahlungsumbuchung			
Haushaltsmanagement\Buchung	Aktiv		
FMOA (Umbuchen Zahlung)	17	3.0 F	4.0 B
FMWA (Anlegen Mittelumbuchung)	0	4.5 B	4.6 C
FMWC (Anzeigen Mittelumbuchung)	0	4.5 B	4.6 C

Transaktionen neues Releases 4.6 C

Name
FBWAPI0 FI-Internet: Kreditoren-Einzelposten
FBWAPI0EA FI-Internet: Kreditoren-Einzelposten
FBWARI0 FI-Internet: Debitoren-Einzelposten
FBWARI0EA FI-Internet: Debitoren-Einzelposten
FBWD2 Parametertransaktion für FBWD
FBWQ C FI Pflege Tabelle T045T
FBWR C FI Pflege Tabelle T045W
FBWS C FI Pflege Tabelle T046s
FBZA_OLD Konfiguration Zahlprogramm anzeigen
FBZP_OLD Konfiguration Zahlprogramm pflegen
FC_BW_BEX Business Explorer Analyzer
FD02CORE Debitoren pflegen
...

Nutzung Kundenspezifische Transaktionen

Name	Anzahl
ZMCP7858 (Report Anfangsbestände)	20
ZMCP8478 (Report Anfangsbestände)	37
ZMCP8488 (Report Anfangsbestände)	48
ZMCP8489 (Report Anfangsbestände)	68
ZMDLVIEW	0
ZMEDATXT	22
ZMGLN011	2
ZMINDMCM	0

Abb. 7: Einsatz des RBE bei Releasewechseln

Ein weiteres denkbares Anwendungsbeispiel für den RBE ist der Einsatz in SAP Implementierungsprojekten. So kann überprüft werden, ob alle Transaktionen des Systems auch wirklich getestet wurden.

3. Informationen über Customizingeinstellungen oder Stammdaten

Neben der Anzahl der Transaktionen können auch Customizingeinstellungen und Stammdaten als Ergebnis geliefert werden. So können z. B. die Kundenaufträge nach Verkaufsbelegarten ausgelesen werden. Diese Informationen bilden eine wichtige Grundlage für die Ableitung der Prozessstrukturen in der ASAP Q&A DB.

4. Die genutzten Anwendungskomponenten

Auf Basis der Nutzung der Transaktionen oder der Customizingeinstellungen werden die entsprechenden Elemente der Anwendungskomponentenhierarchie aktiviert oder deaktiviert. Diese Informationen geben einen guten Überblick über die Nutzung der entsprechenden Komponenten.

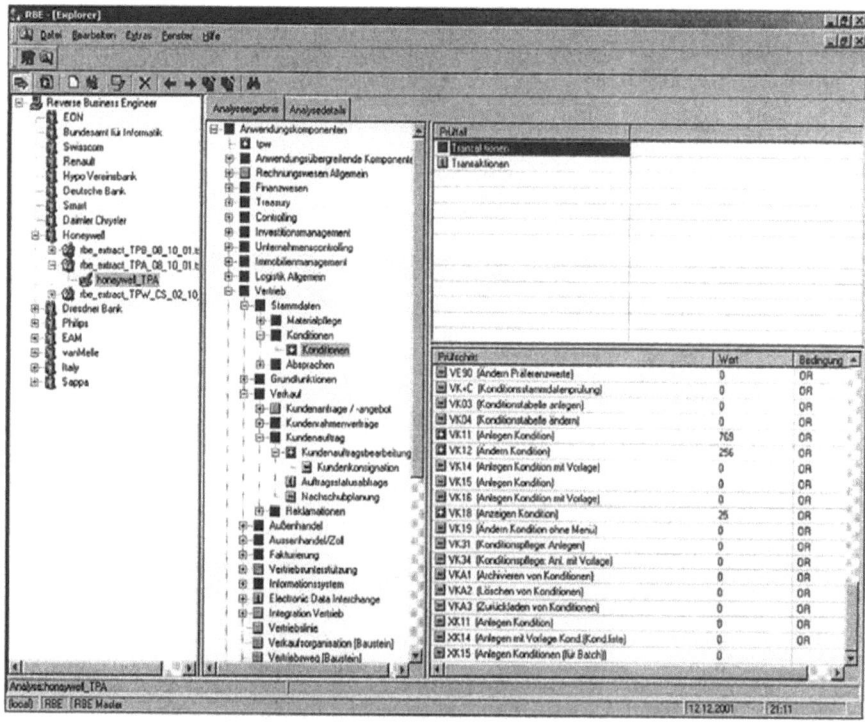

Abb. 8: Genutzte Anwendungskomponenten und Transaktionen

Besonderen Wert erhält diese Struktur dadurch, dass sich die Ergebnisse verschiedener Installationen und Mandanten miteinander vergleichen lassen. Diese Funktionalität wird vor allem bei Harmonisierung von Systemen innerhalb einer Supply Chain oder im Rahmen von Post Merger Integrations genutzt. Hierdurch wird es vor allem betriebswirtschaftlich orientierten Mitarbeitern ermöglicht, schnell und umfassend das Delta in der Nutzung der Systeme zu verstehen. Vor allem hier hat sich der RBE besonders bewährt.

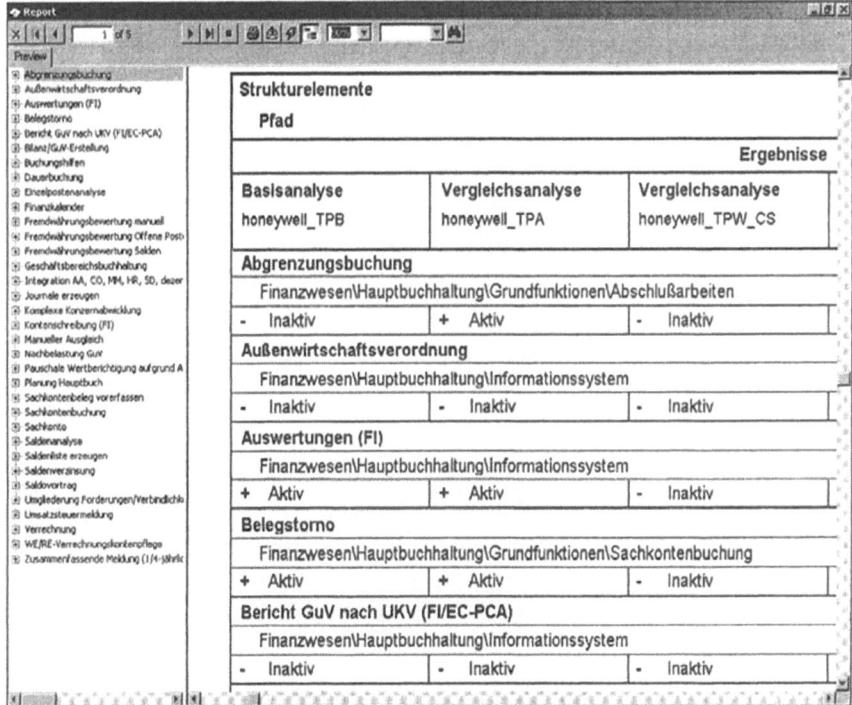

Abb. 9: Vergleich von unterschiedlichen Systemen und Mandanten

3.4 Generierung von Prozessstrukturen mit ASAP Q&A DB

In diesem Schritt werden die Informationen des RBE in die SAP Prozessstruktur der Q&A DB überführt. Die Q&A DB ist ein Bestandteil des Toolpaketes Value SAP und Produkt der SAP AG auf Basis einer Client Server Architektur. Sie wird vor allem in der Phase Business Blueprint der Implementierung von SAP R/3 eingesetzt um die fachlichen Anforderungen an das System zu formulieren. So soll die einheitliche Vorgehensweise in dieser Projektphase unterstützt werden.

Die Datenbank umfasst unterschiedliche Themenbereiche wie z. B. Unternehmensstrategie, Organisation, Stammdaten, Geschäftsprozesse und Benutzerrollen. Diese Themenbereiche werden in Form einer Struktur durch einen Explorer bis auf einzelne Fragen heruntergebrochen. Durch manuelles Auswählen der Strukturelemente der Q&A DB werden z. B. die zu implementierenden Geschäftsprozesse des SAP R/3 Systems ausgewählt. Die detaillierteste Ebene beschreibt einzelne Prozesse, denen wiederum Transaktionen und Fragen hinterlegt sind.

Durch das Setzen des Scope werden letztendlich die Transaktionen und der Fragenkatalog auf die relevanten Bestandteile eingeschränkt. Die Geschäftsprozesse von SAP R/3 sind lediglich in Form von solchen Strukturelementen dargestellt. Der Ablauf der Prozesse wird erst bei Aufruf von Modellierungswerkzeugen wie ARIS for mySAP.com sichtbar.

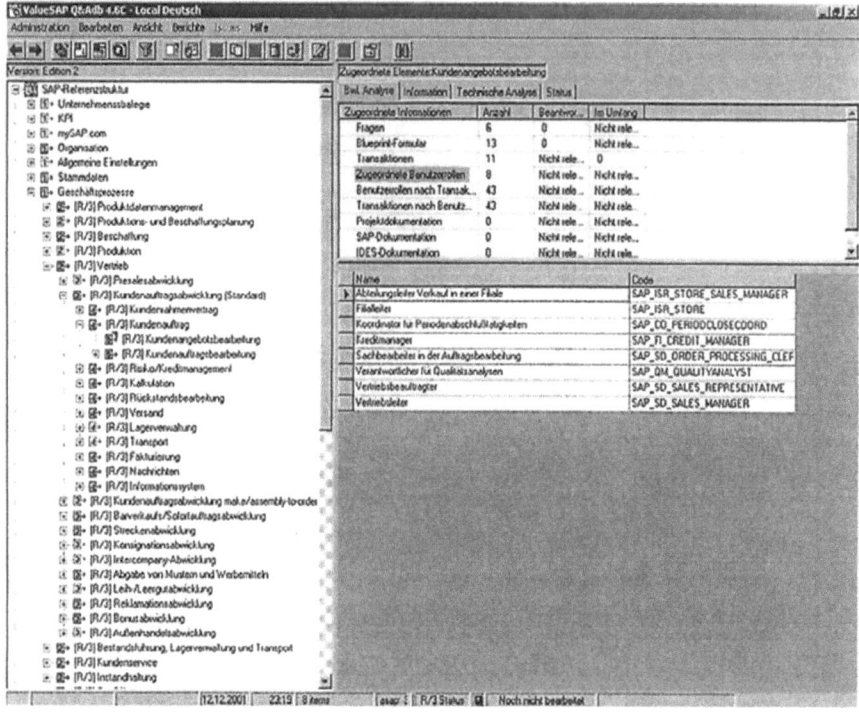

Abb. 10: ASAP Question and Answer Database

In der Lösung ERP-ReDoc[HRW] spielt die Prozessstruktur eine wesentliche Rolle, nicht aber die Fragen zu den Geschäftsprozessen. Bei der Übertragung der RBE Ergebnisse in die Prozessstruktur von SAP R/3 fällt auf, dass Prozesse aktiviert werden, die so nicht wirklich vom Unternehmen genutzt werden. Ursache hierfür ist, dass der Transaktionsmonitor keine Antworten auf die Frage liefert, wie die Transaktionen im Geschäftsprozess genutzt werden und somit sämtliche Prozesse aktiviert werden, denen die entsprechend aktivierten Transaktionen hinterlegt sind. Der Transaktionsmonitor kann z. B. feststellen, wie häufig die Transaktion „VA01 Kundenauftrag anlegen" aus SAP SD ausgeführt wurde. Diese Transaktion kann jedoch Bestandteil unterschiedlicher Geschäftsprozesse sein, wie z. B. Terminauftragsbearbeitung, Barverkauf oder Konsignationsabwicklung. Welche Geschäftsprozesse hier unterstützt werden, wird letztendlich durch das Customizing bestimmt. Die Definition der verschiedenen Verkaufsbelegarten, Positions- und Einteilungstypen bestimmt letztendlich die unterstützten Prozesse.

Modellbasierte SAP R/3 Redokumentation 233

schnell und umfassend das Delta in der Nutzung der Systeme zu verstehen. Vor allem hier hat sich der RBE besonders bewährt.

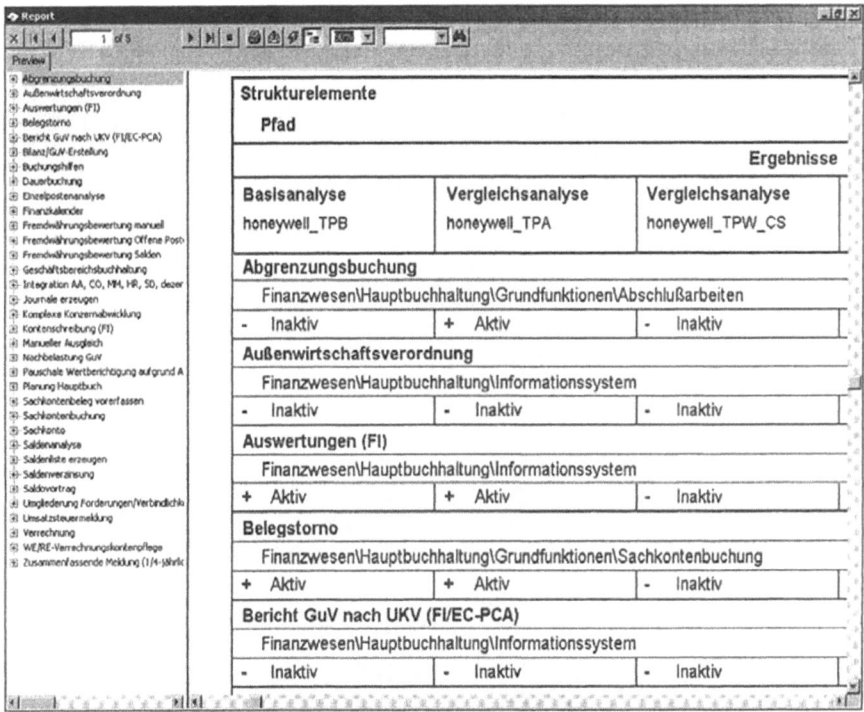

Abb. 9: Vergleich von unterschiedlichen Systemen und Mandanten

3.4 Generierung von Prozessstrukturen mit ASAP Q&A DB

In diesem Schritt werden die Informationen des RBE in die SAP Prozessstruktur der Q&A DB überführt. Die Q&A DB ist ein Bestandteil des Toolpaketes Value SAP und Produkt der SAP AG auf Basis einer Client Server Architektur. Sie wird vor allem in der Phase Business Blueprint der Implementierung von SAP R/3 eingesetzt um die fachlichen Anforderungen an das System zu formulieren. So soll die einheitliche Vorgehensweise in dieser Projektphase unterstützt werden.

Die Datenbank umfasst unterschiedliche Themenbereiche wie z. B. Unternehmensstrategie, Organisation, Stammdaten, Geschäftsprozesse und Benutzerrollen. Diese Themenbereiche werden in Form einer Struktur durch einen Explorer bis auf einzelne Fragen heruntergebrochen. Durch manuelles Auswählen der Strukturelemente der Q&A DB werden z. B. die zu implementierenden Geschäftsprozesse des SAP R/3 Systems ausgewählt. Die detaillierteste Ebene beschreibt einzelne Prozesse, denen wiederum Transaktionen und Fragen hinterlegt sind.

3.5 Modellierung mit ARIS for mySAP.com

ARIS for mySAP.com ist eine Erweiterung der Produkte ARIS Easy Design bzw. ARIS Toolset der IDS Scheer AG. Wesentliche Bestandteile des Produktes sind die SAP R/3 Referenzmodelle[4], die SAP collaborative business Szenarien, der Link zur ASAP Q&A DB und zu SAP R/3 selbst, sowie das Modul ARIS Connectivity for HR. Ausgeliefert werden dabei unterschiedliche Releases des SAP R/3 Referenzmodells. Die Struktur des Referenzmodells ist völlig identisch mit der Struktur der ASAP Q&A DB. Jeder Knoten in der ASAP Struktur findet sich als Objekt bzw. Modell im SAP Referenzmodell. Die ersten beiden Ebenen des Referenzmodells werden durch Übersichtsmodelle dargestellt. Sie bilden die Unternehmensprozessbereiche ab.

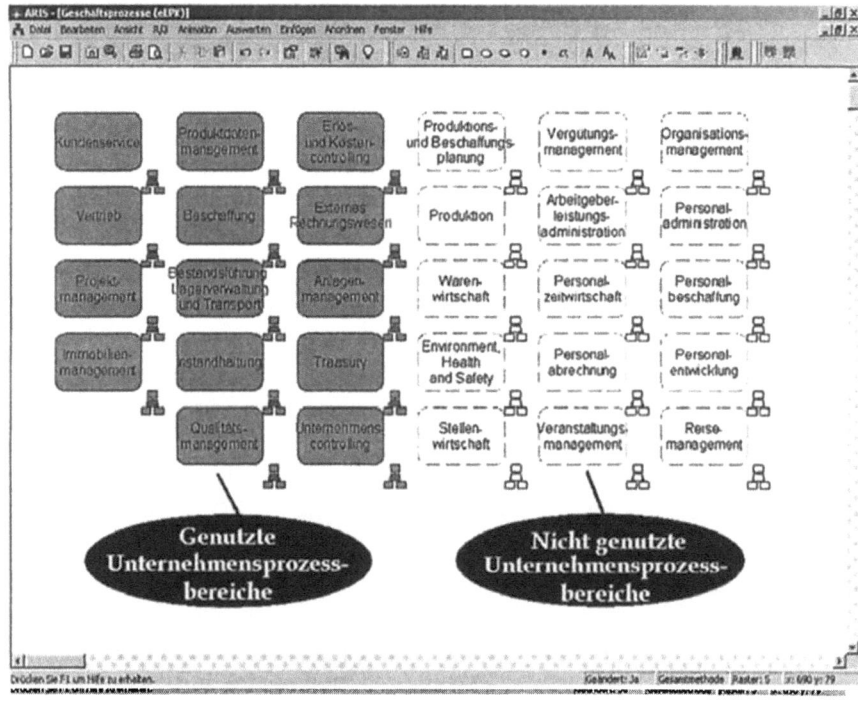

Abb. 12: Überblick über den SAP R/3 Klassik Einsatz

Diese Unternehmensprozessbereiche werden durch Prozessauswahldiagramme detaillierter beschrieben. Sie enthalten die sog. Szenarioprozesse und die Prozessvarianten (z. B. Kundenauftrag Standard, Barverkauf und Konsignationsabwick-

---

[4] Keller, G.; Teufel, T.: SAP R/3 prozessorientiert anwenden. 2. Aufl. Bonn u.a. 1998

lung für den Vertrieb). Den einzelnen Szenarien sind drei Ebenen von EPK's[5] hinterlegt und auf der tiefsten Stufe Funktions- und Rollenzuordnungsdiagramme. Letztere beschreiben die relevanten Input- und Outputdaten, Transaktionen, Rollen und Systemorganisationseinheiten.

Die Deaktivierungen, gelöschte oder neue Strukturelemente können mit Hilfe der Funktion Synchronisation aus der ASAP Q&A DB von ARIS 6.0 in das Referenzmodell übertragen werden. Hierdurch werden lediglich die Funktionen der Modelle in den Umfang gesetzt, die auch tatsächlich genutzt werden.

Besonders hilfreich in Projekten ist die ARIS Funktion aus den Prozessmodellen SAP R/3 Transaktionen und die SAP R/3 Online Hilfe aufrufen zu können. Dies funktioniert auch, wenn die Modelle in das Intranet eingestellt werden. Hierdurch können Prozesspfade getestet und die Benutzer prozessorientiert geschult werden. In der Praxis hat sich dies gegenüber funktionsorientierten Schulungen als ein besserer Weg herauskristallisiert. Der Benutzer verliert sich nicht in den Transaktionen und wird im Selbststudium motiviert.

Das Resultat der Lösung SAP R/3 Redokumentation ist die vollständige Benutzerdokumentation der systemgestützten Prozesse im Intranet. Die Übertragung der Prozessmodelle in das Intranet erfolgt mit Hilfe der Komponente ARIS Web-Publisher. Die hierbei erzeugten Web-Modelle können sogar aus dem Intranet exportiert und wieder in eine ARIS Datenbank importiert werden. Dieser Modellaustausch ist besonders in internationalen Projekten sehr hilfreich.

Eine höhere Akzeptanz der Modelle erreicht man, wenn man die EPK's der ersten Ebene in Wertschöpfungsketten umwandelt. Ursache hierfür ist die Tatsache, dass die Anzahl der Ereignisse für einen solch groben Level schnell unübersichtlich wird. Aus diesem Grunde wurden die EPK's der ersten Ebene in unseren Projekten oftmals in Wertschöpfungskettendiagramme umgewandelt. Eine kleine kosmetische Maßnahme, durch die die Akzeptanz aber deutlich steigt. Man kann die Umwandlung jedoch erst nach einem Abgleich mit der Q&A DB durchführen, da Wertschöpfungsketten bei der Synchronisation nicht berücksichtigt werden.

---

[5] Keller, G.; Nüttgens, M.; Scheer, A.-W.: Semantische Prozessmodellierung auf der Grundlage Ereignisgesteuerter Prozessmodelle. In: IWi Heft 89 (1992).

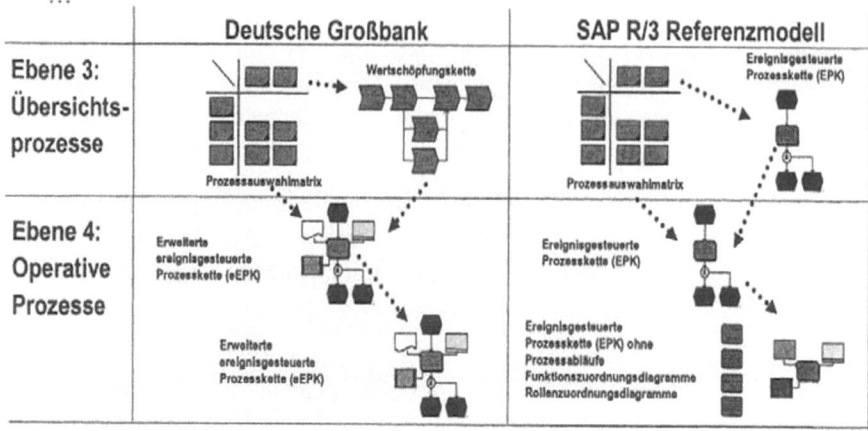

Abb. 13: Modellstruktur des SAP R/3 Referenzmodells im Vergleich mit der Standardprozessstruktur einer deutschen Großbank

Neben den Geschäftsprozessen können auch die sozialen Organisationsstrukturen mit Hilfe der Komponente Connectivity for SAP HR aus SAP HR nach ARIS in Form von Organigrammen überführt werden, sofern diese in SAP gepflegt werden. HRW Consulting hat in Zusammenarbeit mit IPROCON GmbH eine weitere Lösung entwickelt um neben den Modellen und Objekten auch zusätzliche Informationen aus SAP R/3 in die Attribute der Organisationsobjekte in ARIS zu überführen. Hierdurch können z. B. Informationen, die für die Prozesskostenrechnung relevant sind, in die Organisationssicht übernommen werden. Überführt man manuell die Systemorganisationsstruktur aus RBE ebenfalls nach ARIS, können beide verglichen werden. Hierdurch wird es möglich, Inkonsistenzen und Schwachstellen im Customizing der Systemorganisationsstruktur schnell aufzudecken.

Die erzeugten Modelle decken die gesamten Systemfunktionen einer SAP R/3 Standard Implementierung ab und bilden eine gute Grundlage für die vollständige Abbildung eines Systems. Folgende Möglichkeiten hat ein Kunde im Anschluss an die teilautomatisierte Redokumentation:

- Zusätzliche Dokumentation kundenspezifischer Prozesse und Funktionen auf Grundlage der RBE Auswertungen,
- Erweiterung der systemgestützten Funktionen um manuelle Tätigkeiten,
- Löschung der nicht relevanten Ereignisse aus den Prozessmodellen,
- Modellierung der zuständigen Organisationseinheiten in den Prozessmodellen mittels RBE Analysen und
- Dokumentation der Schnittstellen zu Fremd- und Legacy Systemen.

Modellbasierte SAP R/3 Redokumentation 239

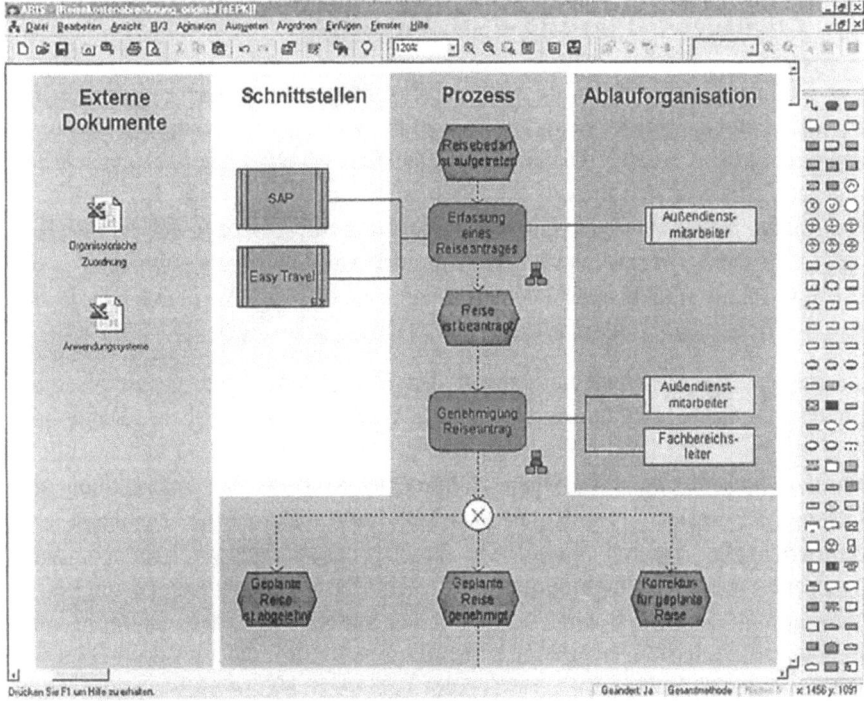

Abb. 14: Zusatzmodellierung in ARIS for mySAP.com

Den Abschluss des Projekts bildet die Vorstellung der Ergebnisse beim Kunden und die Qualitätssicherung der Informationen der ASAP Q&A DB und der ARIS Datenbank. In der Regel erfolgt dies in einem drei- bis viertägigen Workshop zusammen mit den Modulverantwortlichen des Kunden.

ARIS for my SAP.com hat sich in allen Projekten hervorragend bewährt. Besonders in internationalen Projekten wurde die Kommunikation durch die Mehrsprachigkeit von Modellinhalten erheblich gefördert.

Mit Hilfe der in Form von Back Office Arbeiten gewonnenen Informationen konnte ein sehr hoher Abdeckungsgrad erreicht werden. Die durch den Kunden gemachten Änderungen betragen höchstenfalls noch 2-5% des gesamten Projektumfangs. Hierbei gibt es sehr interessante Ergebnisse. So erhielten wir bei einer Behörde der öffentlichen Verwaltung das Ergebnis, dass die Produktionsplanung eingesetzt wird. Unsere Consultants konnten sich dies nur schwer erklären, da eine Behörde keine eigentliche Produktion besitzt. Eingesetzt wurde die Produktionsplanung jedoch für die Planung der Produktion von Printmaterialien im eigenen Haus wie Formulare, Anträge und Informationsmaterialien. Bei einem anderen Kunden wurde SAP SD eingesetzt, obwohl wir genau wussten, dass SAP gerade nicht im Vertrieb eingesetzt wird. Aufgrund der speziellen Anforderungen des Kunden wurde hier interessanterweise SAP SD für die Beschaffung und nicht SAP MM genutzt.

4 Zusammenfassung und Ausblick

Die Lösung ERP-ReDoc^{HRW} der HRW Consulting Factory AG konnte in allen Projekten innerhalb eines Zeitraums von 20 bis 30 Tagen mit sehr guten Ergebnissen durchgeführt werden. Dabei leisten die Tools wichtige unterstützende Arbeit und rationalisieren den Prozess erheblich, sie ersetzen aber nicht den erfahrenen Consultant. Insbesondere bei der Überführung der Informationen aus dem RBE in die ASAP Q&A DB, also der Übersetzung der Anwendungssystemstruktur in die Prozessstruktur sind manuelle Überprüfungen notwendig. Weiterhin wurde das Regelwerk des RBE aufgrund der Projekterfahrungen erweitert.

Zu Beginn unserer Arbeit bestand oft der Wunsch des Kunden, den gesamten Prozess vor Ort bei sich durchzuführen. Die Tatsache, dass erhebliches Know-how bzgl. der unterschiedlichen Tools, ein sehr breites SAP Know-how und erhebliche Hardwareanforderungen bestehen, führten letztendlich zur Entwicklung der Lösung ERP-ReDoc^{HRW}. Der Kunde kann sich somit mehr auf die Ergebnisse konzentrieren. Die Art und Weise, wie die Ergebnisse zustande kommen, muss transparent sein. Die Durchführung selbst wird ihm jedoch als Service zur Verfügung gestellt. Hierdurch zeigt sich, dass das Internet und Tools zukünftig auch Beratungsdienstleistungen erheblich beeinflussen werden, die zurzeit oft noch vor Ort durchgeführt werden.

Die aufgezeigte Lösung ERP-ReDoc^{HRW} bietet interessante Möglichkeiten, hat aber auch ihre Grenzen. So fehlt z. B. der KPI Prozesslaufzeiten, der wichtig bei der Beurteilung von Prozessen ist. Komplettiert wird die Lösung hier durch das Werkzeug Process Performance Manager (PPM) der IDS Scheer AG. Dieses Werkzeug analysiert die tatsächlichen Dokumentenflüsse und liefert diese Informationen in Form eines benutzerfreundlichen Cockpits. Während RBE sehr detaillierte Informationen über die Nutzung des gesamten Systems zur Verfügung stellt und somit eine detaillierte Redokumentation ermöglicht (*Was wird genutzt?*), konzentriert sich PPM auf das dauernde Monitoring bestimmter SAP-gestützter Kernprozesse mit der Zielsetzung Prozessmanagement[6] (*Wie laufen die Prozesse ab?*). Mit Hilfe der komfortablen Navigations- und Auswertungsmöglichkeiten lassen sich dann einzelne Schwachstellen genau belegen. Dabei kann der RBE sogar wichtige Informationen für die Konfiguration von PPM liefern. Beide sind somit nicht exklusiv zu sehen, ergänzen sich aber und liefern die optimalen Vorraussetzungen für die planvolle Weitergestaltung von SAP gestützten Unternehmensprozessen.

---

[6] Scheer, A.-W.: ARIS – Vom Geschäftsprozess zum Anwendungssystem. 4. Aufl. Berlin 1999.

Prozessorientierte Einführung und Controlling von CRM-Systemen am Beispiel von Service-Level-Agreements

Gregor Loës

IDS Scheer AG

Zusammenfassung:

CRM, Customer Relationship Management, ein viel gebrauchtes Schlagwort in den letzten zwei bis drei Jahren. Was ist CRM und warum setzen Unternehmen auf CRM? Wie wichtig sind dabei die Geschäftsprozesse? Wie kann man den Erfolg einer CRM-Einführung messen, welches sind die Kriterien des Erfolgs? Dieser Beitrag versucht anhand eines Praxisbeispiels Antworten auf diese Fragen zu geben.

Schlüsselworte:

CRM, Prozessanalyse, Service Level Agreements, Durchlaufzeiten, Liegezeiten, Prozesskosten

1 Was ist CRM?

1.1 Historie

CRM-Systeme haben in den letzten zwei bis drei Jahren immer mehr an Bedeutung gewonnen. Der wachsende Druck der Märkte und die stärker werdende Konkurrenz am Markt zwingt die Unternehmen zum Einsatz neuer Mittel. Die immer stärker werdende Vernetzung von Unternehmen, sei es mit ihren Tochterunternehmen, Partnerunternehmen oder dem Kunden selbst, verteilt das Wissen über einen Kunden auf immer mehr Konzerneinheiten und damit auf immer mehr Mitarbeiter.

Die klassischen CRM-Systeme, wie Siebel, Applix, Vantive etc. entwickelten sich entweder aus Sales Force Automation Produkten oder aus Service/Helpdesk Produkten. Allen gemeinsam ist eine an Workflowmechanismen gekoppelte Datenbanktechnologie. Jeder der Anbieter am Markt stellt auch eine Offline-Komponente für den Außendienstmitarbeiter in Vertrieb und Service zur Verfügung. Um den Kreislauf zu schließen, ist in allen Systemen ein Marketingmodul integriert (vgl. Abb. 1)

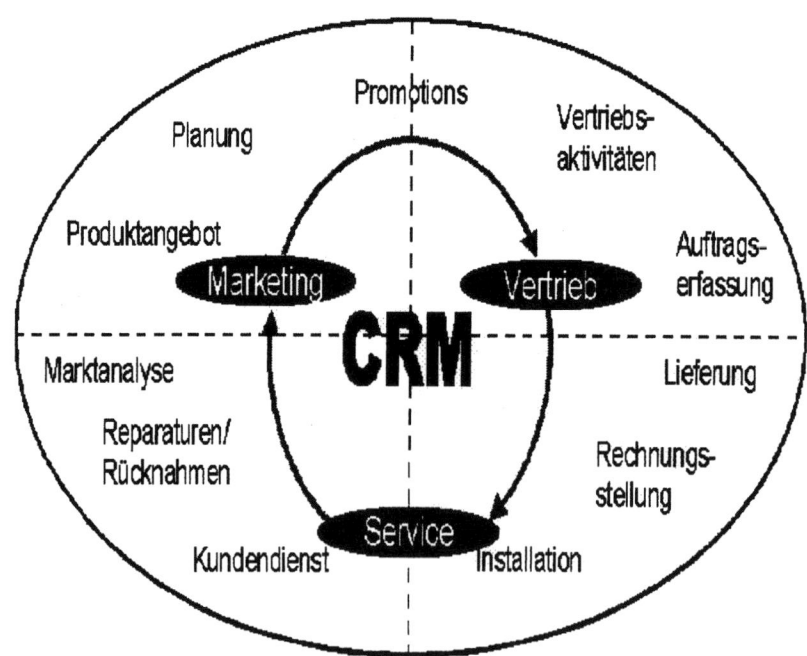

Abb.1: CRM-Kreislauf

1.2 Warum CRM?

Verlässt ein Mitarbeiter das Unternehmen, verliert es dadurch auch ein Teil des Wissens über seine Kunden, und die "One Face to the Customer"- Strategie kann nicht mehr umgesetzt werden. Kunden haben mehrere Ansprechpartner bei ihren Anbietern. Jedoch nicht allein die Qualität des Produkts zählt, sondern auch und vor allem der mitgelieferte Service: Die persönlichen, kommunikativen Aspekte spielen eine große Rolle; der Kunde erwartet, freundlich und kompetent bedient zu werden; die Antwortzeiten müssen kurz sein. Das bedeutet, dass jede Schnittstelle zum Kunden optimal informiert sein muss, um einen qualitativ hochwertigen Service zu garantieren. Die Kundenbetreuung endet nicht nach dem Telefonat mit dem Kunden - hier startet erst der Prozess der eigentlichen Kundenbetreuung. Oftmals sind mehrere Konzerneinheiten in den Serviceprozess integriert. Zugesicherte Antwortzeiten müssen, trotz Einbindung mehrerer Abteilungen, eingehalten werden. Bruchstellen im Prozess müssen eliminiert werden. Sind die Prozesse und Verantwortlichkeiten nicht optimal definiert, kommt es zu ungewollten Liegezeiten und damit zu Wartezeiten für den Kunden. Der Kunde fühlt sich zudem nicht mehr optimal betreut, und wechselt letztlich den Anbieter. Umsatz- und Gewinnverluste sind die Folge.

CRM-Systeme sollen den Anbietern helfen, Wissen über Kunden im Unternehmen zu verteilen, den Service zu verbessern und die Markt-/ Konkurrenzsituation besser beurteilen zu können.

Dazu ist es unumgänglich, die dahinterliegenden Prozesse zu analysieren und sie als Basis für die Einführung und ein späteres Controlling des CRM-Systems zu verwenden (vgl. Abb. 2).

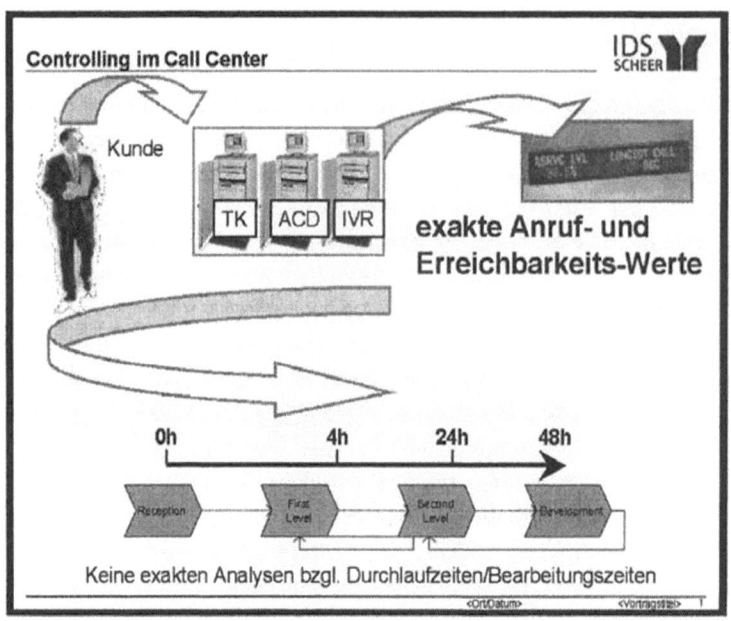

Abb. 2: Controlling im Call Center

1.3 Erfolgsmessung der CRM-Einführung

Die Einführung von CRM-Systemen dauert im Schnitt zwischen sechs und 18 Monaten, abhängig von der Größe des Unternehmens, der Komplexität der Schnittstellen zu ERP-Systemen, sowie der Anzahl der einzubindenden Abteilungen. Die Kosten liegen zwischen 500.000 Euro und 2,5 Mio. Euro. Bei solch hohen Investitionen ist es absolut notwendig, den Erfolg einer CRM Einführung zu messen. Der Erfolg kann sicherlich über eine Steigerung des Umsatzes gemessen werden, und auch detaillierte Drill-down-Analysen mit Hilfe von Datawarehouse-Technologien können eine Hilfe zur Erfolgsmessung darstellen. Technologisch gesehen basieren alle CRM-Systeme auf einer Datenbank und einem Workflow-System. Zur Einführung ist es, wie bereits erwähnt, unumgänglich, eine Prozessanalyse vorzunehmen, um die Abläufe im CRM-System optimal zu gestalten. Was liegt also näher, als den Erfolg einer CRM-Einführung am Prozess zu messen? Werden die angestrebten Prozesse eingehalten? Werden die damit verbundenen Prozesslaufzeiten eingehalten?

CRM-Systeme werden eingeführt, um komplizierte Sales-, Service-, oder Marketingprozesse zu optimieren, Schwachstellen zu minimieren und letztlich Kosten zu reduzieren bzw. Umsätze und Gewinne zu steigern.

Nur wenn der Prozess im CRM-System optimal beschrieben und umgesetzt wird, kann eine CRM-Einführung erfolgreich sein. Nur dann kann der Kunde zufrieden sein und ist bereit, weitere Aufträge an den Anbieter zu vergeben. Wenn der

Service nicht stimmt, wechseln die Kunden den Anbieter. Dies belegen zahlreiche Studien (vgl. Abb. 3).

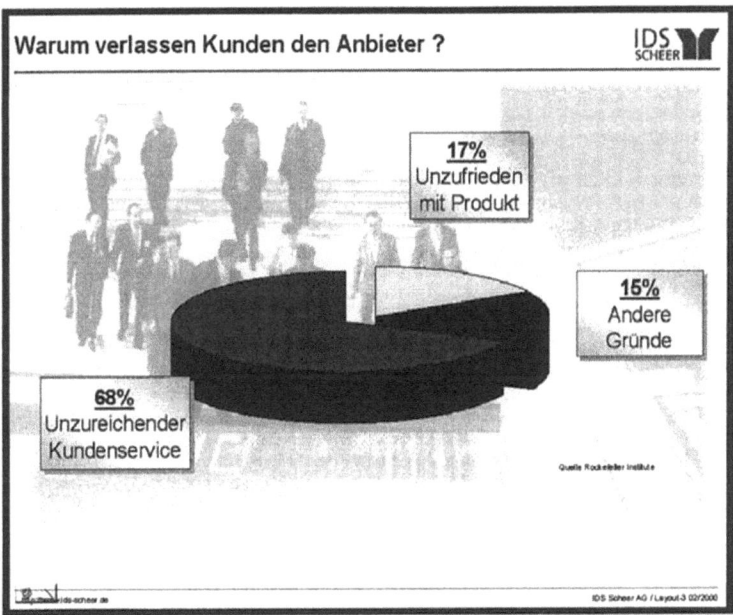

Abb. 3: Warum verlassen Kunden Ihren Anbieter? Quelle Rockefeller Institut

2 CRM Einführung in der IDS Scheer AG

2.1 Ausgangssituation

Als in der IDS Scheer AG 1996/1997 erstmalig über die Einführung eines CRM-Systems gesprochen wurde, war der Begriff CRM noch nicht geläufig. Das Wachstum des BPR-Markts und damit auch das Wachstum der IDS Scheer AG hatten zur Folge, dass das Wissen über unsere Kunden auf viele „Köpfe" verteilt war. Eingehende Anfragen von Kunden wurden zu spät beantwortet, weil keine Verantwortlichkeiten definiert waren bzw. nicht in jedem Bereich bekannt waren. Aufgrund der hohen Interaktion mit allen Bereichen der IDS fiel diese Problematik als erstes im Customer Interaction Center auf. In einem zwei- bis dreiminütigen Gespräch muss der Mitarbeiter im Contact Center feststellen, um welchen Kunden es sich handelt, welches Themengebiet die Anfrage betrifft, welche Abteilung zuständig ist und - last but not least - wie wichtig der Kunde für die IDS Scheer AG ist.

Um diese Informationen zu erhalten, war eine engere Zusammenarbeit mit dem Vertrieb notwendig. Ohne die Informationen bzgl. größerer Kundenakquisitionen oder Kundenaufträge konnte die Priorität einer Anfrage nicht festgelegt werden.

Bis zu diesem Zeitpunkt existierten keine genaueren Prozessdefinitionen bzgl. der Zusammenarbeit zwischen Vertrieb und Service. Daher wurde ein Projekt aufgesetzt, in dem die IST-Prozesse von Service und Vertrieb beschrieben wurden. Das Ergebnis dieser IST-Analyse wurde tragender Bestandteil der ISO 9001 Zertifizierung der IDS Scheer AG.

Eine optimale Zusammenarbeit zwischen Vertrieb und Service musste entsprechend auch systemtechnisch unterstützt werden. Dabei durfte es keine Rolle spielen, ob die Anfrage im Vertrieb oder im Service eintraf. Liegezeiten im Prozess durften nicht entstehen. Dabei sollte es keine Rolle spielen, an welchen Ansprechpartner sich der Kunde mit seiner Anfrage wendet.

Der Accountmanager und der verantwortliche Servicemitarbeiter sollten zu jedem Zeitpunkt in der Lage sein, sich ein Gesamtbild über die Kundendaten zu verschaffen, um jeweils über eine optimale Basis für Entscheidungen zu verfügen.

Auf Basis der IST-Prozesse (vgl. Abb. 4), die im ISO-Modell der IDS Scheer AG hinterlegt wurden, begann die Auswahl der CRM-Software. Dabei diente das ISO-Modell als Pflichtenheft für die jeweiligen Anbieter. Ziel war es nicht, die Prozesse an das System anzupassen, sondern ein System zu finden, das dem prozessorientierten Pflichtenheft möglichst nahe kam. Dadurch sollten einerseits Kosten für eventuelle Anpassungen eingespart werden und andererseits möglichst viele organisatorische Änderungen an bewährten, etablierten Prozessen vermieden werden.

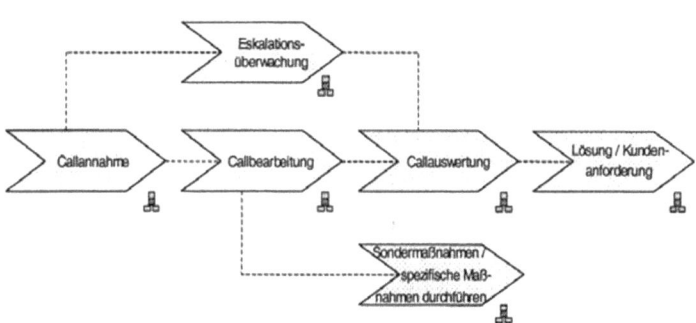

Abb. 4: Wertschöpfungskette zum Kundensupport / ISO-Zertifizierung der IDS Scheer AG

2.2 Einführung des CRM-Systems

Nachdem die Prozesse detailliert beschrieben und den Anbietern von CRM-Software als Pflichtenheft zugegangen waren, begann die Softwareauswahl. Was die Architektur und Technologie der Softwaresysteme anging, waren kaum Unterschiede zwischen den CRM–Produkten am Markt festzustellen. Funktionale Unterschiede dagegen gab es erhebliche. Die Schwerpunkte der einzelnen CRM–Systeme lagen entweder im Vertriebsmodul oder im Servicemodul.

Nach erfolgter Auswahl begann die Einführung, und damit auch das Customizing der CRM-Software. Da die Auswahl sich strikt nach den Prozessen richtete, war die Einführung im Service nach nur drei Monaten beendet. Die Änderungen an den Workflows der CRM-Software waren marginal. Für die Einführung im Service waren lediglich zehn externe Beratungstage notwendig.

Die Investition in die detaillierte Prozessdefinition hatte sich also schon gelohnt. Missverständnisse zwischen CRM-Anbieter und IDS Scheer AG bzgl. des Customizings traten kaum auf, da auf Basis der in ARIS modellierten ISO-Prozesse ein detailliertes Workflow-Konzept für das CRM-System existierte. Eine Kopplung zwischen CRM-System und ARIS wäre hier wünschenswert gewesen, um ein automatisiertes Customizing der Workflows auf Basis der beschriebenen Geschäftsprozesse durchzuführen.

Weitere drei Monate später war der Vertriebsinnendienst, ein externer Auslieferer und SAP R/3 an das System gekoppelt.

3 CRM-Produktivbetrieb im Service der IDS

3.1 Service-Organisation der IDS Scheer AG

Derzeit sind mehr als 25.000 ARIS Toolset-Installationen weltweit im Einsatz. Alleine in Deutschland laufen durchschnittlich 1.000 Anfragen pro Monat zur ARIS-Produktfamilie im Customer Interaction Center der IDS Scheer AG ein. Pro Tag werden ungefähr 400 Kundeninteraktionen im System registriert oder weiterverarbeitet (vgl. Abb. 5a, 5b). Ein Großteil der 25.000 Installationen ist mit einem Wartungs- und Hotline-Vertrag gekoppelt, der es dem Kunden erlaubt, Fragen bzgl. der ARIS-Produktfamilie ohne weitere Kosten an das Customer Interaction Center (CIC) zu stellen.

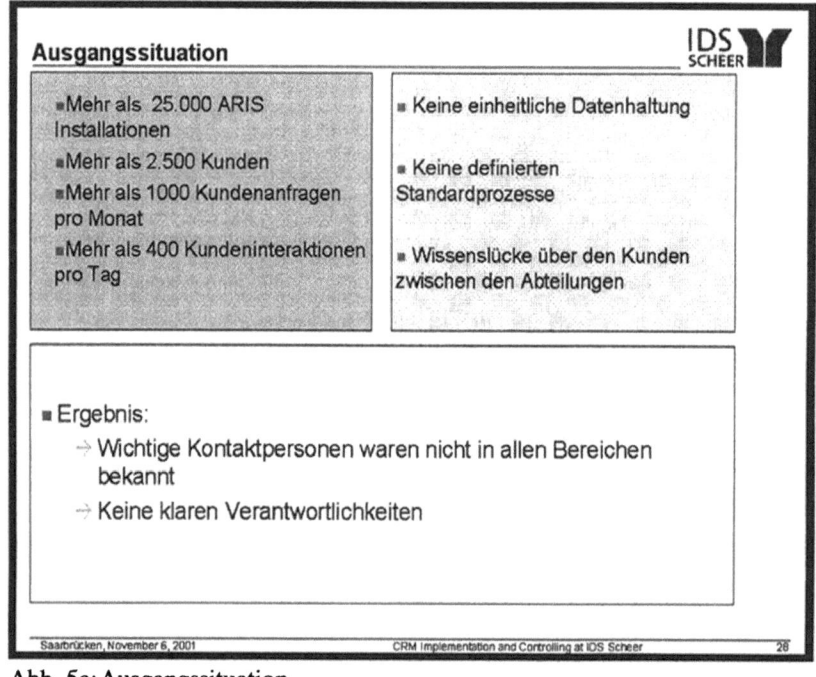

Abb. 5a: Ausgangssituation

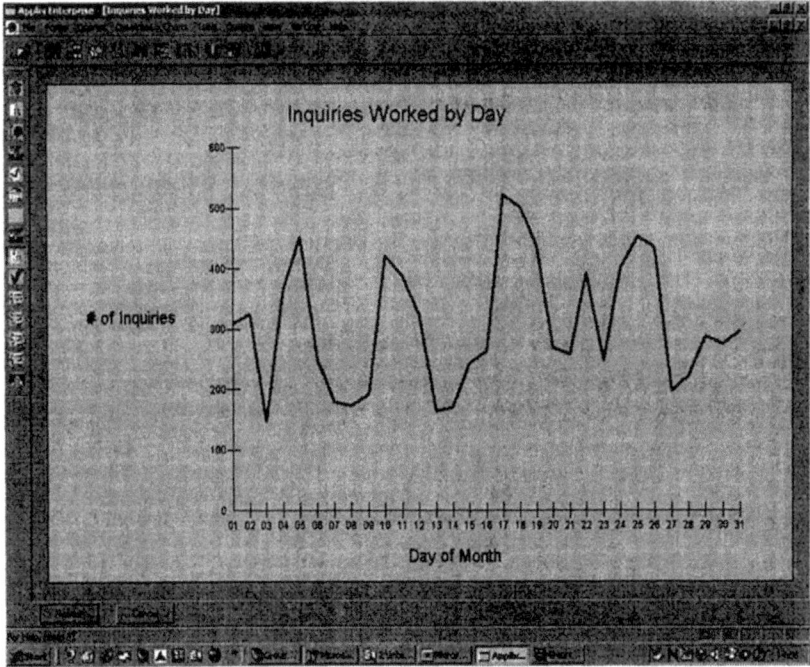

Abb. 5b: Kundenkontakte pro Tag

Das CIC bearbeitet sowohl technische als auch vertriebliche Anfragen (vgl. Abb. 6). Alle Anfragen unterliegen einem internen Service Level Agreement, laut dem ein qualifizierter Rückruf innerhalb von zwei Stunden beim Kunden erfolgen muss (vgl. Abb. 7).

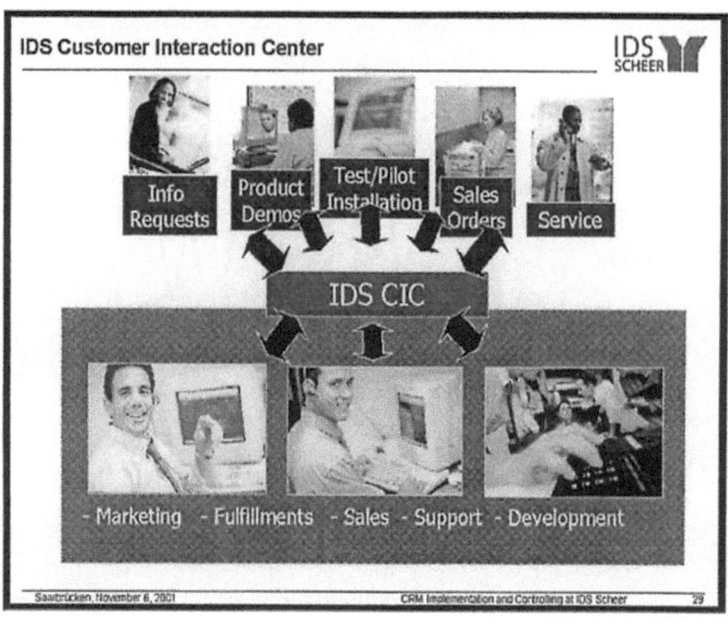

Abb. 6: Aufgaben des CIC

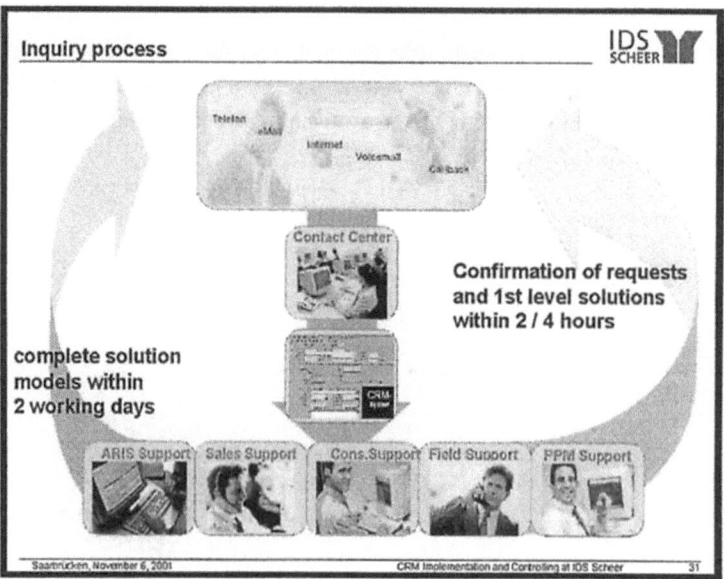

Abb. 7: Durchlaufzeiten für Anfragen

Das Customer Interaction Center der IDS Scheer AG ist in drei Regionen – Europa, Asien und Amerika – aufgeteilt (vgl. Abb. 8). Ziel ist es, den weltweit agierenden Kunden weltweit den gleichen Service Standard anzubieten. Der Kunde soll unabhängig von seinem Standort und überall auf der Welt Zugriff auf die gleichen Serviceleistungen der IDS haben. An jedem Ort der Welt steht jedem Servicemitarbeiter der gleiche Pool an Informationen über den anrufenden Kunden zur Verfügung. Neben einem global verfügbaren CRM-System als Basis für die eingehenden Kundenanfragen ist es notwendig, die bereits beschriebenen Prozesse in den Tochtergesellschaften auszurollen. Dabei kommt es zwangsläufig zu Anpassungen im Prozess, da länderspezifische Verhaltensweisen Einfluss auf die Geschäftsprozesse nehmen.

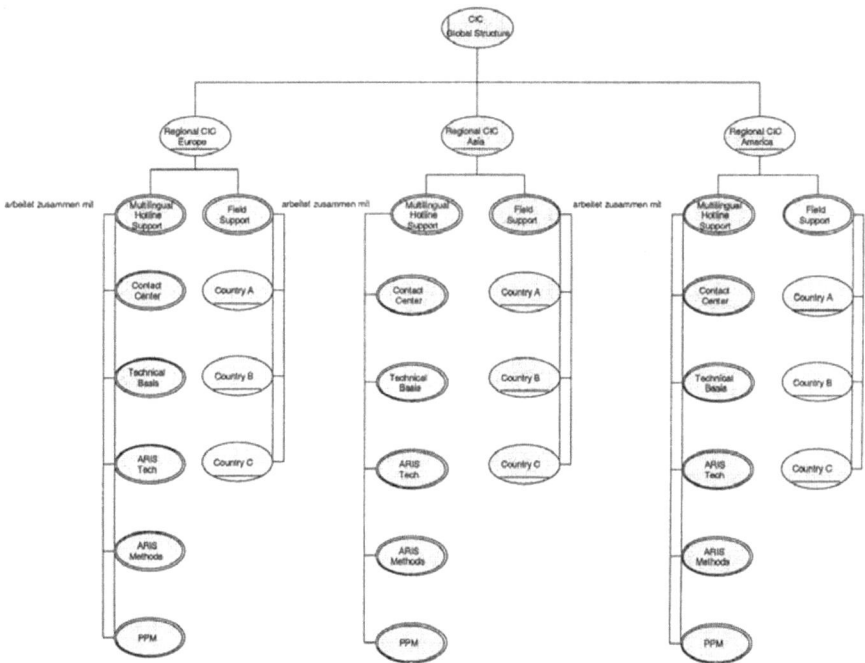

Abb. 8: Global Support Structure

3.2 Ziele des Customer Interaction Centers

Nachdem die weltweite Organisation des Customer Interaction Centers schrittweise implementiert und auf Basis der ISO-9000-Zertifizierung das CRM-System eingeführt wurde, gewannen das Controlling und die Definition der Ziele des Customer Interaction Centers immer mehr an Bedeutung. Lagen anfänglich die Schwerpunkte mehr auf der Einführung einer zentralen Wissensdatenbank sowie einer Standardisierung der Prozesse für Service und Vertrieb, so verlagerten sich die Gewichtung der Ziele in eine qualitativ hochwertige Service Organisation, die nicht nur Kundenanfragen aufnimmt und beantwortet, sondern zusätzlich dazu noch profitabel sein sollte. Um eine detaillierte Analyse der Bereichsziele durchzuführen, wurde ein Team definiert, das eine Balanced Scorecard auflegte und diese mit den bereits erstellten Standardprozessen verknüpfte (vgl. Abb. 9).

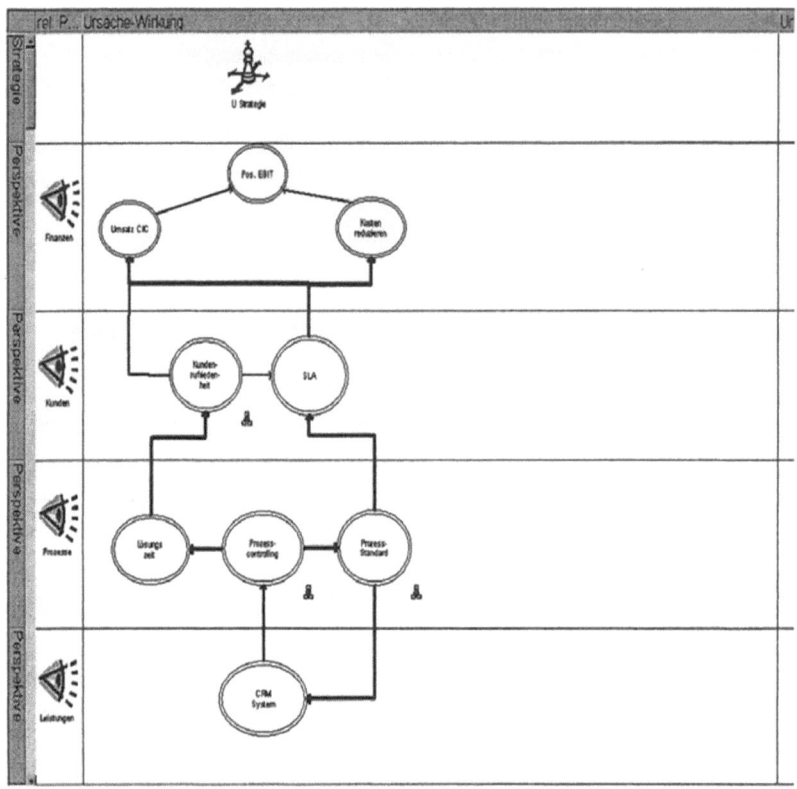

Abb. 9: BSC für Customer Interaction Center

Die Zieldefinition ergab folgendes Ergebnis:

- Erreichen eines positiven EBITs im Service
    - Steigerung des Umsatzes
    - Reduzierung der Kosten
- Hohe Kundenzufriedenheit
- Einhaltung der Service Level Agreements
- Ausbau der Vor-Ort-Betreuung der Kunden mithilfe des Field Supports
- Prozessstandards

- Einhaltung der Standards
- Reengineering der Prozesse (falls notwendig)

Um diese Ziele zu erreichen, ist ein regelmäßiges Analysieren der IST- Prozesse notwendig. Teile der Daten, wie Umsatzplanung und Kostenentwicklung, konnten mit handelsüblichen Reporting-Tools ermittelt werden, bzw. waren bereits Bestandteil der CRM-Software. Wie aber kann man die Einhaltung von Service-Level-Agreements überwachen? Wie kann sichergestellt werden, dass der Kunde zur richtigen Zeit eine kompetente Antwort erhält? Wie wirken sich Urlaubszeiten und Krankheit auf die Einhaltung der Prozessstandards aus? Wie kann die Analyse eines Prozesses aussehen, wenn man Schwachstellen im Prozess entdecken möchte? Wirkt sich die Definition und Überwachung von Prozessen positiv auf die Kundenzufriedenheit aus?

3.3 Umsetzung der in der Balanced Scorecard definierten Ziele

3.3.1 Einarbeitung neuer Mitarbeiter

Um die in der BSC definierten Ziele sicherzustellen, wurden die Serviceprozesse des Customer Interaction Centers im Web zur Verfügung gestellt. Mit diesem webbasierten Handbuch für den Kundensupport ist es jedem Mitarbeiter möglich, sich schnell und effektiv in die Abläufe des Supports einzuarbeiten und ggf. Eskalationsmechanismen anzustoßen (vgl. Abb. 10).

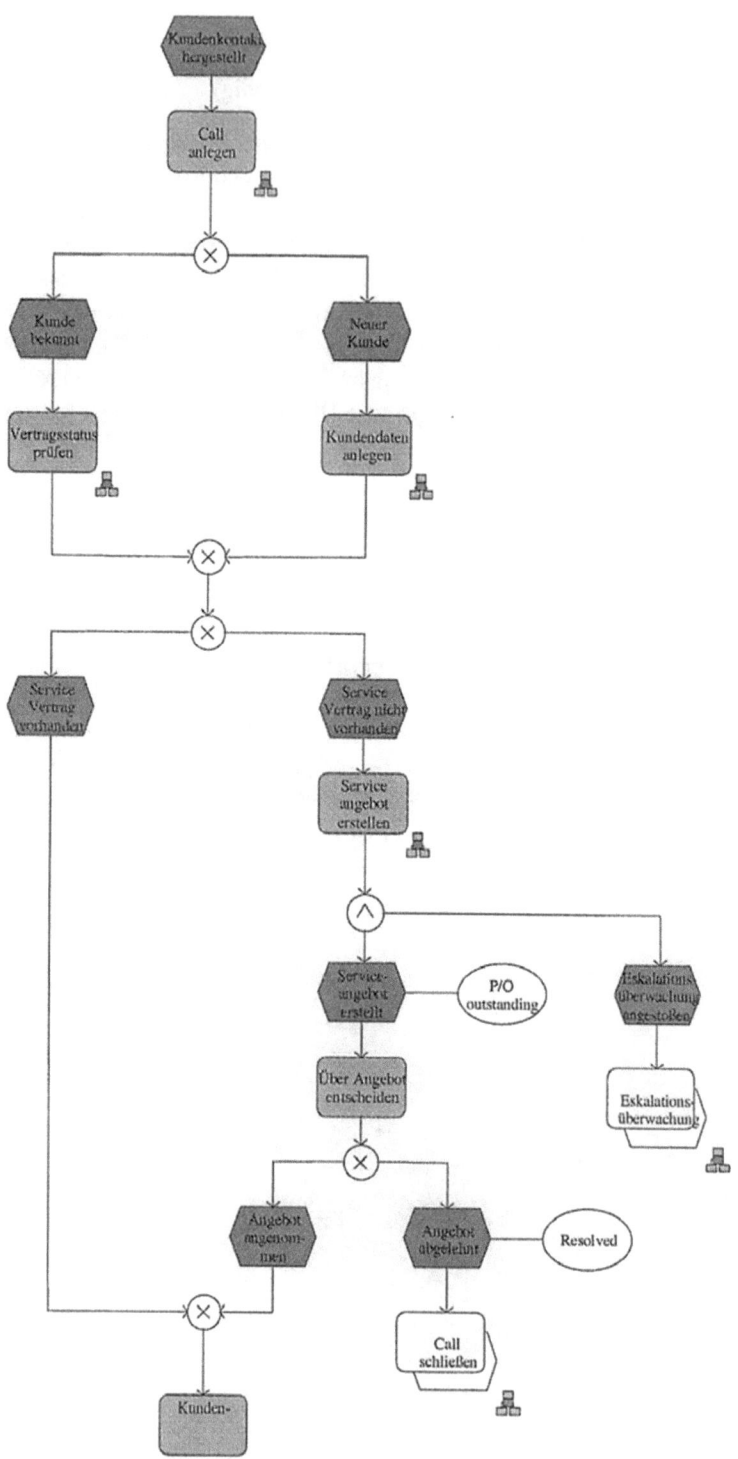

Abb. 10: Ausschnitt aus dem Supportprozess

3.3.2 Prozesskreislauf im CIC

Da für jeden Mitarbeiter die im ISO-Modell beschriebenen Prozesse als Basis für die tägliche Arbeit dienen, wurde ein Zielsystem mit den Mitarbeitern definiert, das die Einhaltung der ISO-Prozesse beinhaltet. Die Einhaltung der ISO-Prozesse wirkt sich auf die Gehaltsfindung aus. Dadurch wird gleichzeitig sichergestellt, dass Schwachstellen oder Fehler in der Prozessbeschreibung direkt entdeckt werden und ggf. geändert werden. Ein permanentes Controlling der Prozesse, nicht nur durch den Teamleiter, sondern auch durch den einzelnen Mitarbeiter, gewährleistet einen aktuellen, praxisnahen Stand der Prozessbeschreibung. Durch die Verankerung der Prozessdefinition im Zielsystem jedes Mitarbeiters ist eine hohe Qualität der beschriebenen Prozesse und damit ein wichtiger Bestandteil zur Steigerung/Einhaltung der Qualität der Serviceleistungen gesichert.

Das Controlling der Service Level Agreements und damit der beschriebenen Prozesse wurde anfänglich mithilfe von Standardreporting-Tools durchgeführt. Der damit verbundene Aufwand war erheblich, da es einerseits keine Drilldown-Möglichkeiten gab und für jede wichtige Ansicht ein neuer Report geschrieben werden musste. Die Versuche, Reports zu generieren, die die Prozessstandards widerspiegeln; waren sehr aufwendig. Hinzu kam, dass die Resultate dürftig waren. Aus diesem Grund wurde ein weiteres Projekt gestartet, das den Kreislauf von Prozessdesign, Implementierung im CRM-System über das Controlling der Prozesse bis hin zum eventuellen. Redesign der Prozesse zur Aufgabe hatte (vgl. Abb. 11).

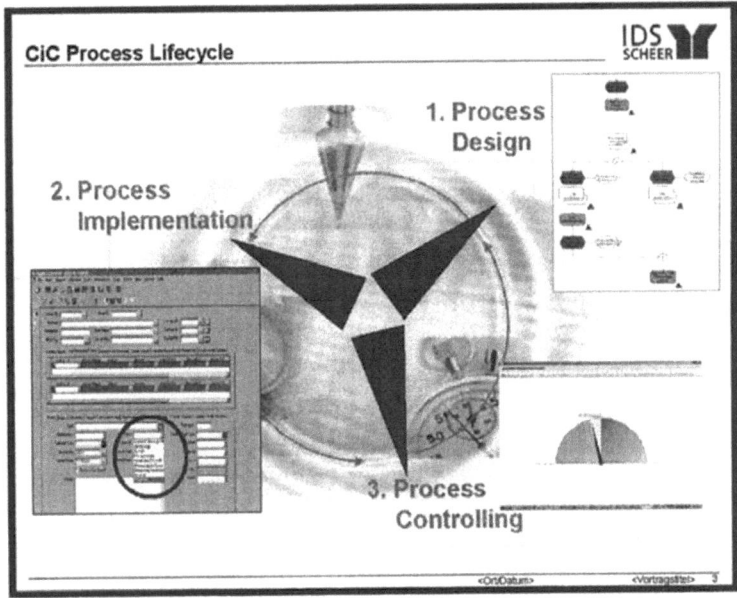

Abb. 11: Prozesskreislauf im CIC

Dabei sollten die wichtigsten Stellen im Serviceprozess analysiert werden. Die Umsetzung erfolgte mit dem Process Performance Manager der IDS Scheer AG, einem Tool zur Analyse von Geschäftsprozessen in Anwendungssystemen. Unter Verwendung von Datawarehousetechnologien in Verbindung mit Geschäftsprozessen ist eine detaillierte Analyse der Business Process Performance möglich. Wie am Anfang dieses Berichts bereits geschrieben, endet die Kundenbetreuung nicht nach dem Telefonat. Mit Beendigung des Telefonats startet der interne Geschäftsprozess der Kundenbetreuung, dessen Performance starken Einfluss auf die Kundenzufriedenheit hat. Stimmt die Performance dieses Geschäftsprozesses, so hat dies erhebliche Auswirkungen auf die Kundenzufriedenheit. Sind zusätzlich dazu die gelieferten Antworten und Lösungen von hoher Qualität, entsteht eine hohe Kundenzufriedenheit. Gute Prozesslaufzeiten sowie eine hohe Kundenzufriedenheit können wirksam als Verkaufsunterstützung dienen und helfen bei der Argumentation des Service-Preises. Dies wirkt sich letztlich positiv auf den Umsatz und damit auf den Profit aus.

3.3.3 Implementierung des Process Performance Managers

Als Adapter zwischen CRM-System und dem Process Performance Manager wurde eine XML-Schnittstelle gewählt. Aus dem CRM-System werden die relevanten Belegflüsse für eine Kundenanfrage via SQL-Skript extrahiert. Das Ergebnis wird in ein XML-Format umgewandelt und in den Process Performance Manager importiert (vgl. Abb. 12)

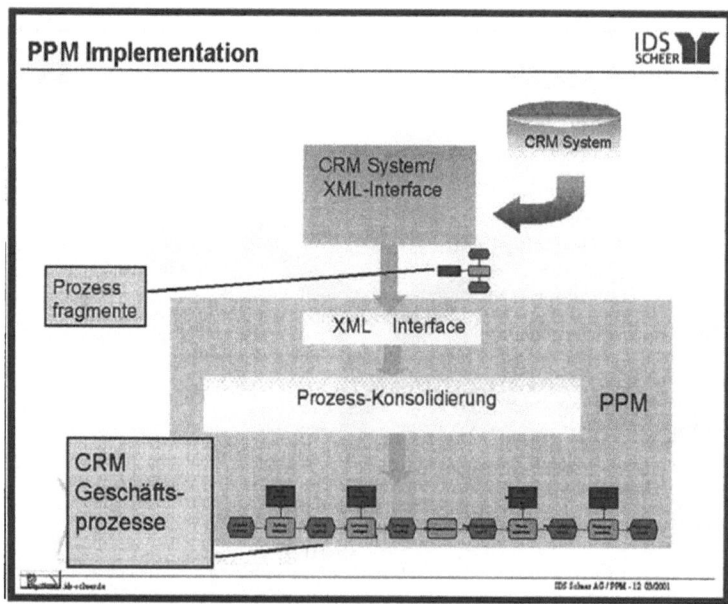

Abb. 12: PPM-Implementierung

Prozessorientierte Einführung und Controlling von CRM-Systemen 257

Nach einem Monat konnten die ersten Daten in den Process Performance Manager eingespielt werden. Aus den vorhandenen Informationen wurden Favoriten generiert, d. h. Auswertungen, die als "Key Performance Indicator" anzusehen sind und mit den in der Balanced Scorecard definierten Zielen in Verbindung stehen. Als Key Performance Indicator wurden folgende Auswertungen definiert:

- Durchschnittliche Prozessdurchlaufzeit gesamt
- Durchschnittliche Prozessdurchlaufzeit für den ersten qualifizierten Rückruf (Inhalt der Zieldefinition: Durchschnitt <= 2Std.)
- Durchschnittliche Prozessdurchlaufzeit CIC
- Durchschnittliche Prozessdurchlaufzeit pro Anfragestatus
- Anzahl der wiedergeöffneten Anfragen (falls Lösung nicht korrekt)

Die Gesamtdurchlaufzeit, die Durchlaufzeit für den ersten qualifizierten Rückruf sowie die Anzahl der wiedergeöffneten Anfragen können direkt mit der Kundenzufriedenheit in Verbindung gesetzt werden.

Eine schnelle Rückrufzeit, verbunden mit einer niedrigen Gesamtdurchlaufzeit, steigert die Zufriedenheit der Kunden. Dies haben entsprechende Kundenzufriedenheitsanalysen gezeigt (vgl. Abb. 13). Nimmt man nun noch die Qualität der Lösung als Kriterium hinzu, so tritt bei hoher Lösungsqualität und schneller Beantwortungszeit eine Kundenzufriedenheit von über 80 % ein.

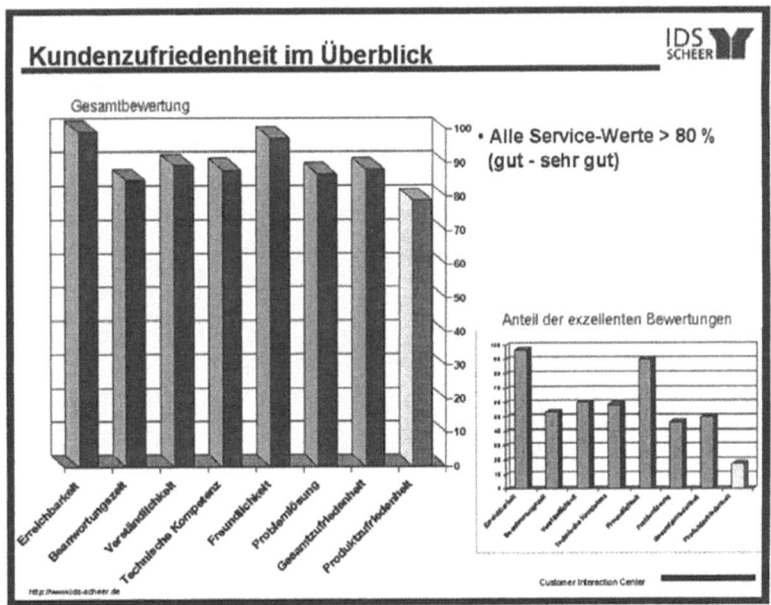

Abb. 13: Kundenzufriedenheit im Überblick – Monatliche Kundenzufriedenheitsanalyse der IDS Scheer AG

3.3.4 Monatliches Reporting der IST-Prozesse

Auf Basis der festgelegten Indikatoren wurden folgende Auswertungen erstellt, die Bestandteil des monatlichen Reportings sind. Die Auswertungen dienen auch zur Ermittlung der Zielerreichung der einzelnen Teams. Eine Auswertung auf Mitarbeiterebene erfolgt aus Datenschutzgründen nicht. Einzig eine Auswertung über die Teams wird aus operativen Zwecken verwendet.

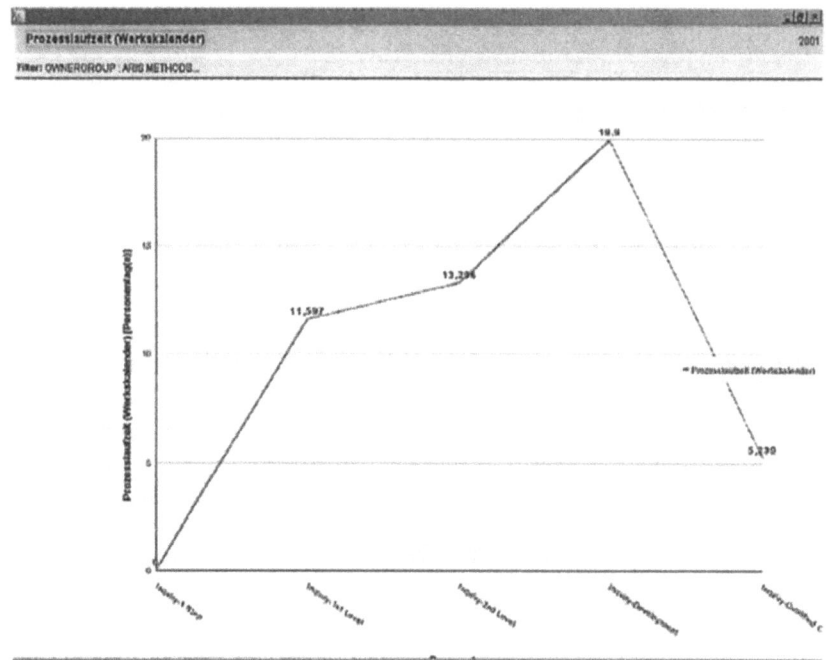

Abb. 14: Durchlaufzeit gesamt

Prozessorientierte Einführung und Controlling von CRM-Systemen 259

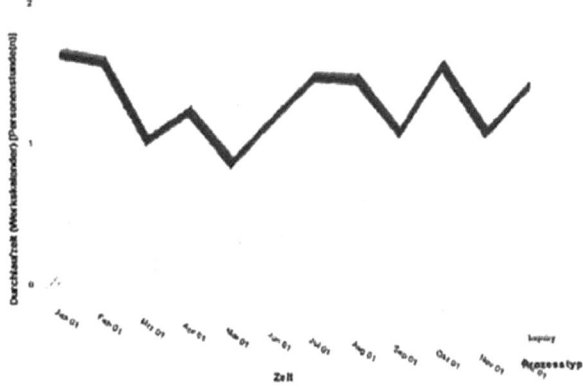

Abb. 15: Durchlaufzeit für den ersten qualifizierten Rückruf

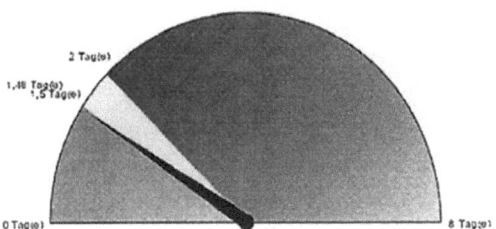

Abb. 16: Durchlaufzeit CIC 2nd Level (max. 2 Tage)

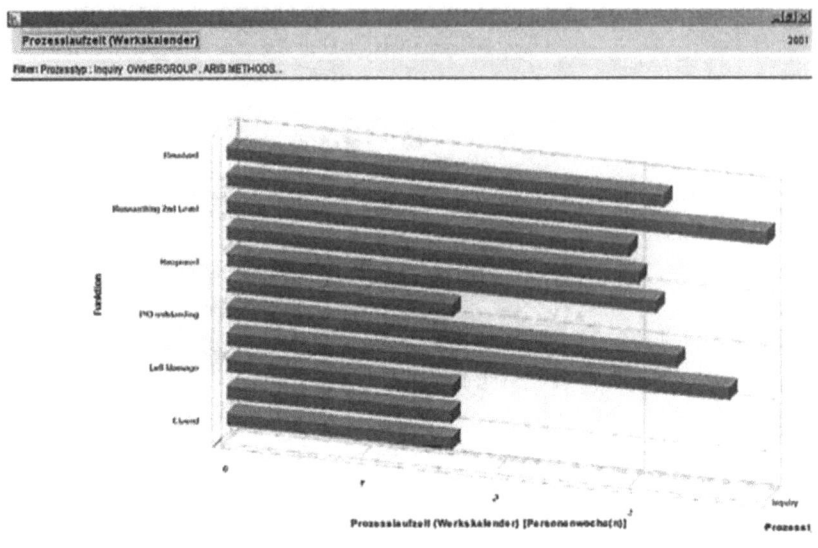

Abb. 17: Durchschnittliche Durchlaufzeit pro Anfragestatus

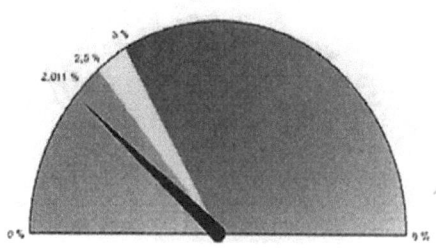

Abb. 18: Anzahl der wiedergeöffneten Anfragen in Prozent (Vorgabe: max. 3%)

Prozessorientierte Einführung und Controlling von CRM-Systemen

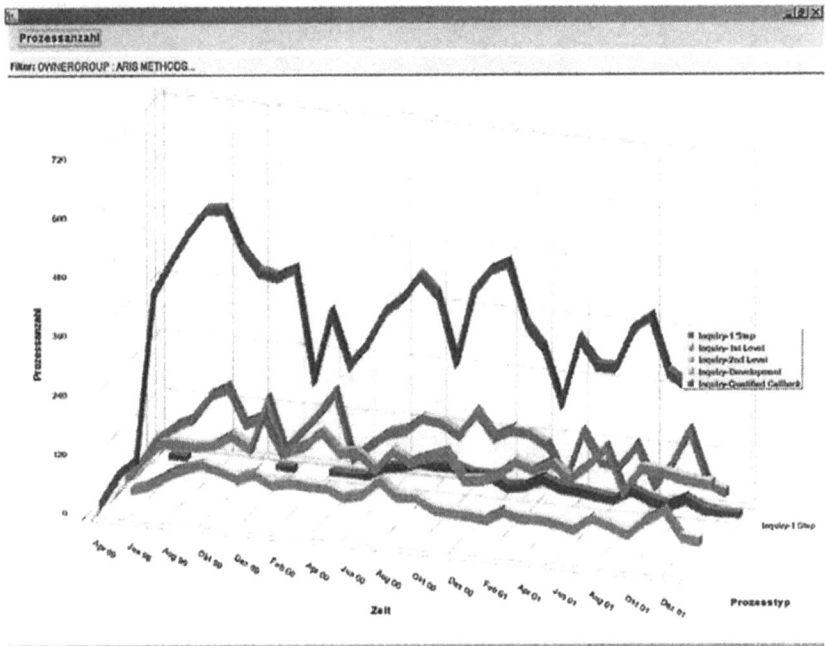

Abb. 19: Anzahl aller Anfragen pro Level

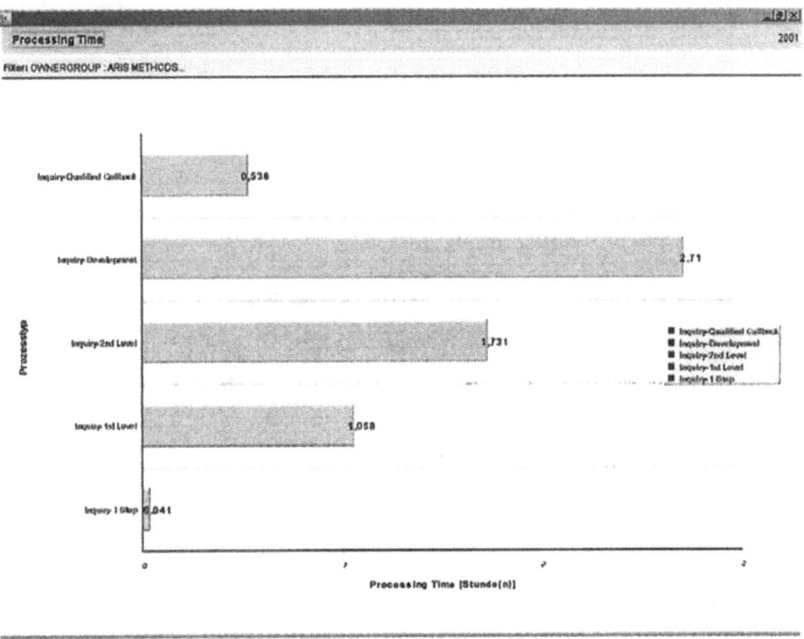

Abb. 20: Nettobearbeitungszeit pro Level

4 Fazit

Um den Erfolg der Einführung von CRM-Systemen messen zu können, bedarf es einer detaillierten Systemanalyse. Da man mit Hilfe von CRM-Systemen die internen Prozesse sowie den Wissenstransfer verbessern möchte, muss ein wichtiger Bestandteil die IST-Analyse der veränderten Prozesse darstellen. Wie kann man am besten die Kosten einer Kundenanfrage ermitteln? Sollten die Kosten einer Kundenanfrage pro Anfrage oder pro Prozessschritt ermittelt werden? Welche Lösung stellt die genaueren Ergebnisse zur Verfügung?

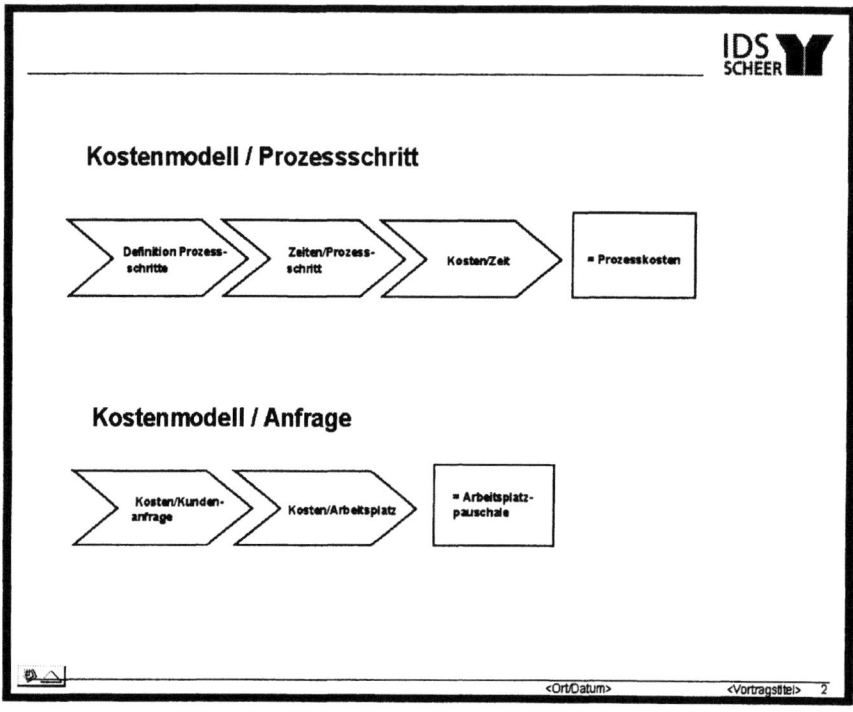

Abb. 21: Vergleich Stückkosten und Prozesskosten

Bei einer Kostenrechnung auf Basis der Anzahl der eingehenden Kundenanfragen steigen die Kosten linear mit jeder neuen Anfrage an. Die Nettobearbeitungszeit spielt dabei keine Rolle. D. h. es spielt keine Rolle, ob die mit der Anfrage verbundenen Aufwendungen hoch oder niedrig sind.

Nimmt man die Prozesskosten als Basis, so sind einzig die Zeiten/Prozessschritt als Kostentreiber zu sehen, da diese unmittelbar an die Personalkosten pro Zeiteinheit pro Mitarbeiter gekoppelt sind. Damit wachsen bei steigender Durchlaufzeit auch die Prozesskosten. Umgekehrt gilt also: Eine Prozessoptimierung,

Prozessorientierte Einführung und Controlling von CRM-Systemen 263

mit dem Ziel der Reduzierung der Nettobearbeitungszeiten, stellt ein wesentliches Mittel zur Senkung der Gesamtkosten dar.

Die Analyse der Prozesskosten ist also immer einer Stückkostenanalyse (Kosten pro Anfrage) vorzuziehen, da sie die genaueren Ergebnisse liefert und konkretere Rückschlüsse zulässt.

Beispiel zur Schwachstellenanalyse mit Hilfe des ARIS Performance Managers:

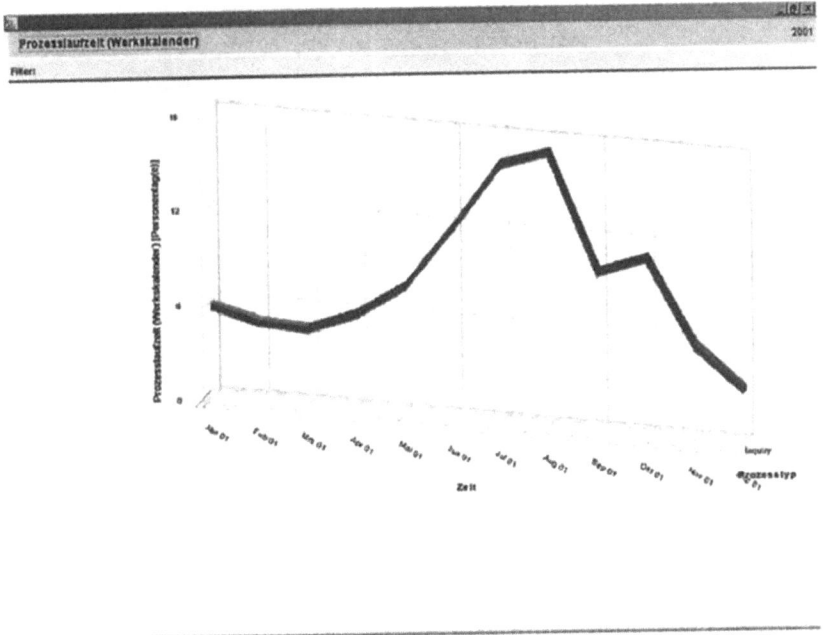

Abb. 22: Gesamtdurchlaufzeiten 2001 → überdurchschnittlich hohe Durchlaufzeiten im Sommer

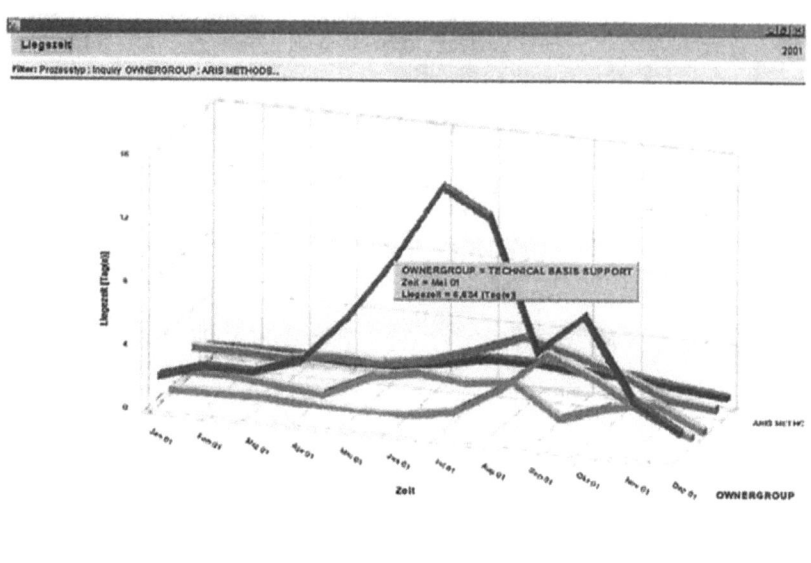

Abb. 23: Die Liegezeiten sind der Grund für die hohen Durchlaufzeiten

Monatliche Analysen ergaben, dass sich die Durchlaufzeiten im „Technischen Basis Support" - inkl. extern bedingter Liegezeiten nach Verfügbarkeit der ARIS Version 6 - drastisch erhöht hatten.

Die technische Basis ist auch für Vor-Ort-Installationen beim Kunden zuständig. Der erste Gedanke war, mehr Personal einzustellen, um die vorgegebenen Durchlaufzeiten zu erreichen. Dann stellte sich eine Schwachstelle in der Organisation heraus, die darin lag, dass der Bereitschaftsdienst für die Hotline nicht optimal gelöst war. Wurde bisher nur darauf geachtet, dass mindestens ein Mitarbeiter an der Hotline verfügbar war, so änderten wir dies insoweit, dass ein Mitarbeiter mindestens zwei Wochen lang für die Hotline verantwortlich ist und für Vor-Ort-Termine nicht zur Verfügung steht. Alle anderen führen, wie bisher, Vor-Ort-Termine zwecks Beratung und Installation durch. Brüche im Prozess aufgrund der wechselnden Bearbeiter werden dadurch minimiert. Durch diese Reorganisation konnten wir eine zusätzliche Stelle einsparen, d. h., etwa weitere DM 150.000 Personalkosten - aufgrund einer einfachen Prozessreorganisation!

Abschließend kann man nach vierjähriger Projekterfahrung im CRM-Umfeld sagen, dass Prozessdesign und Prozessanalyse der Schlüssel zu einer erfolgreichen Implementierung von CRM-Systemen ist. Eine detaillierte Prozessanalyse ist ein effektives Mittel zur Kostenoptimierung. Mit dem Einsatz des PPM und durch ein detailliertes Prozessdesign konnten wir innerhalb von sechs Monaten Personalkosten in Höhe von ca. DM 130.000 einsparen. D. h. nach nur sechs Monaten hat sich die Investition in den PPM amortisiert.

Prozessdesign und Prozessanalyse sind keine einmaligen Projekte. Vielmehr ist es wichtig, die Prozesse ständig zu analysieren und ggf. zu ändern. Die Prozesse müssen sich den geänderten Rahmenbedingungen anpassen, was letztlich ein regelmäßiges Redesign erfordert.

Autorenliste

Bourmont, Amaury de

Projektleiter
Peugeot Deutschland GmbH
Armand-Peugeot-Straße 1
66119 Saarbrücken
bourmont@mpsa.com

Bröhl, Dr. Adolf

LRDir IT II 6
Programmorganisation SASPF
Bundesamt für Wehrtechnik und Beschaffung
Platanenweg 33-39, Geb. A
53225 Bonn

Brown, W. George

Senior Staff Architect
Intel Corporation
CH3-61
5000 W. Chandler Boulevard
Chandler, AZ 85226-3699 USA

Glass, Detlef

GB Konzernorganisation
Westdeutsche Landesbank
Girozentrale
40199 Düsseldorf
Detlef_Glass@WestLB.de

Greinke, Gregor

Geschäftsführer
SECO Consult
Universitätsstraße 142
44799 Bochum
gregor.greinke@seco.de

Heinzel, Herbert

Partner Consultant
Siemens Business Services
Carl Werystraße 18
81739 Munich

Huwig, Christoph

Senior Manager
IDS Scheer AG
Altenkesseler Straße 17
66115 Saarbrücken
c.huwig@ids-scheer.de

Jost, Dr. Wolfram

Vorstandsmitglied
IDS Scheer AG
Altenkesseler Straße 17
66115 Saarbrücken
w.jost@ids-scheer.de

Kirchmer, Dr. F.W. Mathias

President and CEO,
Member of Extended Executive
Board
IDS Scheer, Inc.
1205 Westlakes Drive
Berwyn, PA 19312 USA
m.kirchmer@ids-scheer.com

Leitenberger, Ottmar

K-IT-IA
Stadtwerke München GmbH
Emmy-Noether-Str. 2
80287 München
leitenberger.ottmar@swm.de

Loës, Gregor

Senior Manager
IDS Scheer AG
Altenkesseler Straße 17 (C2)
66115 Saarbrücken

Mächler, Rolf P.

Vice President IT / Securities
Systems
Credit Suisse
P.O. Box 500
CH-8070 Zürich

Reiter, Christian

Vorstand der HRW Consulting
Factory AG
Paul-Marien Straße 12
66111 Saarbrücken
Christian.Reiter@HRW-
Consulting.com

Scheer, Prof. Dr. Dr. h.c. mult. August-Wilhelm

Gründer und Aufsichtsrats-
vorsitzender IDS Scheer AG
Altenkesseler Straße 17
66115 Saarbrücken
scheer@iwi.uni-sb.de

Schiffer, Dr. Claudia

Betriebsorganisation
AXA Service AG
Colonia-Allee 10-20
51067 Köln
claudia.schiffer@axa.de

Autorenliste

Wagner, Karl

Director
IDS Scheer AG
Altenkesseler Straße 17
66115 Saarbrücken
k.wagner@ids-scheer.de

Wick, Stephan

Vive President Securities Operation
Credit Suisse
P.O. Box 500
CH-8070 Zürich

Witt, Carsten

Manager
IDS Scheer AG
Weisestraße 120 b
22083 Hamburg
c.witt@ids-scheer.de

Zinflou, Sascha

Leiter Individualreporting/WEB-Publikationen
SECO Consult
Universitätsstraße 142
44799 Bochum
sascha.zinflou@seco.de

A.-W. Scheer, A. Köppen (Hrsg.)

Consulting

Wissen für die Strategie-, Prozess- und IT-Beratung

2., verb. u. erw. Aufl. 2001. XIII, 281 S. 88 Abb., 10 Tab. Geb. **DM 79,90**; sFr 70,50; ab 1. Jan. 2002: € 39,95
ISBN 3-540-42118-1

Für die Realisierung neuer Geschäftsstrategien wird Beratungswissen immer wichtiger. Damit steigen zugleich die Anforderungen an Consultants. Dies betrifft alle Bereiche von der Strategieberatung bis hin zur Prozess- und IT-Beratung. Hierzu werden dem Leser Vorgehensweisen für die Unternehmensanalyse und Problemlösung vermittelt. Einen weiteren Schwerpunkt des Buches bilden die Soft-Skills: Lernen Sie, wie durch effektive Kommunikation bessere Projektergebnisse erzielt werden können. Berater internationaler Consultingunternehmen zeigen den Anwendungsbezug der einzelnen Qualifikationen auf. Praktikern sowie Berufseinsteigern bietet das Buch umfassendes Orientierungswissen sowie konkrete Hilfestellung für das Erbringen professioneller Beratungsleistungen. Die zweite Auflage enthält neben Erweiterungen ein neues Kapitel und eine Fallstudie.

Springer · Kundenservice
Haberstr. 7 · 69126 Heidelberg
Tel.: (0 62 21) 345 - 217/-218
Fax: (0 62 21) 345 - 229
e-mail: orders@springer.de

Die €-Preise für Bücher sind gültig in Deutschland und enthalten 7% MwSt.
Preisänderungen und Irrtümer vorbehalten. d&p · BA 65823/1

A.-W. Scheer

Unternehmen gründen ist nicht schwer...

2000. XI, 249 S. 36 Abb., davon 19 Fotos. Geb.
DM 39,90; sFr 36,-; ab 1. Jan. 2002: € 19,95
ISBN 3-540-41063-5

Unternehmensgründungen sind „in". Mit dem erfolgreichen Aufbau eines Unternehmens sind aber neben Erfolgserlebnissen auch große Anstrengungen und Probleme verbunden. Der Autor, erfolgreicher Unternehmensgründer, Wissenschaftler und politischer Berater, fasst seine Erfahrungen zu spannenden Erzählungen und „Lebensregeln" zusammen. Das Buch wendet sich an Unternehmensgründer, Studenten, Wissenschaftler und Politiker. Die offene Schilderung der Gründungs- und Wachstumsphasen seiner Unternehmen lassen den Leser an dem Abenteuer des „Unternehmertums" teilhaben. Er erhält Einblicke in das Lebensgefühl der Menschen in der New Economy, in der PC nicht nur für „Personal Computer", sondern auch für das Kultessen Pizza und Cola während der Nachtarbeit steht. Die erfolgreiche Gründung der IDS Scheer AG, sowie über 20 weitere Spin-off-Unternehmen aus seinem Institut zeigen aber auch, welche Möglichkeiten für unternehmerische Initiativen trotz der noch schwerfälligen Rahmenbedingungen bestehen.

„...Ein verständlich geschriebenes Buch, das nicht nur eine Erfolgsgeschichte dokumentiert, sondern zeigt, dass Unternehmensgründer auf dem Weg zum Erfolg viele Aufgaben meistern müssen - ein guter Ratgeber!..."

success newsletter

Springer

A.-W. Scheer

ARIS - Modellierungsmethoden, Metamodelle, Anwendungen

4. Aufl. 2001. XX, 219 S. 179 Abb. Geb. **DM 79,90**;
sFr 70,50; ab 1. Jan. 2002: € 39,95
ISBN 3-540-41601-3

A.-W. Scheer

Wirtschaftsinformatik

Referenzmodelle für industrielle Geschäftsprozesse

7., durchgesehene Aufl. 1997. XXVI, 792 S. 580 Abb., 26 in Farbe. Geb. **DM 129,90**; sFr 112,-;
ab 1. Jan. 2002: € 64,95
ISBN 3-540-62967-X

A.-W. Scheer

Wirtschaftsinformatik. Studienausgabe

Referenzmodelle für industrielle Geschäftsprozesse

2., durchgesehene Aufl. 1998. XXVI, 780 S. 559 Abb. Brosch. **DM 75,90**; sFr 67,-;
ab 1. Jan. 2002: € 37,95
ISBN 3-540-63728-1

A.-W. Scheer, J. Sander

PPS-Trainer CD-ROM

Das multimediale Lernsystem zu Produktionsplanungs- und -steuerungssystemen

1997. CD-ROM. Brosch. ** **DM 99,90**; sFr 88,-;
ab 1. Jan. 2002: € 49,95
ISBN 3-540-14611-3

Systemanforderung : PC mit 486 Prozessor oder höher; 8MB (möglichst 16MB); 15 MB freier Speicherplatz auf der Festplatte; Grafikkarte SVGA 800*600 Punkte; Microsoft Windows 3.1 oder Windows 95; Windows kompatible Soundkarte (optional); CD-ROM Laufwerk (Double Speed)

A.-W. Scheer

CIM Computer Integrated Manufacturing

Der computergesteuerte Industriebetrieb

4., neu bearb. u. erw. Aufl. 1990. XIII, 292 S. 149 Abb. Geb. **DM 59,90**; sFr 53,-; ab 1. Jan. 2002: € 29,95
ISBN 3-540-52158-5

A.-W. Scheer

EDV-orientierte Betriebswirtschaftslehre

Grundlagen für ein effizientes Informationsmanagement

2., unv. Nachdruck der 4. Aufl. 1990. XIV, 327 S. 165 Abb. (Springer-Lehrbuch) Brosch. **DM 37,90**; sFr 34,50; ab 1. Jan. 2002: € 18,95
ISBN 3-540-52397-9

Springer · Kundenservice
Haberstr. 7 · 69126 Heidelberg
Tel.: (0 62 21) 345 - 217/-218
Fax: (0 62 21) 345 - 229
e-mail: orders@springer.de

Die €-Preise für Bücher sind gültig in Deutschland und enthalten 7% MwSt.
Die mit ** gekennzeichneten Preise für elektronische Produkte sind unverbindliche
Preisempfehlungen inkl. 16% MwSt.
Preisänderungen und Irrtümer vorbehalten. d&p · BA 65823/2

 Springer

MIX
Papier aus verantwortungsvollen Quellen
Paper from responsible sources
FSC® C105338

If you have any concerns about our products,
you can contact us on
ProductSafety@springernature.com

In case Publisher is established outside the EU,
the EU authorized representative is:
**Springer Nature Customer Service Center GmbH
Europaplatz 3, 69115 Heidelberg, Germany**

Printed by Libri Plureos GmbH
in Hamburg, Germany